Paris 파리 : 센강이 흐르는 프랑스의 수도로 도시 전체가 문화유산이라고 할 정도로 아름다운 건축물이 많으며, 매년 6천만 명의 관광객이 찾는 세계 여행의 1번지.

Lille 릴 : 프랑스 최북단 노르 빠 드 깔레 지방의 주도. 남프랑스인들은 이 지역에 대해 선입견이 강하고 기피하는 지역이라고 하며, 이 내용을 다룬 영화 〈Bienvenue chez les ch'tis〉는 흥행에 크게 성공하며 프랑스인의 사랑을 받음.

Nantes 낭트 : 프랑스에서 6번째로 큰 도시. 고성과 성벽이 특히 아름답고, 프랑스에서 20세기에 가장 큰 변화를 겪은 도시.

Strasbourg 스트라스부르 : 프랑스의 북동쪽, 독일 옆에 위치한 도시로 '유럽의 수도' 또는 '유럽 의회의 수도'라고 불림. 알자스 와인의 중심 도시.

Bordeaux 보르도 : 최고 품질의 포도주 산지로 '와인의 전설'이라 불리는 프랑스 남서쪽의 초승달 모양의 도시. 18세기의 구시가지가 잘 보존되어 있으며, 찬란한 과거를 가진 유럽의 상업 중심지.

Lyon 리옹 : 프랑스 제3의 도시로 금융의 중심지. Gaule족의 옛 수도로 4개의 종합대학과 그랑제콜들이 있는 프랑스 제2의 대학 도시. 매년 겨울에 열리는 '빛의 축제'가 유명함.

Toulouse 툴루즈 : 도시의 색채가 분홍색이라 '분홍 도시'로 불리며, 고딕 양식·로마네스크 양식 등 수많은 르네상스 양식의 건축물들로 인해 프랑스에서 가장 화려한 도시. 특히 최근에는 항공 우주산업이 비약적으로 성장함.

Montpellier 몽펠리에 : 랑그독 루시옹 지역의 수도이며 지중해 연안 도시로, 아름다운 건축물과 수준 높은 의과 대학으로 명성이 높음.

Marseille 마르세유 : 파리에 이어 프랑스 제2의 도시이며, 프랑스 경제 사회의 중요한 위치를 차지. 북아프리카 이민자가 많음.

Cannes 칸 : 지중해 남동 해안도시로 매년 5월 세계적인 영화제가 열림. 영화뿐 아니라 전시회·공연 등 예술적인 행사가 많이 열리며, 특히 젊은 영화감독들을 위한 Caméra d'or로 최고의 영화를 선정하여 시상하는 중요한 역할을 하고 있음.

Nice 니스 : 유럽 최대의 휴양지로, 유명인들의 별장이 즐비한 지중해의 휴양 도시. 관광산업이 가장 중요한 경제활동임.

프랑스어 알파베

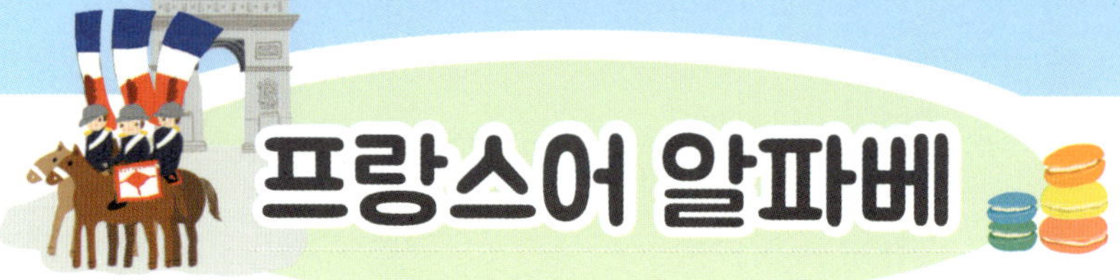

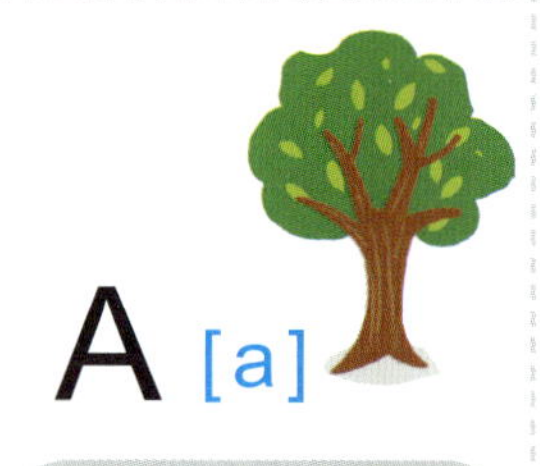

A [a]

arbre
[아르브르] 나무

B [be]

baguette
[바갯뜨] 바게트 빵

C [ce]

café
[꺄풰] 커피

D [de]

dentiste
[덩띠ㅅ뜨] 치과의사

E [ə]

église
[에글리즈] 교회

F [εf]

frigo
[ㅎ리고] 냉장고

G [ʒe]

gâteau
[갸또] 케이크

H [aʃ]

hôpital
[오삐딸ㄹ] 종합병원

I [i]

île
[일ㄹ] 섬

J [ʒi]

jupe
[쥡뻐] 치마

K [ka]

kilo
[낄로] 킬로그램

L [εl]

lait
[래] 우유

M [εm]

mer
[매르] 바다

N [εn]

nez
[네] 코

O [o]

oiseau
[와조] 새

P [pe]

poupée
[뿌뻬] 인형

Q [ky]

quai
[깨] 플랫폼

R [ɛːʀ]

restaurant
[래ㅅ또렁] 식당

S [ɛs]

soupe
[쑵뻬] 수프

T [te]

train
[트랭] 기차

U [y]

université
[위니배ㄹ씨떼] 대학

V [ve]

veste
[배ㅅ뜨] 웃옷, 재킷

W [dubləve]

whisky
[위ㅅ끼] 위스키

X [iks]

xylophone
[ㄱ질로혼ㄴ] 실로폰

Y [igʀɛk]

yaourt
[이야우ㄹ뜨] 요구르트

Z [zɛd]

zoo
[주] 동물원

학습 내용

	내 용	어 휘 및 문 법
Jour 1	인사	호칭, 명사의 성과 복수형, 형용사의 남성형과 여성형
Jour 2	안부	의문문, 주어인칭대명사, vous와 tu, aller 동사, 부정문 1, 연음, 모음자 생략, 강세형인칭대명사
Jour 3	이름 말하기, 사과와 응답	être 동사, s'appeler 동사
Jour 4	국적, 출신지	국가명, 국적형용사, 1군 동사 parler, venir 동사
Jour 5	직업, 국가명, 도시명	부정문 2, 국가와 도시의 전치사
Jour 6	사람의 확인, 가족 소개	Qui, 소유형용사, C'est~, 비교 표현
Jour 7	거주지	habiter 동사, 정관사, 거리 표현, 방위
Jour 8	사물의 확인	Que, Quoi, Comment, 소속(소유), 부정관사
Jour 9	나이, 수량	Combien, avoir 동사와 관용구, 숫자
Jour 10	기호, 취미	기호동사 aimer, adorer, préférer, détester, 의문형용사 Quel
Jour 11	날짜, 요일, 달, 계절	요일, 달, 계절과 전치사
Jour 12	시각	commencer 동사, 2군 동사 finir, déjeuner 동사
Jour 13	날씨, 온도, 유감	faire 동사, 3군 동사의 특징, 숫자 읽기, Il y a~
Jour 14	장소, 위치	장소의 전치사, 명령문, savoir 동사, regarder 동사, rentrer 동사, sortir 동사, Où, Est-ce que, 축약관사
Jour 15	여가 활동	lire 동사, 부분관사
Jour 16	일과	dîner 동사, 대명동사 se coucher, se lever, prendre 동사, boire 동사, partir 동사
Jour 17	음식 주문	vouloir 동사, 직접목적보어인칭대명사
Jour 18	허락, 감사와 답인사, 금지	pouvoir 동사, devoir 동사
Jour 19	물건 사기	penser 동사, 간접목적보어인칭대명사
Jour 20	길 찾기, 말 걸기	Pardon, tourner 동사, continuer 동사, 교통수단과 전치사
Jour 21	전화 대화	근접미래, attendre 동사, quitter 동사
Jour 22	건강 상태, 의무	Il faut ~, Pas ~ 문장(생략문)
Jour 23	요청, 수락, 거절, 특징	형용사의 성과 수의 일치, beau의 변화형
Jour 24	약속 정하기	대명사 on, 형용사의 위치, connaître 동사, Pourquoi
Jour 25	제안	형용사, 부사, 동사, 명사의 비교급
Jour 26	계획	prochain, 지시형용사
Jour 27	기차표 구입	Quand, 부정의 de, 서수, Il n'y a pas de~
Jour 28	숙박 장소 구하기	형용사의 위치, 중성대명사 en, voici, voilà
Jour 29	편지 쓰기, 문자 쓰기	감탄문, 근접과거, venir 동사
Jour 30	과거 표현	복합과거, 반과거, beau, nouveau, vieux, fou의 변화형

이것이 독학 프랑스어 첫걸음이다!

최영미 지음

머리말

Bonjour !

우리는 프랑스어에 둘러싸여 살고 있다고 해도 지나치지 않습니다. 책, 음악, 영화는 물론 거리의 상호, 상점에서 만나는 각종 브랜드, TV 뉴스 속 인터뷰 · 상품 광고, 미술관 전시 작품에 이르기까지 우리는 매일 프랑스 문화와 프랑스어를 접하고 있습니다.

그래서 Bonjour, Paris, Baguette, Tous les jours 등은 너무 친숙해서 우리말처럼 생각될 정도지요. 이 외에도 우리는 이미 적지 않은 프랑스어를 알고 있습니다. 단지 그 말이 프랑스어인 것을 모르고 있을 뿐이죠.

자, 이제부터 그것들을 여러분의 풍부한 프랑스 문화 아이콘과 함께 프랑스어 목록으로 하나씩 정리해 쌓아가기로 하겠습니다.

프랑스어는 어떤 언어일까요? 어떤 특징이 있을까요?

하나, 프랑스어로 유럽에 두루 통하자

서유럽의 언어는 크게 영어–독일어 계통과 프랑스어–이탈리아어–스페인어–포르투갈어 계통으로 볼 수 있습니다. 그래서 프랑스어를 배우면 이탈리아어, 스페인어, 포르투갈어를 쉽게 배울 수 있지요. 또한 프랑스어는 영어와도 관계가 깊어 영어 공부에 크게 도움이 됩니다. 왜냐하면 프랑스가 영국을 약 300년 동안 지배했고, 당시 영국의 상류사회는 프랑스어를 사용하여, 프랑스어가 영어에 상당히 많은 영향을 미쳤기 때문이지요.

둘, 프랑스어 어순과 문법은 영어와 닮았다

그래서 우리가 이미 오랫동안 배워온 영어와 비교하면서 공부하면 영어 실력이 바로 프랑스어로 옮겨갈 거예요. 특히 두 언어의 같은 점과 다른 점을 잘 비교하여 익히면 효과적이겠지요.

셋, 프랑스어 철자는 영어와 똑같다

명칭만 다를 뿐, 영어의 알파벳과 모양과 개수가 똑같습니다. 단, 단어 속에서는 발음 관계상 글자가 조금씩 변형된 것들이 있지요.

넷, 프랑스어 발음은 규칙적이다

그래서 프랑스어는 발음 규칙만 잘 익히면 대부분의 낱말을 사전 없이도 읽을 수 있습니다. 영어보다 배우기에 훨씬 유리합니다.

자, 이제 프랑스어를 배워 볼까요?

차 례

Partie 1   프랑스어 알파베

 ❋프랑스어 알파베 • 10
 ❋프랑스어의 발음 • 14

Partie 2   프랑스어 첫걸음

Jour 01   **Bonjour !** 안녕하세요! • 38
　　　신체, 얼굴 • 46

Jour 02   **Ça va ?** 잘 지내? • 49
　　　가족 • 58

Jour 03   **Vous êtes M. Durand ?** 당신이 뒤랑 씨입니까? • 61
　　　집 • 70

Jour 04   **Je suis coréen.** 나는 한국인이에요 • 72
　　　방 • 79

Jour 05   **Je ne suis pas directeur.** 나는 사장이 아니에요 • 80
　　　거실 • 86

Jour 06   **C'est mon papa.** 우리 아빠예요 • 88
　　　욕실 • 94

Jour 07   **J'habite à Lyon.** 나는 리옹에 살고 있어 • 96
　　　주방 • 102

Jour 08 **Qu'est-ce que c'est ?** 그게 뭐니? • 104

옷과 액세서리 • 110

Jour 09 **J'ai vingt ans.** 나는 스무 살입니다 • 113

숫자 • 120

Jour 10 **J'aime les ballades.** 나는 발라드를 좋아해요 • 121

취미 • 128

Jour 11 **C'est le mardi 4 mai.** 5월 4일 화요일이야 • 130

달 • 137

Jour 12 **Il est une heure dix.** 1시 10분이야 • 138

요일 • 144

Jour 13 **Quel temps fait-il là-bas ?** 거기 날씨가 어떠니? • 145

계절 • 151

Jour 14 **Où est la photo ?** 사진은 어디에 있니? • 152

장소의 전치사 • 160

Jour 15 **Que fais-tu ?** 너 뭐 하니? • 163

운동 • 168

Jour 16 **Tu te couches tard ?** 너 늦게 잠자리에 드니? • 171

일상생활 1 • 178

Jour 17 **Qu'est-ce que vous voulez ?** 무엇을 원하세요? • 181

프랑스 음식 • 188

Jour 18 **Est-ce que je peux sortir ?** 나가도 될까요? • 190

교통수단 • 194

Jour 19 **C'est combien ?** 이건 얼마예요? • 197

직업 • 204

Jour 20   **Allez tout droit.** 똑바로 가세요 • **206**

도시 • **214**

Jour 21   **Allô !** 여보세요! • **216**

과일 • **222**

Jour 22   **Qu'est-ce que tu as ?** 무슨 일이니? • **224**

질병 • **230**

Jour 23   **Vous voulez fermer la fenêtre ?** 창문을 닫아주시겠어요? • **232**

채소 • **240**

Jour 24   **On mange des crêpes.** 크레이프 먹자 • **242**

동물 • **248**

Jour 25   **Tu es occupé ?** 너 바쁘니? • **250**

꽃 • **256**

Jour 26   **Qu'est-ce que tu vas faire ce week-end ?**

너 이번 주말에 뭐 할 거니? • **258**

조류 • **266**

Jour 27   **Je voudrais réserver un billet.** 티켓 한 장 예약하고 싶어요 • **268**

생선과 해산물 • **276**

Jour 28   **Vous avez des chambres ?** 방이 있나요? • **278**

일상생활 2 • **286**

Jour 29   **Que c'est beau !** 정말 아름답다! • **288**

자연 • **296**

Jour 30   **Je suis restée chez moi.** 나 집에 있었어 • **299**

반의어 • **310**

PARTIE 01

이것이 독학 프랑스어 첫걸음이다!

L'Alphabet français

프랑스어 알파베

1 L'Alphabet français [랄화배 ᄒ렁쌔] 프랑스어 알파베

프랑스어 철자는 영어 알파벳과 모양과 개수가 같습니다. 그럼 프랑스어로 어떻게 부르는지 이름을 익혀 보겠습니다.

프랑스나 퀘벡 주 등의 초등학교에서는 칠판에 글씨를 쓸 때 필기체를 사용하고 가르칩니다. 개인의 취향에 따라 필기체로 쓰는 것을 더 좋아하는 사람도 있으므로 필기체도 익혀두는 것이 좋습니다.

대문자	필기체	소문자	필기체	명칭 [발음기호]	명칭	발음
A	𝒜	a	𝑎	[a]	[아]	[a]는 [아]입니다.
B	ℬ	b	𝑏	[be]	[베]	[e]는 [에]입니다.
C	𝒞	c	𝑐	[se]	[쎄]	
D	𝒟	d	𝑑	[de]	[데]	
E	ℰ	e	𝑒	[ə]	[으]	[ə]는 [으]입니다.
F	ℱ	f	𝑓	[ɛf]	[애ᄒ]	[ɛ]는 [e]와 비슷하지만 [애]에 가까워요.
G	𝒢	g	𝑔	[ʒe]	[제]	
H	ℋ	h	𝒽	[aʃ]	[아슈]	
I	ℐ	i	𝑖	[i]	[이]	[i]는 [이]입니다.
J	𝒥	j	𝒿	[ʒi]	[지]	
K	𝒦	k	𝓀	[ka]	[까]	[k]는 [ㅋ]보다는 [ㄲ]에 가까워요.
L	ℒ	l	𝓁	[ɛl]	[앨ㄹ]	
M	ℳ	m	𝓂	[ɛm]	[앰ㅁ]	
N	𝒩	n	𝓃	[ɛn]	[앤ㄴ]	
O	𝒪	o	𝑜	[o]	[오]	
P	𝒫	p	𝓅	[pe]	[뻬]	[p]는 [ㅍ]보다는 [ㅃ]에 가까워요.

Q	*2*	q	*g*	[ky]	[뀌]	[y]는 [위]입니다.
R	*R*	r	*r*	[ɛːR]	[애ー르]	
S	*S*	s	*s*	[ɛs]	[애쓰]	
T	*7*	t	*t*	[te]	[떼]	[t]는 [ㅌ]보다는 [ㄸ]에 가까워요.
U	*u*	u	*u*	[y]	[위]	
V	*v*	v	*u*	[ve]	[베]	
W	*w*	w	*w*	[dubləve]	[두블르베]	[dublə]는 '더블'이라는 뜻이지요.
X	*x*	x	*x*	[iks]	[익쓰]	
Y	*y*	y	*y*	[igʀɛk]	[이ㄱ랙끼]	[gʀɛk]은 '그리스'를 의미해요. 즉 그리스語의 'i'라는 뜻입니다.
Z	*3*	z	*z*	[zɛd]	[재ㄷ]	

*자, 이제 프랑스어 철자의 명칭을 언제든지 사용할 수 있게 외워두세요.

특수 문자

위에서 살펴본 철자 이외에 특별한 기호가 붙은 철자도 있는데, 이 기호로 발음이나 단어를 구분합니다. 예를 들면, ou와 où 그리고 la와 là는 다른 단어입니다. 따라서 프랑스어 단어를 공부할 때는 반드시 기호까지 함께 공부해야 합니다.
여기에서는 모양만 살펴보고 뒤에 발음편에서 좀 더 자세하게 살펴보겠습니다.

ç	leçon	à / â	voilà / âge
é / è / ê / ë	été / père / êtes / Noël	ô	allô
ù / û	où / sûr	ï / î	haïr / île

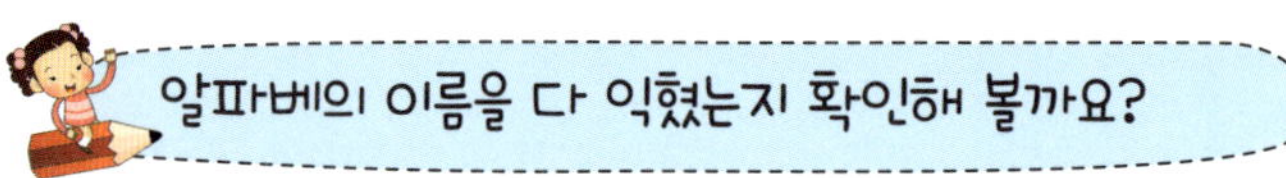

A. 다음은 프랑스의 교통과 관련된 약어입니다. 명칭을 읽고 [   ]에 우리말로 써 보세요.

TGV [   ]

프랑스의 고속열차

RER [   ]

파리의 교외교통 시스템

SNCF [   ]

프랑스 국립 철도 회사

RATP [   ]

파리 시내의 종합 대중교통 시스템

B. 다음 프랑스어 약어를 읽고 [   ]에 우리말로 써 보세요.

SDF   [   ] 정해진 주거가 없는 주거 부정자 (Sans domicile fixe)

FIFA   [   ] 국제축구연맹 (Fédération Internationale de Football Association)

ONU   [   ] UN의 프랑스어 표기 (Organisation internationale des Nations Unies)

JOJ   [   ] 유소년올림픽 (Jeux Olympiques de la Jeunesse)

CIO   [   ] IOC의 프랑스어 표기 (Comité International Olympique)

MSF   [   ] 국경 없는 의사회 (Médecins Sans Frontières)

C. 필기체와 인쇄체로 바꾸어 빈칸을 채워보세요.

sac	sac	fille	*fille*
mer		fils	
vase		yoga	
quand		maman	
juillet		histoire	
baguette		automne	

정답

A. 떼제베   애ㄹ으애ㄹ   애ㅆ앤쎄애ㅎ   애ㄹ아떼뻬

B. 애ㅆ데애ㅎ   애ㅎ이애ㅎ아   오앤위   지오지   쎄이오   앰애ㅆ애ㅎ

C. mer   vase   quand   juillet   baguette

  fils   *yoga*   *maman*   *histoire*   *automne*

자, 이제 우리가 잘 알고 있는 프랑스어 단어를 발음해 볼까요?
발음을 추측해 보고 아래의 빈칸에 우리말로 적어 보세요.

단 어		발 음			
Bonjour	[ ]	on → [ ]		−r → [ ]	
Tous les jours	[ ]	ou → [ ]		−s → [ ]	
Louis Vuitton	[ ]	ui → [ ]		−e → [ ]	
Louis Quatorze	[ ]	qu → [ ]		−t → [ ]	
Albert Camus	[ ]	u → [ ]			
Paris	[ ]	a → [ ]		ei → [ ]	
Eiffel	[ ]	i → [ ]		−l → [ ]	
La Seine	[ ]				
Chanel	[ ]	ch → [ ]		−l(l) → [ ]	
Charles De Gaulle	[ ]	au → [ ]			
Chloé	[ ]	chl → [ ]		−é → [ ]	
Christian Dior	[ ]	chr → [ ]		−r → [ ]	
		an → [ ]			

*위 단어들은 우리의 일상에서 매우 많이 접하는 낱말들입니다. 이 낱말들의 철자와 발음을 잘 익혀두면, 프랑스어 발음의 규칙을 대부분 쉽게 알 수 있습니다.

정답

[봉주르] [뚤 레 주르] [루이 뷔똥] [루이 까또르즈] [알배르 까뮈]	[옹] [우] [위이] [끄] [위]	[르] [−] [−] [−]
[빠리] [애펠리] [라 쌘ㄴ]	[아] [이]	[애] [르]
[샤낼리] [샤를르 드 골리]	[슈] [오]	[르]
[끌로에] [크리스띠엉 디오르]	[끌리] [크리] [엉]	[에] [르]

Bonjour [봉주르]

프랑스를 대표하는 인사로 '안녕하세요'입니다.
보통 [봉주르]라고 하지요. 그런데 마지막 철자 'r'에는 [으] 소리가 없으므로 [르]가 아닌 [ㄹ]로 발음하도록 유의하세요. 사실 이 단어의 발음은 [봉주ㄹㅎ]에 더 가까워요.
프랑스어 'r'의 발음은 영어와 소리가 달라요. 혀를 굴리는 발음이라기보다, 목에서 공기를 밖으로 내보내면서 내는 소리라서 마치 [ㅎ]처럼 들리지요. 원어민의 발음을 반복하여 들어보면서 마지막에 [ㅎ]를 살짝 붙이는 요령으로 소리내 보세요. 프랑스어의 새로운 매력을 느끼게 될 거예요. 이 책에서는 [봉주ㄹㅎ]를 편의상 [봉주르]로 표시하지만, [r=ㄹ]를 발음할 때는 항상 [ㅎ] 소리를 염두에 두고 발음하세요.

프랑스어에는 비모음(콧소리)이 있습니다.
모음 뒤에 m이나 n이 오면 그 모음이 콧소리, 즉 비음이 됩니다. on은 [오]를 코로 올려 진동하여 소리 내므로 [옹]이 되지요.
ou는 항상 [우]로 발음해요.

Tous les jours [뚤 레 주르]

영어로 바꾸어 보면, All the days라고 할까요? '매일, 날마다'라는 표현입니다. 단어별로 읽으면 [뚜 레 주르]이지만 이어서 읽으면 [뚤 레 주르]에 가깝습니다. ou는 [우]로 발음해요. 그리고 이 경우의 −s처럼 단어 끝에 있는 자음은 대부분 발음하지 않습니다.

☺ 다음 낱말을 읽어 보세요.

단어	발음	의미	단어	발음	의미
nous	[ ]	우리들	pour	[ ]	~를 위하여
vous	[ ]	당신, 여러분들	tour	[ ]	탑, 여행

답 [누] [부] [뿌르] [뚜르]

Louis Vuitton [루이 뷔똥]

프랑스가 자랑하는 오랜 역사를 지닌 명품 가방 브랜드이지요.
ou는 [우]로 소리 내지만 뒤에 i가 와서 [루이]로 읽습니다. 이와 달리 'Yes'를 의미하는 프랑스어 Oui는 [wi=위이]로 소리납니다.
ui는 [위이]로 소리납니다. on은 [옹]으로 읽습니다.

Albert Camus [알배르 까뮈]

이방인(L'Étranger)을 쓴 알제리 출신의 작가입니다. a는 항상 [아]로 발음하고 –t는 발음하지 않습니다. u는 항상 [위]로 소리 내는데, 뒤에 i가 와서 ui가 되면 [위이]로 소리 냅니다. 이 두 소리의 차이는 u는 입을 조그맣고 동그랗게 하고 입 모양을 바꾸지 않고 소리 내고, ui는 [위이]로 처음에 소리 낼 때와 달리 끝낼 때는 입 모양과 소리가 [이]가 된다는 점이 다르지요.

☺ 다음 낱말을 읽어 보세요.

단어	발음	의미
tu	[ ]	너는, 네가
sur	[ ]	(~의) 위에

단어	발음	의미
mon	[ ]	나의
pont	[ ]	다리(橋)

답 [뛰] [쒸ㄹ] [몽] [뽕]

Louis Quatorze [루이 까(꺄)또르즈]

프랑스의 태양왕, '루이 14세'입니다.
q는 항상 u와 함께 qu로 쓰이는데, 이때 u는 발음나지 않아요. 그래서 qua는 [꽈]가 아니고 [까] 또는 [꺄]로 발음합니다. 틀리기 쉬우니 잘 기억해 두세요.
단어 끝에 있는 –e는 발음하지 않아요. 단, le, de, ne, me, je, que…와 같은 경우에는 e를 발음해야 한 음절로 발음되므로 [으]로 발음합니다.

단어	발음	의미
que	[　]	무엇을?
qui	[　]	누가? 누구를?
quel	[　]	무슨? 어떤?

단어	발음	의미
quart	[　]	1/4
quand	[　]	언제?
quatre	[　]	4

답 [끄] [끼] [껠] [꺄르] [껑] [꺄트르]

★ 이제 아름다운 예술과 낭만의 도시 Paris로 가 볼까요?

Paris [빠리]

a는 항상 [아]로 i는 [이]로 발음하지요.

Eiffel [애횔르]

Paris의 심장이자, 프랑스의 대표적인 상징물입니다. Gustave Eiffel이 설계하여 그의 이름을 따서 부르게 되었지요. 1층에서 시내를 내려다보면, 손에 잡힐 듯 아름다운 석조 건물들로 이루어진 Paris 시가를 볼 수 있습니다.
ei는 항상 [애]로 읽어요. 단어 마지막에 나오는 l은 발음하는 경우도 있고, 하지 않는 경우도 있으니, 단어별로 잘 알아두세요.

La Seine [라 쌘느]

Paris 시내를 가로질러 흐르는 강입니다. 센 강에는 아름다운 다리가 많은데, 강의 폭이 좁아서 사람들이 다리를 걸어서 건너다닙니다.
ei는 [애]로 읽고 ai도 [애]로 읽습니다.

단어	발음	의미		단어	발음	의미
ravi	[　]	기쁜		mais	[　]	그러나
peine	[　]	고통		faire	[　]	～하다
seize	[　]	16				

답 [라비] [빼ㄴ] [쌔ㅈ] [매] [홰ㄹ]

Chanel [샤넬ㄹ]

여성과 대중을 위한 과감한 디자인으로 유명한 디자이너 Coco Chanel은 프랑스뿐 아니라 세계 디자인 역사에서도 매우 중요한 의미가 있습니다.

프랑스어에서 ch는 거의 대부분 [슈]로 발음됩니다. cha는 [샤], chi는 [쉬], cho는 [쇼]로 발음되지요.

Charles De Gaulle [샤를ㄹ 드 골ㄹ]

2차 대전 당시 나치에 대항하는 저항운동을 하고, 1959년에 대통령이 된 인물로, 프랑스로 가려면 그의 이름을 딴 Paris-Roissy Charles de Gaulle 공항에 내리게 됩니다.

cha는 역시 [샤]로 발음해야겠지요.

au는 항상 [오]로 발음됩니다.

g는 뒤에 모음 a, o, u가 오면 [ㄱ]로 소리나고 뒤에 e, i가 오면 [ㅈ]로 소리납니다. 여기에서는 gau이니 [고]로 소리나지요.

Chloé [끌로에]

최근에 프랑스에서 유행하는 여자 이름입니다. 프랑스도 우리처럼 시대에 따라 유행하는 이름이 있습니다.

ch는 대부분 [슈]로 발음한다고 했지요? 그런데 예외적으로 [ㄲ]로 발음되는 경우가 있습니다.

é는 항상 [에]로 발음합니다.

Christian Dior [크리스띠엉 디오르]

흔히 [크리스찬 디오르]라고 부르는 브랜드 이름입니다.

ch는 가끔 [ㄲ]로 발음하는데, 뒤에 r가 와서 chr이 되면 [ㅋㄹ]식으로 약간 변화됩니다. 따라서 [크리스띠엉 디오르]가 되지요.

an은 a뒤에 n이 와서 비음이 됩니다. [앙]으로 생각하기 쉬운데, 실제 발음은 [엉]에 가깝습니다.

😊 다음 낱말을 읽어 보세요.

단어	발음	의미
chat	[ ]	고양이
chez	[ ]	~네 집
dans	[ ]	~안에

단어	발음	의미
André	[ ]	남자 이름
chaud	[ ]	더운, 따뜻한
Christ	[ ]	그리스도

답 [샤] [셰] [덩] [엉드레] [쇼] [크리스띠]

★ 다음 단어를 읽어 볼까요?

단 어		발 음	
France [ ]	an → [ ]	en → [ ]	
Lancôme [ ]	y → [ ]	oi → [ ]	
Yves Saint Laurent [ ]	ain → [ ]	h– → [ ]	
Marie Antoinette [ ]	au → [ ]	th → [ ]	
François Hollande [ ]		–t → [ ]	
Thierry Daniel Henry [ ]			
Cannes [ ]	ann → [ ]		
Jeanne D'arc [ ]	–c → [ ]		
Bordeaux [ ]	eau → [ ]	ph → [ ]	
Sophie Marceau [ ]	–x → [ ]		
Versailles [ ]	ill(e) → [ ]		
Avignon [ ]	gn → [ ]		

정답

[ㅎ렁씨] [렁꼼므] [이ㅂ 쌩 로렁] [마리 엉뚜와냇뜨]   [엉] [이] [앵] [오]   [엉] [우와, 와] [–] [ㄸ] [–]
[ㅎ렁쑤와 올렁드] [띠애리 다니앨 엉리]
[깐느] [쟌 다르끼]   [안니] [ㄲ]
[보르도] [쏘휘 마르쏘]   [오] [–]   [ㅎ]
[배르싸이으]   [이으]
[아비뇽]   [ㄴ/니으]

France [ㅎ렁(f렁)ㅆ]

흔히 [프랑스]라고 하지요. 그러나 실제 발음은 [ㅎ렁ㅆ] 또는 [횡ㅆ]에 가까워요. fr를 한 자음 처럼 거의 동시에 발음하기 때문이지요.
c는 발음 규칙이 g와 비슷해요.
c는 뒤에 모음 a, o, u가 오면 [ㄲ]로 소리 나고 뒤에 e, i가 오면 [ㅆ]로 소리 납니다. (단, ç는 a, o, u 앞에서 항상 [ㅆ]로 소리 납니다.) France에서는 c가 e 앞에 있고, 마지막의 e는 발음 하지 않으니까 [ㅆ]로 소리 납니다.

Lancôme [렁꼼ㅁ]

프랑스 화장품 브랜드입니다.
c는 ô 앞에 있으니 [ㄲ]로 소리 나고, ô는 o처럼 항상 [오]로 발음합니다.
일반적으로 om은 [옹]으로 소리납니다. 그런데 여기에서는 뒤에 □e가 오므로 비모음으로 발음하지 않습니다.

Yves Saint Laurent [이ㅂ 쌩 로렁]

프랑스 디자이너의 이름이자, 브랜드명입니다.
y은 i와 소리가 같으므로 [이]로 발음합니다.
−es로 끝나면 −es를 모두 발음하지 않습니다. en도 an처럼 비음 [엉]으로 소리 납니다.
단, en이 단어의 마지막에 있을 때, 특히 i나 é 뒤에 올 때는 [앵]으로 소리 납니다. 즉, −ien[이앵], −éen[에앵] 이 됩니다.
이 [앵]은 경우에 따라 [앙]처럼 들리기도 합니다. [아] 소리를 낼 때처럼 입을 크게 벌린 상태 로 [앵]을 발음하면, 원어민의 발음과 가까워집니다. 원어민의 발음을 반복하여 듣고 발음해 보세요.
ai는 [애]이므로 뒤에 m이나 n이 오면 비모음 [앵]이 됩니다.

☺ 다음 낱말을 읽어 보세요.

단어	발음	의미
bien	[ ]	잘
faim	[ ]	배고픔
pain	[ ]	빵

단어	발음	의미
sentir	[ ]	느끼다, 느껴지다
coréen	[ ]	한국인, 한국의
entendre	[ ]	(소리가) 들리다

[비앵] [횡] [빵] [썽띠ㄹ] [꼬레앵] [엉떵ㄷㄹ]

Marie Antoinette [마리 엉뚜와냇뜨]

루이 16세의 비운의 왕비로, 프랑스 혁명 때 단두대에서 처형되었지요.
oi는 항상 [와 또는 우와]로 소리 납니다.

François Hollande [흐헝쑤와 올렁드]

2012년에 프랑스 대통령이 되었고 2015년에 우리나라를 방문했지요.
그의 이름에도 oi가 들어 있어요. 여기에서는 c가 oi 앞에 있으니 coi는 [꽈]로 읽어야 하므로, [쏴]로 읽으려면 다른 방법이 필요합니다. 이럴 때 c 대신 ç를 사용합니다. 그러면 çoi는 [쏴]가 됩니다.
프랑스어에서는 h가 단독으로 나오면 발음하지 않습니다. 그래서 [홀렁드]가 아니고 [올렁드]이지요.

Thierry Daniel Henry [띠애리 다니엘 엉리]

대부분의 유럽인들처럼 프랑스 사람들도 축구를 매우 좋아합니다. Henry는 우리나라에도 방문하여 TV프로그램 〈무한도전〉에 출연한 적이 있지요.
th는 항상 [ㄸ]로 발음합니다. y는 [이]로 발음하고, h는 발음하지 않습니다.

☺ 다음 낱말을 읽어 보세요.

단어	발음	의미	단어	발음	의미
thé	[ ]	차	histoire	[ ]	역사, 이야기
moi	[ ]	나 (강세형)	bibliothèque	[ ]	도서관
haut	[ ]	높은			

[떼] [무와] [오] [이스뚜와르] [비블리오땍끄]

Cannes [깐느]

해마다 5월에 이 도시에서 국제영화제가 열리지요. an은 [엉]이 되지만, 뒤에 자음이 반복되어 ann이 되면 비음이 되지 않습니다.

Jeanne D'arc [쟌 다르끄]

신의 부름을 듣고 프랑스를 구한 소녀지요. Jeanne의 남자 이름 Jean은 비음 [졍]으로 발음합니다. 그러나 여자 이름에서는 n이 하나 더 있어서 ann이 되므로 비음이 없어집니다.
c가 단어 끝에 오면, 발음이 나는 경우와 나지 않는 경우가 있습니다. 예를 들면, '가방' sac은 [싹끄]으로 발음되고, '긴 의자'를 뜻하는 banc은 [벙]으로 c가 발음되지 않으니 단어별로 꼭 알아 두세요.

Bordeaux [보르도]

프랑스 와인 생산지로 유명한 도시입니다. eau는 au처럼 [오]로 발음합니다. 단어 마지막의 x는 대부분 발음하지 않습니다.

Sophie Marceau [쏘휘 마르쏘]

1980년에 프랑스 영화 'La Boum'으로 데뷔하여 청순 미모로 한 시대를 풍미했던 여배우입니다. 지금도 원숙미를 풍기며 여전히 영화에서 활약하고 있습니다.
ph는 항상 [ㅎ]로 발음하지요. c는 e 앞이므로 [ㅆ]로 발음합니다.

Versailles [배르싸이으]

프랑스의 전성기 태양왕 Louis 14세 때 지어진 아름답고 장대한 궁전이지요. Paris 시내가 아니고 교외에 약간 떨어져 있어서 RER를 타고 가야 합니다.
흔히 [베르사이유]로 부르지만, [유] 소리가 나지 않습니다. [이] 뒤에 [으]를 살짝 붙여 [이으]라고 발음해 보세요. 이 단어처럼 ill이 [ㄹ]로 발음되지 않는 경우도 있다는 점에 유의하세요.

Avignon [아비뇽]

'아비뇽 유수'라는 역사적 사건과 교황청 건물로 유명한 곳입니다. 지금은 해마다 7월에 '세계연극축제'가 열리고 우리나라 극단도 참가하고 있습니다.

gn은 [ㄴ]과 비슷하지만, 비음이 추가된 [ㄴ]입니다. −gnon은 [뇽]이 아니고 [뇽] 또는 [니옹]에 더 가깝습니다.

☺ 다음 낱말을 읽어 보세요.

단어	발음	의미	단어	발음	의미
fille	[ ]	소녀, 딸	tableau	[ ]	그림
beau	[ ]	아름다운	montagne	[ ]	산
peau	[ ]	피부	campagne	[ ]	들
photo	[ ]	사진			

답 [휘이으] [보] [뽀] [호또] [따블로] [몽딴니으] [껑빤니으]

4 발음 3

★ 지금까지 공부한 발음 규칙을 정리해 볼까요?

1) 발음 규칙이 일정하고 규칙을 알면 대부분 읽을 수 있다.

2) 모음 a, e, i, o, u, y 와 ai, ei, au, eau, eu, œu, oi는 항상 한 소리로 난다.

3) 모음 a, e, i, o, u, y, ai, ei, oi 뒤에 m이나 n이 오면 비모음이 된다. 단, 자음이 하나 더 반복되면 비음으로 소리 나지 않는다.

4) 모음 e는 마지막에 오면 발음되지 않는다. 단, 단음절어에서는 발음한다.

5) 대부분의 자음 b, d, f, g, j, l, m, n, v, z의 발음은 영어와 비슷하다.

6) 자음 c와 g는 뒤에 오는 모음에 따라 소리가 다르다. a, o, u 앞에 오는 경우와 e, i 앞에 오는 경우에 소리가 다르다. c는 [ㄲ]와 [ㅆ]로 소리나고 g는 [ㄱ]와 [ㅈ]로 소리 난다.

7) 마지막 자음은 발음되지 않는다. 단, 'careful' 에 들어 있는 c, r, f, l과 q가 마지막에 있으면 발음되는 경우가 많으므로 단어별로 발음 여부를 익혀야 한다.

8) 자음 t[ㄸ], p[ㅃ], k[ㄲ], q[ㄲ], c[ㄲ/ㅆ]는 영어보다 된소리로 발음된다.

9) 그러나 cr[ㅋㄹ], fr[ㅎㄹ], pr[ㅍㄹ], tr[ㅌㄹ] 등은 영어와 비슷하다.

10) 자음 ch[슈], ph[ㅎ], th[ㄸ], sc[ㅆ], gn[ㄴ]도 한 소리로 발음된다.

그러나 예외적인 발음도 있으므로, 새로운 단어는 규칙에 따라 읽어보고, 반드시 발음기호를 확인한 후에 익혀야 합니다.

★ 위의 내용을 복습해 보겠습니다.

1. 모음

a	[아]＝[a/α]	
e	[에]＝[e] [으]＝[ə] [애]＝[ɛ] [－]	단어 끝에서는 발음되지 않고 한 음절의 마지막에서는 [으]로 발음된다. 대체로 뒤에 발음되지 않는 자음이 하나 있으면 [에]로 나고, 뒤에 발음되는 자음이 있으면 [애]로 발음된다.
i	[이]＝[i]	
y	[이]＝[i]	y와 i는 발음이 같다
o	[오]＝[o/ɔ]	
u	[위]＝[y]	입(술) 모양을 [이]의 모양으로 움직이지 않고 [위]의 모양으로 고정한 채로 발음하도록 한다.

2. 복모음

ai	[애]＝[ɛ]	
ei	[애]＝[ɛ]	
au	[오]＝[o/ɔ]	
eau	[오]＝[o/ɔ]	

eu	[외]=[ø] [왜]=[œ]	eu가 음절의 마지막 발음이 될 경우는 [외]로 발음된다. (예, peu, feu 등) 그러나 뒤에 있는 자음이 발음되면 입이 더 벌어져서 [왜]로 발음된다.(예, acteur 등) [ø]와 [œ]는 [외]와 [왜]로 구분하였지만, 단어에서 거의 비슷하게 들리고, 둘 다 [ə=으]로 들리는 경우가 많다. 발음 편의상 [ə=으]와 구분하기 위해 [외]와 [왜]로 표기하였으며, [으]보다 입을 더 작고 동그랗게 오므리고, 입(술) 모양을 고정한 채로 발음하며, [외]보다 [왜]에서 입이 아주 조금 더 벌어진다는 점을 염두에 둔다. 원어민의 발음을 많이 듣고 따라해 본다.
oi	[와]/[우와] =[wa/ wɑ]	
ou	[우]=[u]	
ui	[위이]=[ɥi]	
oui	[위]/[우이]=[wi]	

3. 비모음

am, an, en, em	[엉]=[ɑ̃]	en은 [앵]=[ɛ̃]으로 발음되는 경우도 있다.
om, on	[옹]=[ɔ̃]	
(i+)en, (é+)en, im, in, ym, yn, aim, ain, eim, ein, *um, un	[앵]=[ɛ̃]	en은 단어의 앞이나 중간에 있을 때는 [엉]=[ɑ]으로 발음되고 (대체로) 단어의 마지막에 있을 때는 [앵]=[ɛ]으로 발음된다. * um, un은 사전에는 [œ̃=왱]으로 되어 있으나, 현재는 [ɛ̃], 즉 [앵]으로 단순화하여 발음하므로 여기에서는 모두 [앵]으로 표시하였다.
oin	[우왱]=[wɛ̃]	

4. 자음

철자	발음기호	특징
b	[ㅂ]=[b]	b는 두 입술소리, v는 한 입술소리이다.
c	[ㅆ]=[s] [ㄲ]=[k]	a, o, u, 자음 앞에 오는 경우에는 [ㄲ]로 e, i 앞에 올 때는 [ㅆ]로 발음된다.
d	[ㄷ]=[d]	
f	[ㅎ]=[f]	p는 두 입술소리, f는 한 입술소리이다. [f]는 [ㅎ]로 표기하였지만, [fe]는 [헤]가 아닌 [훼]에 가깝고 [fɛ]는 [해]가 아닌 [홰]에 가까워 실제 소리에 가까운 쪽으로 표기하였다.
g	[ㄱ]=[g] [ㅈ]=[ʒ]	a, o, u, 자음 앞에 오는 경우에는 [ㄱ]로 e, i 앞에 올 때는 [ㅈ]로 발음된다. g[ㅈ]는 j[ㅈ]와 같다.
h	[–]	과거에 h의 소리 여부는 단어에 따라 달랐다. 즉 소리가 나면 유음(有音) h라고 부르고, 소리 나지 않으면 무음(無音) h라고 불렀는데, 현재는 모든 h가 소리 나지 않는다.
j	[ㅈ]=[ʒ]	g[ㅈ]와 같다. [ʒ]는 [ㅈ]로 표기했지만 [z]와 다르다. 사실 [ʒə]는 [즈]보다 [쥬]에 가깝고, 단어의 끝 발음 [ʒ]도 [ㅈ]보다 [쥬]에 가까워 발음 편의를 위해 [쥬]로 표기하였다. [ʒe]도 [제]보다 [졔]에 가까워 [졔]로 표기하였다.
k	[ㄲ]=[k]	k는 q와 발음이 같다.
l	[ㄹ, ㄹㄹ]=[l]	[l] 발음은 [ㄹㄹ]의 소리를 갖고 있어 단어 환경에 따라 발음이 약간 변화한다. [일애]는 [일래]로 [뚜레]는 [뚤레]에 더 가까워 경우에 따라 실제 발음에 가까운 쪽으로 표기하였다.
m	[ㅁ]=[m]	
n	[ㄴ]=[n]	
p	[ㅃ]=[p]	p는 두 입술소리, f는 한 입술소리이다.
q	[ㄲ]=[k]	
r	[ㄹ]=[r]	목에서 바람을 불어내는 소리로 [ㄹ]에 [ㅎ]이 섞인 소리, 또는 [ㄹㅎ]와 비슷하다. 이 책에서는 [ㄹ]로 표기하였지만, [ㄹㅎ] 소리를 염두에 두고 원어민의 발음을 많이 들어보고 따라해보도록 한다.
s	[ㅆ]=[s] / [ㅈ]=[z]	두 모음 사이에서는 [ㅈ]로 발음된다. 그러나 두 모음 사이에서도 ss는 [ㅆ]로 발음한다.

t	[ㄸ]=[t]	
v	[ㅂ]=[v]	b는 두 입술소리, v는 한 입술소리이다.
w	[ㅇ]=[w]	다른 모음과 함께 결합하여 소리낸다. 드물게 [ㅂ]로 발음되는 경우가 있다.
x	[ㅆ]=[s] [ㅈ]=[z] [ㄱㅈ]=[gz] [ㅋㅆ]=[ks]	x는 두 모음 사이에 있으면 [ㅈ]=[z]로 발음된다. dixième ex는 모음 앞에서는 [애ㄱㅈ]=[ɛgz]로 발음된다. examen ex 뒤에 자음이 오면 [액ㅆ]=[ɛks]로 발음된다. expliquer
z	[ㅈ]=[z]	s[ㅈ], x[ㅈ]와 같다.

5. 복자음

ch	[슈]=[ʃ]	ch는 대부분 [ʃ]로 발음되며, 간혹 [ㄲ]로, chr-은 [ㅋㄹ]로 발음된다. [ʃ] 발음은 [슈]에 가까워 [ʃe]는 [셰]로, [ʃɛ]는 [섀]로 표기하였다.
ph	[ㅎ]=[f]	ph=[f]
th	[ㄸ]=[t]	th=[t]
sc	[ㅆ]=[s]	sc=[s], 뒤에 자음이 오면 [ㅅㅋ]로 발음된다.
gn	[ㄴ]=[ɲ]	gn[ɲ]은 [n]과 비슷하나 비음이 더 강하다. gne로 끝나는 경우 [니ㅇ], [니으]와 비슷하나, [뉴]로 통일하여 표기하였다.
cr	[ㅋㄹ]=[kr]	
fr	[ㅎㄹ]=[fr]	
pr	[ㅍㄹ]=[pr]	
tr	[ㅌㄹ]=[tr]	

6. 기타 : ill은 다음 두 가지 중 하나로 발음됩니다.

ill	[일ㄹ]=[il]	ll이 [ㄹ]로 발음된다.　ville[빌ㄹ]
	[이으]=[ij]	ll이 [ㄹ]로 발음 되지 않는다. 끝의 [으]는 강하지 않게 살짝발음하도록 작은 글씨로 표기하였다.　fille[휘이으]

7. 다음은 우리 생활 주변에서 많이 볼 수 있는 낱말입니다. 우리말로 발음을 써보세요.

단어	의미	발음
chanson	노래	[ ]
la neige	눈 (=snow)	[ ]
buffet	찬장, 뷔페식	[ ]
bouquet	꽃다발	[ ]
fondue	치즈요리	[ ]
Mont Blanc	알프스 최고 봉우리	[ ]
début	시작	[ ]
baguette	막대기 빵	[ ]
croissant	초승달 모양의 빵	[ ]
concours	(선발) 대회, (선발) 시험	[ ]
boutique	상점	[ ]
croquis	크로키, 약화	[ ]
grand-prix	대상 (大賞)	[ ]
épée	칼, 펜싱 경기 종목	[ ]
coup d'État	쿠데타	[ ]
Noblesse oblige	노블리스 오블리즈	[ ]
comédie	극, 희극	[ ]
télévision	TV	[ ]
impossible	불가능한	[ ]
crayon	연필	[ ]
métro	지하철	[ ]
Renaissance	르네쌍스	[ ]
boulangerie	빵집	[ ]

8. 다음을 읽고 우리말로 발음을 써 보세요.

단어	의미	발음
enfant	어린이	[ ]
toi	너(강세형)	[ ]
sortie	출구	[ ]
symphonie	교향곡	[ ]
point	점, 포인트	[ ]
vin	포도주	[ ]
cent	100	[ ]
champagne	샴페인	[ ]
sans	~ 없이	[ ]
avec	~를 가지고	[ ]
sous	~ 아래에	[ ]
onze	11	[ ]
treize	13	[ ]
important	중요한	[ ]
eau	물	[ ]
théâtre	극장	[ ]
chair	살(肉)	[ ]
banque	은행	[ ]
quatre	4	[ ]
cadeau	선물	[ ]
gomme	지우개, 고무	[ ]
manger	먹다	[ ]
parfum	향수	[ ]
science	과학	[ ]

5 발음 4

★ 이제 프랑스어 철자 기호에 대해 공부해 봅시다.

1. 철자 기호

	명칭	단어
´	accent aigu [악썽 때귀]	été
`	accent grave [악썽 ㄱ라브]	à, mère, où
^	accent circonflexe [악썽 씨르꽁흘랙씨]	âge, prêt, boîte, tôt, coûter
'	apostrophe [아뽀스트로ㅎ]	c', d', j', l', m', n'
¨	tréma [트레마]	Noël
¸	cédille [쎄디이으]	ça, garçon
-	trait d'union [트래 뒤니옹]	rendez-vous

★ 철자 기호에 따른 발음

ç	leçon [르쏭]	항상 [씨]로 발음한다.
à / â	voilà / âge [부왈라]/[아쥬]	a와 같이 [아]로 발음한다.
é / è / ê	été [에떼] père / êtes [빼르]/[앳뜨]	é는 [에]로 è와 ê는 [애]로 발음한다.
ô	allô [알로]	o와 같이 [오]로 발음한다.
ù / û	où / dû [우]/[뒤]	ù, û는 u와 발음이 같으므로 où는 [우]로 발음한다.

ï ë	haïr [아이ㄹ] Noël [노앨ㄹ]	ai는 [애]로 소리난다. 그런데 두 글자를 a와 i로 분리하여 [아이]로 읽어야 할 경우 뒷 글자 위에 기호를 찍어 ï로 쓴다. œ는 [왜]나 [외]로 한 소리로 발음한다. 마찬가지로 뒷 글자에 ë를 찍으면 o와 e로 분리하여 [오애]로 읽는다.

다음 낱말을 읽어 보세요.

단어	의미	발음	단어	의미	발음
ça	그것, 이것	[ ]	coûter	값이 ~ 나가다	[ ]
étudiant	(대)학생	[ ]	là-bas	저기	[ ]
fête	축제, 파티	[ ]	âme	영혼, 정신, 마음	[ ]
maïs	옥수수	[ ]	frère	남자 형제	[ ]
garçon	소년, 아들	[ ]	héroïne	여자 주인공	[ ]
bientôt	곧	[ ]	Héloïse	여자 이름	[ ]

답 [싸] [에뛰디엉] [횃뜨] [마이ㅆ] [갸ㄹ쏭] [비앵또] [꾸떼] [라바] [암ㅁ] [ㅎ래ㄹ] [에로인ㄴ] [엘로이ㅈ]

2. 영어와 프랑스어

영어와 프랑스어가 매우 유사하다고 했지요. 그래서 영어 실력을 동원하면 프랑스어를 쉽게 배울 수 있습니다. 프랑스어를 배우다 보면 단어에서 흥미로운 점이 보입니다. 알아두면 자신의 영어 실력을 프랑스어로 빠르게 전환하는데 도움이 될 거예요.

★ 다음 빈칸을 채워 보세요.

1) ~ c/k ➜ ~ que

영어	프랑스어	발음
music	musique	[ ]
public		[ ]
bank		[ ]
olympic		[ ]
politic		[ ]
panic		[ ]
picnic		[ ]

musique [뮈지끄]　publique [쀠블리끄]　banque [벙끄]　olympique [올랭삐끄]
politique [뽈리띠끄]　panique [빠니끄]　pique-nique [삐끄니끄]

2) ~ty ➜ ~té

영어	프랑스어	발음
liberty	liberté	[ ]
beauty		[ ]
activity		[ ]
identity		[ ]
nationality		[ ]
personality		[ ]

liberté [리배르떼]　beauté [보떼]　activité [악띠비떼]　identité [이덩띠떼]
nationalité [나씨오날리떼]　personalité [빼르쏘날리떼]

3) ~모음+s~ ➜ s가 없어지고 앞 모음에 ^가 붙는 경우가 많음

영어	프랑스어	발음
hospital	hôpital	[ ]
hostel		[ ]
forest		[ ]
arrest		[ ]
paste		[ ]

hôpital [오삐딸르]   hôtel [오뗄르]   forêt [호래]   arrêt [아래]   pâte [빠뜨]

4) **Attention !!** 그러나 조심할 것이 있습니다. 영어 단어와 비슷하거나 똑같이 생겼지만, 의미가 다른 경우도 가끔 있습니다. 그러니 일단 의미를 확인한 후 사용해야겠지요. 여기 대표적인 것만 예를 들어 볼까요?

librairie	영어 library와 비슷하게 생겼지만, 프랑스에서는 '서점'이고 도서관은 bibliothèque입니다. 즉 librairie = bookstore (영) bibliothèque = library (영)
collège	프랑스에서는 '중학교'입니다.
crayon	프랑스에서는 '연필'입니다.
voyage	영어에서는 '여행'도 있지만, 특히 배로 하는 긴 여행, 즉 '항해'라는 의미로 많이 쓰이지요. 프랑스에서는 그냥 '여행'입니다.

3. 다음 나라 이름을 읽어 보세요.

	국가명			국민		
대한민국	Corée	[	]	Coréen	[	]
프랑스	France	[	]	Français	[	]
중국	Chine	[	]	Chinois	[	]
일본	Japon	[	]	Japonais	[	]
영국	Angleterre	[	]	Anglais	[	]
독일	Allemagne	[	]	Allemand	[	]
스위스	Suisse	[	]	Suisse	[	]
벨기에	Belgique	[	]	Belge	[	]
이탈리아	Italie	[	]	Italien	[	]
스페인	Espagne	[	]	Espagnol	[	]
포르투갈	Portugal	[	]	Portugais	[	]
러시아	Russie	[	]	Russe	[	]
캐나다	Canada	[	]	Canadien	[	]
미국	États-Unis	[	]	Américain	[	]
멕시코	Mexique	[	]	Mexicain	[	]

정답

[꼬레] [꼬레앵] / [ㅎ렁씨] [ㅎ렁쌔] / [쉰ㄴ] [시누와] / [쟈뽕] [쟈뽀내] / [엉글르때ㄹ] [엉글래] / [알마뉴] [알멍] / [쒸이씨] [쒸이씨] / [밸지끄] [밸쥬] / [이딸리] [이딸리앵] / [애ㅅ빠뉴] [애ㅅ빠뇰ㄹ] / [뽀ㄹ뛰걀ㄹ] [뽀ㄹ뛰개] / [뤼씨] [뤼씨] / [꺄나다] [꺄나디앵] / [에따쥐니] [아메리깽] / [맥씨끄] [맥씨깽]

★ 자, 지금까지 수고 많으셨습니다. 이제 2부에서 본격적으로 프랑스어를 배워볼까요?

PARTIE 02

이것이 독학 프랑스어 첫걸음이다!

Le français

JOUR 01 ~ JOUR 30

Bonjour !

기본 회화

Bonjour ! 안녕! / 안녕하세요!
봉주르

Bonsoir ! 안녕! / 안녕하세요!
봉쏘르

Salut ! 안녕!
쌀뤼

Au revoir ! 안녕히 계세요(가세요)! / 안녕!
오 르봐르

À bientôt ! 조만간 봐요!
아 비앵또

새 단어

bonjour [bɔ̃ʒuːR] 봉주르 Ⓜ 안녕하세요(낮 인사)

bonsoir [bɔ̃swaːR] 봉쏘르 Ⓜ 안녕하세요(저녁 인사)

salut [saly] 쌀뤼 Ⓜ 안녕(친한 사이)

  *[쌀루]가 아니고 [쌀뤼]로 발음

au [o] 오 ~(시간/장소)에, ~(장소)로, ~(사람)에게(= à+le)

revoir [RəvwaːR] 르봐르 다시 보다

à [a] 아 ~(시간/장소)에, ~(장소)로, ~(사람)에게

bientôt [bjɛ̃to] 비앵또 곧

*Ⓜ은 남성명사, Ⓕ는 여성명사를 나타낸다.

▶ 만날 때의 인사

Bonjour !

프랑스에서 가장 많이 쓰이는 인사말이다. bon은 '좋은', '착한', jour는 '날', '낮'으로 두 단어가 합쳐져 '좋은 날입니다!'라는 의미이다.

프랑스에서는 장소 불문하고 잘 알지 못하는 사람에게도 간단히 ' !'로 인사한다. 만약 프랑스로 여행을 한다면 언제 어디서나 'Bonjour!'로 인사하는 것이 좋다.

Bonsoir !

soir가 '저녁'이므로 bon과 함께 쓰여 '좋은 저녁입니다!'라는 인사가 된다.

이 인사는 만날 때뿐만 아니라 헤어질 때도 사용할 수 있다.

Salut !

친구나 가족, 직장 동료 등 친한 사이에 쓰는 인사말이다. 시간에 상관없이 하루 중 언제든지 사용할 수 있고, 헤어질 때도 사용할 수 있다.

Coucou !

Coucou는 뻐꾸기, 또는 뻐꾸기 울음 소리인데, '야', '어이' 하고 아이들이 숨바꼭질할 때나 갑자기 모습을 나타낼 때 쓰는 말이지만 아주 친한 사이에 인사말로도 사용한다.

친밀도에 따라 Coucou > Salut > Bonjour 순으로 쓸 수 있다.

▶ 헤어질 때의 인사말 1

Au revoir !

헤어질 때 누구에게나, 언제든지 쓸 수 있는 가장 일반적인 인사말이다.

À bientôt !

다음에 언제 만날지 모르는 경우에 사용한다.

bientôt는 '곧', '즉시'라는 의미로, '조만간 보자!'는 의미이다.

2차 학습

응용 회화

Bonne journée ! 좋은 하루 되세요!
본 주르네

Bonne soirée ! 좋은 저녁 시간 보내세요!
본 쏴레

Bonne nuit ! 안녕히 주무세요! / 잘 자!
본 뉘

À demain ! 내일 봐요!
아 드맹

À mardi ! 화요일에 봐요!
아 마르디

À midi ! 정오에 봐요!
아 미디

새 단어

bon [bɔ̃] 봉 좋은, 착한	nuit [nɥi] 뉘이 *f* 밤
bonne [bɔn] 본ㄴ bon의 여성형	demain [dəmɛ̃] 드맹 내일
journée [ʒuʀne] 주르네 *f* 낮, 하루 종일	mardi [maʀdi] 마르디 *m* 화요일
soirée [swaʀe] 쏴레 *f* 저녁(시간), 저녁때 하는 파티	midi [midi] 미디 *m* 정오

▶ 헤어질 때의 인사말 2

Bonne journée !

Bonjour와 비슷해 보이지만, '남은 시간 잘 보내!'라는 의미로 헤어질 때만 쓴다.

Bonne soirée !도 같은 용법으로 헤어질 때만 쓴다.

Bonne nuit !도 밤에 잠자리에 들거나 헤어질 때 사용한다.

• 다음에 만날 시점을 말하는 인사도 가능하다.

헤어지는 인사 : À + 다음 만날 시점   ~에 만나요

À demain !   내일 만나요.

À mardi !   화요일에 봐요.

À midi !   정오에 보자.

À ce soir ! [아 쓰 쏴르]   오늘 저녁에 보자.

À 3(trois) heures ! [아 트롸 쾌르]   3시에 보자.

▶ Bon/Bonne를 이용한 다양한 인사말

프랑스어에는 Bon을 사용한 인사 표현이 매우 많다.

bon '좋은'은 남성형으로 남성명사에 사용하고, bonne는 여성형으로 여성명사에 사용한다.

기원 인사 : Bon / Bonne + 명사

Bon voyage ! [봉 부와야쥬]   여행 잘 다녀오세요!

Bon courage ! [봉 꾸라쥬]   용기를 내세요!

Bon anniversaire ! [보 나니배르쌔르]   기념일 축하해요!

Bon appétit ! [보 나뻬띠]   맛있게 드세요!

Bon week-end ! [보 뉘깬드]   주말 잘 보내세요!

Bonne chance ! [본ㄴ 셩씨]   행운을 빌어요!

Bonne année ! [본 나네]   행복한 한 해 되세요! / 새해 복 많이 받으세요!

▶ 이색 인사

젊은층에서는 헤어질 때 이탈리아어에서 유래된 인사 Chao ! / Ciao ! [챠오]
또는 영어의 Bye ! [바이]를 사용하기도 한다.

- **Adieu** [아디외]

오랫동안, 혹은 영원한 이별을 할 때 쓰는 인사이다. 단, 프랑스 남부 지방에서는 bonjour와 au revoir 대신 쓰이기도 한다.

Àdieu는 À+dieu로 구성되어 있는데, dieu는 '신(神)'을 의미하므로, '나중에 하느님에게 돌아가서 만나자'는 의미라고 할 수 있다.

- **Bise** [비즈]

프랑스 영화에서 뺨을 마주대고 입맞춤 소리를 내며 인사하는 장면을 자주 보는데, 이것을 볼 키스, 즉 Bise 또는 Bisou [비쥬]라고 한다. 가족이나 잘 아는 사이의 인사로, 보통 오른 뺨과 왼뺨을 번갈아 두 번씩 하는데, 지역이나 나라에 따라 네 번까지 하는 경우도 있다. 선물을 받거나 줄 때 감사의 표현으로 하기도 한다. 그러나 처음 만나는 사람과는 볼 키스를 하지 않는다.

▶ 인사말 뒤에 간단한 호칭이나 이름 또는 성(姓)을 붙일 수 있다.

Bonjour, madame ! [봉주르 마담므]　안녕하세요, 부인!
Bonsoir, monsieur Durand ! [봉쏴르 므씨외 뒤렁]　안녕하세요, 뒤랑 씨!
Salut, Paul ! [쌀뤼 뽈리]　안녕, 폴!

호칭	단수	복수	약어
남자를 부를 때	Monsieur [므씨외]	Messieurs [메씨외]	M.
기혼 여자, 여사를 부를 때	Madame [마담므]	Mesdames [메담므]	Mme
미혼 여자를 부를 때	Mademoiselle [만무와젤르]	Mesdemoiselles [멘무와젤르]	Mlle

*monsieur에서 mon은 발음 규칙상으로는 [봉]이지만 이례적으로 [므]로 발음된다.

▶ Madame ? Mademoiselle ?

처음 만나는 여성을 어떻게 부를지 고민된다면 Madame으로 부르는 것이 좋다. 남성을 Monsieur로 부르는 것과 달리 여성을 결혼 여부에 따라 구분하는 것은 양성평등에 위배된다고 생각하기 때문이다. 이에 따라 프랑스 정부도 2012년부터 모든 서식에서 여성의 호칭을 Madame으로 통일했다. 요즘은 존경의 의미로 Madame을 많이 쓴다.

프랑스어 명사의 성

프랑스어 명사에는 남성과 여성의 구별이 있다. 예를 들면, 아버지(père)는 남성이고 어머니
(mère)는 여성이다. 이처럼 사람뿐만 아니라 사물에도 성이 있어서 jour(날, 낮)는 남성이고
journée(낮, 하루 종일)는 여성이다. 명사의 성에 따라서 함께 쓰는 단어들의 형태가 달라지
므로, 명사를 공부할 때는 철자와 뜻은 물론이고 성도 반드시 익혀두어야 한다.

1 사람의 경우

- **사람의 경우에는 자연성에 따른다.**

남성	여성
garçon [갸르쏭] 소년, fils [휘씨] 아들 frère [ㅎ래르] 남자 형제 homme [옴ㅁ] 남자	fille [휘이으] 소녀, 딸 sœur [쐐르] 여자 형제 femme [홤ㅁ] 여자

- **여성형을 만드는 방법**

친구, 사촌, 학생 등과 같이 남성과 여성이 모두 존재하는 경우는 대부분 남성형에 −e를
붙여서 여성형을 만든다. 이때 e는 발음되지 않는다. 그러나 e 앞의 철자까지는 발음 되므
로, 남성형과 여성형의 발음이 다른 경우도 있다.

친구 ami [아미] → amie [아미]　　　사촌 cousin [꾸쟁] → cousine [꾸진느]
학생 étudiant [에뛰디엉] → étudiante [에뛰디엉뜨]

- **기타**

남성	여성	예
−e	그대로	élève [엘래브] 학생 → élève [엘래브]
−er	−ère	étranger [에트렁제] 외국인 → étrangère [에트렁재르]
−eur	−euse	chanteur [성뙈르] 가수 → chanteuse [성뙤즈]
	−rice	acteur [악뙈르] 배우 → actrice [악트리씨]
−an, −en	자음 중복+e	lycéen [리쎄앵] 고등학생 → lycéenne [리쎄앤느]

☑ 사물의 경우

- 여성명사는 대부분 −e로 끝난다.

  table [따블ㄹ] 탁자　　　　　　　　chaise [새ㅈ] 의자

  - 예외 livre [리브ㄹ] Ⓜ 책

  −e 이외의 글자로 끝나면 대부분 남성명사이다.

  tableau [따블로] 칠판, 그림　　　　crayon [크래이용] 연필

  - 예외 leçon [르쏭] Ⓕ 수업, 강의, 단원

- −age, −tion, −sion

  사물 중 특히 −age로 끝난 단어는 대부분 남성이고, −tion, −sion으로 끝난 단어는 대부분 여성이다.

  courage [꾸라쥬] Ⓜ 용기　　　　　garage [갸라쥬] Ⓜ 차고

  nation [나씨옹] Ⓕ 국가　　　　　　question [깨ㅅ띠옹] Ⓕ 질문

  télévision [뗄레비지옹] Ⓕ TV　　profession [프로홰씨옹] Ⓕ 직업

명사의 복수형

- 복수는 대부분 단수에 −s를 붙여 만드는데, s는 발음하지 않는다.

  garçon [갸르쏭] 소년 → garçons　　　fille [휘이ㅇ] 소녀, 딸 → filles

- −eu −eau로 끝나는 명사는 대부분 −x를 붙이고, 발음은 하지 않는다.

  cheveu [슈뵈] 머리카락 → cheveux　　chapeau [샤뽀] 모자 → chapeaux

- 단수가 −s, −x, −z로 끝나는 명사는 그대로 복수로 사용한다.

  fils [휘이씨] 아들 → fils　　　　　prix [프리] 상(賞), (물건)값, 가격 → prix

- 예외적으로 변형되거나 아주 다른 경우도 있다.

  journal [주르날ㄹ] 신문, 일기 → journaux [주르노]

  travail [트라바이ㅇ] 일, 공부 → travaux [트라보]

  œil [왜이ㅇ] 눈(目) → yeux [이외]

형용사와 관사

문장에 명사를 쓸 때는 명사와 함께 쓰는 말도 성과 수를 일치시켜야 한다.

즉 명사에 붙는 관사나 형용사를 명사의 성(性)에 맞추어 남성형, 여성형으로 형태를 맞추어 써야 한다. 만약 명사가 복수면 관사나 형용사도 수(數)를 맞추어 복수형으로 써야 하는데, 형용사도 명사처럼 대부분 −s를 붙여서 복수형을 만든다.

C'est <u>une</u> <u>bonne</u> <u>idée</u> ! [쎄 뛴 본 이데] 그거 좋은 생각이야!

→ 부정관사의 여성 단수형 / 형용사의 여성 단수형 / 여성명사 idée

Ce sont <u>des</u> <u>chanteurs</u> <u>coréens</u>. [쓰 쏭 데 셩뙈르 꼬레앵] 이 사람들은 한국 가수들이다.

→ 부정관사의 복수형 / 남성명사 chanteur의 복수형 / 형용사의 남성 복수형

Nous avons <u>des</u> <u>cravates</u> <u>noires</u>. [누 자봉 데 크라바뜨 누와르]

우리는 검은 넥타이들을 가지고 있어요.

→ 부정관사의 복수형 / 여성명사 cravate의 복수형 / 형용사의 여성 복수형

프랑스어 형용사

대부분의 형용사는 남성형에 −e를 붙이면 여성형이 된다.

이때 e는 발음되지 않는다. 그러나 e 앞의 철자까지는 발음되므로, 남성형과 여성형의 발음이 다른 경우도 있다.

grand [그렁] 큰, 커다란   →   grande [그렁드] ☑

petit [쁘띠] 작은, 귀여운   →   petite [쁘띠뜨] ☑

petit-fils [쁘띠휘씨] 손자   →   petite-fille [쁘띠뜨휘이으] 손녀

예외

• 기타

남성	여성	예		
−e	그대로	jaune [존느]	→	jaune [존느] 노란
−er	−ère	cher [섀르]	→	chère [섀르] 사랑하는
−x	−se	heureux [왜뢰]	→	heureuse [왜뢰즈] 행복한
−f	−ve	actif [악띠흐]	→	active [악띠브] 활동적인
−n, −l 등	자음중복+e	bon [봉]	→	bonne [본느] 좋은
기타	불규칙	blanc [블렁]	→	blanche [블렁슈] 하얀

• −on, −en

남성형이 −on, −en으로 끝난 경우에는 각각 −onne, −enne가 된다.

이때 여성형에서는 비모음(콧소리)이 없어진다.

bon [봉] 착한, 좋은 → bonne [본느] ☑

coréen [꼬레앵] 한국인, 한국의 → coréenne [꼬레앤느] ☑

canadien [꺄나디앵] 캐나다인, 캐나다의 → canadienne [꺄나디앤느] ☑

Le corps 신체

tête [tɛt] 떼뜨 *f* 머리

visage [vizaːʒ] 비자쥬 *m* 얼굴

cou [ku] 꾸 *m* 목

bras [bʀɑ] 브라 *m* 팔

main [mɛ̃] 맹 *f* 손

doigt [dwa] 두와 *m* 손가락

ongle [ɔ̃ːgl] 옹글르 *m* 손톱

coude [kud] 꾸드 *m* 팔꿈치

sein [sɛ̃] 쌩 *m* 가슴

épaule [epoːl] 에뽈르 *f* 어깨

dos [do] 도 *m* 등

taille [tɑːj] 따이으 *f* 허리

genou [ʒ(ə)nu] 즈누 *m* 무릎

jambe [ʒɑ̃ːb] 졍브 *f* 다리

pied [pje] 삐에 *m* 발

orteil [ɔʀtɛj] 오르떼이으 *m* 발가락

Le visage 얼굴

cheveu [ʃ(ə)vø] 슈뵈 m 머리카락

front [fʀɔ̃] ㅎ롱 m 이마

sourcil [suʀsil] 쑤르씰르 m 눈썹

cil [sil] 씰르 m 속눈썹

œil [œj] 왜이으 눈

yeux [jø] 이외 눈들

nez [ne] 네 m 코

oreille [ɔʀɛj] 오래이으 f 귀

joue [ʒu] 주 f 뺨

bouche [buʃ] 부슈 f 입

lèvre [lɛːvʀ] 래브르 f 입술

langue [lɑ̃ːg] 렁ㄱ f 혀

dent [dɑ̃] 덩 f 이, 치아

menton [mɑ̃tɔ̃] 멍똥 m 턱

1 그림을 보고 알맞은 인사를 찾으세요.

Bonsoir !　　Bonjour !　　Au revoir !

〈낮 인사〉

〈작별 인사〉

〈저녁 인사〉

_______________　　_______________　　_______________

2 낱말의 뜻을 써보세요.

bientôt _______________________　　madame _______________________

salut _______________________　　monsieur _______________________

mademoiselle _______________________

3 두 낱말을 연결하여 인사를 만들어 보세요.

Bonne •　　• journée !
　　　　　• demain !
　　　　　• nuit !
　　　　　• soirée !
À •　　　• mardi !
　　　　　• midi !

정답

1. Bonjour ! / Au revoir ! / Bonsoir !　　2. 곧 / 부인, 여사(호칭) / 안녕 / ～님, ～씨(성인 남자 호칭) / 아가씨(호칭)

3. Bonne nuit !　Bonne soirée ! / À demain !　À mardi !　À midi !

Ça va ?

A: Vous allez bien ? 당신은 잘 지내세요?
부 잘레 비앵↗

B: Oui, je vais bien, merci. 네, 잘 지내요, 고마워요.
위이 쥬 배 비앵 매르씨

Et vous ? 당신은요?
에 부↗

A: Je vais bien, merci. 저도 역시 잘 지내요, 고마워요.
쥬 배 비앵 매르씨

vous [vu] 부 당신은, 당신이, 여러분이	**je** [ʒ(ə)] 쥬 나는, 내가(주어)
allez [ale] 알레 가다, 지내다 (*aller) vous의 변화형	**vais** [vɛ] 배 가다, 지내다 (*aller) je의 변화형
bien [bjɛ̃] 비앵 잘, 좋게	**merci** [mɛʀsi] 매르씨 고마워요
oui [wi] 위이 네(yes)	**et** [e] 에 그리고, ~와

▶ 안부 묻기

Vous allez bien?은 '당신은 잘 지내세요?'라는 표현으로, 안부를 물을 때는 aller 동사를 사용한다.

상대방이 안부를 물으면 그에 대답하고 감사 인사(Merci)를 덧붙인다.

감사 인사 뒤에는 상대방의 안부(Et vous ?)를 묻는 것이 예의이다.

Et vous ?는 '그런데 당신은요?'로 상대방에게 되물을 때 쓰는 표현이다.

상대방을 tu로 부르는 경우에는 Et toi ? [에 뚜와 ↗] '너는?'을 쓴다.

의문문

1 의문문의 어순

프랑스어 문장의 어순은 〈주어＋동사〉로 시작된다. 의문문에서는 〈동사＋주어〉로 자리를 바꾸어 도치하는 것이 원칙이지만, 현재는 〈주어＋동사〉로 쓴 것도 모두 통용된다.

목적어, 속사 등은 모두 동사 뒤에 쓰는데 영어와 어순이 매우 비슷하다.

2 의문문의 억양

평서문은 전체적으로 평이하게 말하고 끝부분을 내린다.

Théo va très bien. [떼오 바 트래 비앵]　테오는 아주 잘 지내.

전체의문문과 부분 의문문은 억양이 다르다.

문장 전체의 내용이 사실인지 아닌지를 묻는 전체의문문의 경우는 끝부분을 완만하게 올린다.

Vous allez bien ? [부 잘래 비앵 ↗]　당신은 잘 지내세요?

Justine, elle va bien ? [쥐스띤느 엘 바 비앵 ↗]　쥐스틴 말야, 그녀는 잘 지내니?

Louise est belge ? [루이즈 애 밸쥬 ↗]　루이즈는 벨기에 사람이니?

궁금한 내용만을 의문사로 묻는 부분의문문은 의문사 부분만 강조하여 묻고, 문장의 끝부분을 올리지 않는다. 의문사는 문장의 앞에 쓰는 것이 원칙이나 뒤에 써도 된다.

Comment vas-tu ? [꼬멍 바 뛰 ↘]　너 어떻게 지내니?

의문사 / 동사 / 주어 : 앞의 의문사 부분을 강조하여 말하고 문장 끝부분은 내린다.

Vous allez comment ? [부 잘레 꼬멍 ↘]　당신은 어떻게 지내세요?

주어 / 동사 / 의문사 : 뒤의 의문사 부분을 강조하여 말하고 문장 끝부분은 올리지 않는다.

vous, je : 주어 인칭 대명사로 주어로 사용된다.

■ 주어 인칭 대명사

인칭	단수	의미	복수	의미
1인칭	je [쥬]	나	nous [누]	우리
2인칭	tu [뛰]	너	vous [부]	* 여러분들/당신
3인칭/남성	il [일리]	그 남자	ils [일리]	그 남자들
3인칭/여성	elle [앨르]	그 여자	elles [앨르]	그 여자들

3인칭에서는 남녀를 il(그 남자)과 elle(그 여자)로 구분하고, 복수는 s를 붙여서 ils, elles로 쓴다. 이때 복수를 나타내는 s는 발음하지 않는다.

Elle est lycéenne. [앨 래 리쎄앤느] 그녀는 고교생이다.
Il est lycéen. [일 래 리쎄앵] 그는 고교생이다.
Ils sont marocains. [일 쏭 마로깽] 그들은 모로코인이다.

• vous와 tu의 사용

vous는 2인칭 복수이다. 그러나 상대방이 한 사람(2인칭 단수)이어도, 존대하여 부를 때는 vous를 사용하므로 주의해야 한다. 상대방이 한 사람인 경우에 가족이나 친구, 아랫사람 등 반말을 하는 사람은 tu(너)로 부른다. 그러나 처음 보는 사람이나 웃어른, 또는 예의를 지켜야 할 상대 등, 존대해야 할 때는 반드시 vous(당신)를 사용한다.

즉 상대방이 복수라면 vous를 쓰고, 단수라면 반말에는 tu, 존댓말에는 vous를 사용하므로 구분하여 사용해야 한다.

Madame, vous êtes japonaise ? [마담ㅁ 부 잿뜨 쟈뽀내즈 ↗] 부인, 당신은 일본인이세요?
–Ah non, je suis chinoise. [아 농 쥬 쒸이 쉬누와즈] 아 아니요, 저는 중국인이에요.
Enzo, tu es français ? [엔조 뛰 애 ㅎ헝쌔 ↗] 엔조야, 너 프랑스인이니?
–Non, je suis suisse. Je suis de Genève. [농 쥬 쒸이 쒸이쓰 / 쥬 쒸이 드 쥬내브]
  아니, 나는 스위스인이야. 제네바에서 왔어.

aller [알레] 동사

aller 동사의 기본 의미는 '가다'라는 뜻이지만 안부를 말할 때는 '지내다'로 사용하기도 한다.

장소 이동 : aller + à (∼로, ∼에) + 장소 = ∼(로) 가다

안부 : aller + (très) + bien = (매우) 잘 지내다

Tu vas où ? [뛰 바 우↘] 너 어디 가니?

−Je vais à la maison. [쥬 배 알 라 매종] 집에 가.

Votre père, il va bien en France ? [보트르 빼르 일 바 비앵 엉 흐렁쓰↗]

당신의 아버지는 프랑스에서 잘 지내세요?

Comment va la famille ? [꼬멍 바 라 화미이。↘] 가족들은 어떻게 지내세요?

aller 동사는 3군 불규칙 동사로 변화형이 매우 불규칙하다.

그러나 미래 시제에도 사용하는 매우 중요한 동사이므로 형태를 정확하게 외워야 한다.

동사 변화에서 3인칭 변화형은 남성형과 여성형이 항상 같다.

Je vais aller en Tunisie. [쥬 배 알레 엉 뛰니지] 나는 튀니지에 갈 거야.

Il va partir demain ? [일 바 빠르띠르 드맹↗] 그가 내일 떠날 거니?

aller 현재 변화형

인칭	단수	변화형	복수	변화형
1인칭	je	vais [배]	nous	allons [알롱], [누 잘롱]
2인칭	tu	vas [바]	vous	allez [알레], [부 잘레]
3인칭/남성	il	va [바]	ils	vont [봉]
3인칭/여성	elle	va [바]	elles	vont [봉]

*nous allons은 [누 알롱] 대신에 연음하여 [누 잘롱]으로 발음한다. vous allez도 [부 알레] 대신에 [부 잘레]로 발음한다. 이런 발음 현상을 '연음' 또는 '연독'이라고 한다.

동사 변화형의 마지막 자음은 모두 발음되지 않는다.

nous allons에서는 nous가 [우] 모음으로 끝나고, allons이 [아] 모음으로 시작되므로, 모음을 이어서 두 번 발음하는 모음 충돌 현상이 생긴다. 모음 충돌은 발음상 불편하므로 프랑스어에서는 앞 단어 vous에서 발음되지 않는 자음 s를 두 모음 사이에 발음하는데, 이를 '연음' 또는 '연독'이라고 한다. 이처럼 대명사 주어와 동사 사이에서는 모음이 충돌되면 반드시 연음한다. 따라서 동사가 모음이나 무음 h로 시작되는 경우에, 복수 주어 nous, vous, ils, elles의 마지막 s는 반드시 연음하도록 유의한다.

그러나 모음 충돌이 생긴다고 어느 경우에나 연음하지는 않는다. 지역별로도 차이가 있으며 최근에는 연음이 줄어드는 경향이다.

연음하는 경우

: 다음과 같은 경우에는 모음 충돌이 생기면 연음한다.

인칭대명사 주어 + 동사	Vous‿allez bien ? [부 잘레 비앵 ↗]	당신은 잘 지내세요?
관사 + 명사	Ce sont des‿élèves. [쓰 쏭 데 젤래브]	이들은 학생이야.
형용사 + 명사	Voilà un petit‿enfant. [부왈라 앵 쁘띠 떵훵] 저기 한 작은 아이가 있어.	
전치사 + (대)명사	Je vais chez‿elle. [쥬 배 세 젤]	나는 그녀의 집으로 가.
부사 + 형용사	C'est très‿important. [쎄 트래 쟁뽀르떵]	이건 아주 중요해.
관용구 속	À tout‿à l'heure. [아 뚜 따 뢔르]	좀 있다 보자.

연음 시 발음의 변화

: 연음 시 다음 자음은 발음이 바뀐다.

d→[t]	Quand‿est-ce qu'il part ? [껑 떼쓰 낄 빠르 ↘]	그가 언제 떠나니?
f→[v]	Il est neuf‿heures. [일 래 뇌 뵈르]	아홉 시야.
s→[z]	Elle a trois‿ans. [앨 라 트롸 정]	그녀는 세 살이야.
x→[z]	J'ai six‿enfants. [제 씨 정훵]	나는 아이가 여섯이야.

2차 학습

응용 회화

A: **Bonjour !** 안녕하세요!
봉주르

Comment allez-vous ? 어떻게 지내세요?
꼬멍 딸레 부↘

B: **Je vais bien merci. Et vous ?**
쥬 배 비앵 매르씨   에 부↗
저는 잘 지내요, 고마워요. 당신은요?

A: **Très bien, merci.** 아주 잘 지내요, 고마워요.
트래 비앵 매르씨

A: **Salut, Théo. Ça va ?** 테오, 안녕. 잘 지내?
쌀뤼 떼오   싸 바↗

B: **Oui, ça va bien. Et toi ?** 응, 잘 지내. 너는?
위이 싸 바 비앵   에 뚜와↗

A: **Moi aussi, ça va.** 나도, 잘 지내.
무와 오씨 싸 바

*Comment allez-vous ? 에서 [꼬멍 딸레 부]로 연음한다.

새 단어

comment [kɔmã] 꼬멍 어떻게(의문사)	**ça** [sa] 싸 이것, 그것, 저것
moi [mwa] 무와 나(je의 강세형)	**va** [va] 바 가다, 지내다(*aller) il/elle의 변화형
très [tʀɛ] 트래 매우, 아주	**et** [e] 에 그리고, ~와
toi [twa] 뚜와 너(tu의 강세형)	**aussi** [osi] 오씨 역시

▶ 인사말과 안부

프랑스인들은 만나면 일반적으로 인사말(Bonjour ! / Salut ! / Bonsoir !)에 이어서 안부 (Comment allez-vous ?/ Ça va ?)를 묻는다.

이처럼 안부 인사를 받으면, 그에 답하고 감사 인사와 상대방의 안부(Et vous ?/ Et to i?)를 되묻는 것이 예의이다.

응용회화에서 위 대화의 **A**와 **B**는 존댓말로 인사하고 있는데, 이렇게 깍듯한 사이에서는 보통 감사 인사를 덧붙인다. 아래 대화의 **A, B**는 친한 사이의 반말 버전으로 이때는 감사 인사를 생략하는 경우가 많다.

▶ 안부 묻기

aller와 bien을 사용하여 '잘 지내세요?'로 표현할 수 있다.

이처럼 의문사 없이 문장의 내용이 맞는지를 묻는 경우는 문장의 끝을 올린다.

Vous allez bien ? [부 잘레 비앵↗] 당신은 잘 지내세요?

Tu vas bien ? [뛰 바 비앵↗] 넌 잘 지내니?

Elle va bien ? [엘 바 비앵↗] 그 여자는 잘 지내니?

Ça va bien ? [싸 바 비앵↗] 잘 지내니?/ 잘 되어가니?

*Ça는 사람을 제외한 모든 것을 대신하며 일상 회화에서 많이 쓰인다.

aller와 comment을 사용하여 '어떻게 지내니?'로 표현할 수 있다.

의문사는 원래 문장의 앞에 쓰는 것이 원칙이나 요즘은 뒤에 쓰는 것도 허용된다.

〈의문사 + 동사 + 주어〉로 쓰는 경우에 주어가 대명사이면 동사와 주어 사이에 '–'[트래 뒤니 옹]을 붙여야 한다. 의문사(comment＝어떻게?)를 사용하는 의문문은 문장의 끝을 내린다.

Comment vas-tu ? [꼬멍 바 뛰↘] 넌 어떻게 지내니?

Comment ça va ? [꼬멍 싸 바↘] 어떻게 지내니? / 어떻게 되어 가니?

Elle va comment ? [엘 바 꼬멍↘] 그 여자는 어떻게 지내니?

▶ 모음자 생략

모음 **e**(또는 **a, i**)로 끝나는 몇몇 단어는 뒤에 모음이나 무음 **h**로 시작하는 단어가 오면, 모음 충돌을 피하기 위해 모음자를 생략하고 apostrophe(')를 찍는다. 이를 모음자 생략이라 한다.

모음자를 생략하는 단어

- je, me, te, se, le, ce, ne, de, que, jusque와 la

  J'ai un stylo. [제 앵 스띨로] 나는 펜이 하나 있어.

  Je marche jusqu'à la maison. [쥬 마르슈 쥐ㅅ꺌라 매종] 나는 집까지 걸어가.

- si는 il, ils 앞에 있을 때만 모음자를 생략한다.

  S'il fait beau, je pars. [씰 홰 보 쥬 빠르] 날씨가 좋으면 나는 떠날 거야.

  Si elle aime les films, je vais au cinéma avec elle.
  [씨 앨 앰므 레 휠므 쥬 배 오 씨네마 아벡 깰르] 만일 그녀가 영화를 좋아하면 그녀랑 영화관에 갈 거야.

▶ 안부 대답하기

1 긍정적인 응답

Je vais (très) bien. [쥬 배 (트래) 비앵] 나는 (아주) 잘 지내요.

Ça va (très) bien. [싸 바 (트래) 비앵] (아주) 잘 지내요.

Elle va (très) bien. [엘 바 (트래) 비앵] 그 여자는 (아주) 잘 지내요.

2 부정적인 응답

부정문에는 동사의 앞뒤에 ne(n') ~pas 를 넣는다.

동사가 모음으로 시작하면 ne 의 모음 e를 생략하고 n'으로 쓴다. 이것을 모음자 생략이라고 한다.

주어		동사			
Je		vais		bien.	나는 잘 지내요.
	ne		pas		~이 아니다
Je [쥬]	ne [느]	vais [배]	pas [빠]	bien. [비앵]	나는 잘 지내지 못해요.

*구어(口語)체에서는 Pas 앞부분을 생략하여 말하는 경우가 많다.

(Je ne vais) pas bien. ➜ Pas bien.

(Ça ne va) pas très bien. ➜ Pas très bien.

▶ Moi aussi. Et toi ?

Moi aussi. [무와 오씨] 나도 역시 그래.

이처럼 aussi와 함께 단독으로 쓸 경우 je는 쓸 수 없고 je에 해당하는 강세형 moi를 써야 한다.

Je aussi. (×) → Moi aussi. (○)   Tu aussi ? (×) → Toi aussi ? (○)

Et 뒤에 대명사만을 단독으로 쓸 때도 반드시 강세형 인칭대명사를 써야 한다.

Et tu ? (×) → Et toi ? (○)

▶ 강세형 인칭대명사

인칭	주어	강세형	주어	강세형
1인칭	je	moi [무와]	nous	nous [누]
2인칭	tu	toi [뚜와]	vous	vous [부]
3인칭/남성	il	lui [뤼이]	ils	eux [외]
3인칭/여성	elle	elle [엘]	elles	elles [엘]

Et elle ? 그러면 그 여자는?　　Et lui ? 그러면 그 남자는?

Lui aussi ? 그 남자도 역시 그러니?　　Eux aussi ? 그 남자들도 역시 그러니?

▶ 강세형 인칭 대명사를 사용하는 경우

- 단독으로 쓰인다.

  Qui veut lire ça ? [끼 뵈 리르 싸⤴] 누가 이걸 읽을래?

  – Moi. [무와] 저요.

- c'est ~ 에서 쓴다.

  C'est moi, Alex. [쎄 무와 알랙씨] 나 알랙스야.

- 주어를 강조한다.

  Lui, il est Coréen. [뤼이 일 래 꼬레앵] 그는 말야, 그는 한국인이야.

- 목적보어를 강조한다.

  Je t'aime, toi. [쥬 땜ㅁ 뚜와] 난 널 사랑해, 너를.

  J'aime Paul, lui. [잼ㅁ 뽈르 뤼이] 나는 폴을 사랑해, 그를 말야.

- 전치사, 접속사 et, que(비교) 뒤에 쓴다.

  Léo joue avec elle. Et toi ? [레오 주 아백 깰르 에 뚜와⤴] 레오는 그녀와 놀아. 너는?

  Il est plus grand que vous. [일 래 쁠뤼 ㄱ렁 끄 부] 그는 당신보다 더 커요.

- aussi, non plus와 함께 사용한다.

  Moi aussi, je suis étudiant. [무와 오씨 쥬 쒸이 제뛰디엉] 나도 역시 학생이에요.

  Moi non plus, je ne suis pas professeur.

  [무와 농 쁠뤼 쥬 느 쒸이 빠 프로홰쐐르] 저도 마찬가지로 교사가 아니에요.

La famille 가족

grand-père [grɑ̃pɛːR] 그렁빼르 **할아버지**
grand-mère [grɑ̃mɛːR] 그렁매르 **할머니**

père [pɛːR] 빼르 **아버지**
papa [papa] 빠빠 **아빠**
mère [mɛːR] 매르 **어머니**
maman [mamɑ̃] 마멍 **엄마**

oncle [ɔ̃kl] 옹끌르 **숙부**
tante [tɑ̃ːt] 떵뜨 **숙모**

fils [fis] 휘쓰 **아들**
fille [fij] 휘이으 **딸**

cousin [kuzɛ̃] 꾸쟁 **사촌(남)**
cousine [kuzin] 꾸진ㄴ **사촌(여)**

□ **grands-parents** [gʀɑ̃paʀɑ̃] 그렁빠렁 조부모

□ **beau-père** [bopɛːʀ] 보뻬르 시아버지, 장인
↔ **belle-mère** [bɛlmɛːʀ] 벨매르 시어머니, 장모

□ **parent(s)** [paʀɑ̃] 빠렁 부모
↔ **enfant(s)** [ɑ̃fɑ̃] 엉훵 자녀

□ **mari** [maʀi] 마리 남편
↔ **femme** [fam] 홤ㅁ 아내, 여자

□ **beau-fils** [bofis] 보휘ㅆ 사위
↔ **belle-fille** [bɛlfij] 벨휘이ㅇ 며느리

□ **beau-frère** [bofʀɛːʀ] 보ㅎ래르 처남, 매부
↔ **belle-sœur** [bɛlsœːʀ] 벨쐐르 시누이, 올케

□ **frère** [fʀɛːʀ] ㅎ래르 형, 오빠, 남동생
↔ **sœur** [sœːʀ] 쐐르 누나, 언니, 여동생

□ **petit-fils** [pətifis] 쁘띠휘ㅆ 손자
↔ **petite-fille** [pətitfij] 쁘띳ㄸ휘이ㅇ 손녀

1 ( )에 주어진 동사를 현재형으로 바꾸세요.

1. Tu __________ bien ? (aller)

2. Elle __________ au Japon. (aller)

3. Nous __________ à la maison. (aller)

4. Comment __________ la famille ? (aller)

2 낱말의 뜻을 써보세요.

comment __________________________   aussi __________________________

et __________________________   bien __________________________

merci __________________________

3 두 항목을 연결하여 문장을 완성하세요.

Vous allez •　　　　　　　• aussi.

Ça •　　　　　　　• va bien ?

Moi •　　　　　　　• vais pas bien.

Et •　　　　　　　• vous ?

Je ne •　　　　　　　• allez-vous ?

Comment •　　　　　　　• bien ?

4 문장을 부정문으로 만들어보세요.

Elle va bien. ➜ ______________________________

Tu vas bien ? ➜ ______________________________

Vous êtes M. Durand ?

기본 회화

A: **Vous êtes M. Durand ?** 당신이 뒤랑 씨입니까?
부 젯뜨 므씨외 뒤렁↗

B: **Oui, je suis Léo Durand.** 네, 제가 레오 뒤랑입니다.
위이 쥬 쒸이 레오 뒤렁

A: **Tu es Léo ?** 네가 레오니?
뛰 애 레오↗

B: **Non, je suis Alain.** 아니, 난 알랭이야.
농 쥬 쒸이 잘랭

새 단어

êtes [ɛt] 앳뜨 ~이다 (*être) vous의 변화형	**es** [ɛ] 애 ~이다 (*être) tu의 변화형
suis [sɥi] 쒸이 ~이다 (*être) je의 변화형	**non** [nɔ̃] 농 아니오 (no)

▶ Vous êtes M. Durand ? 당신이 뒤랑 씨입니까?

'～입니까?'로 사람을 확인할 때는 être 동사를 사용한다. 존댓말로 물을 때는 Vous êtes~?, 반말로 물을 때는 Tu es~가 된다. 대답은 Je suis~로 한다.

Tu es américain ? [뛰 애 자메리깽 ↗] 너 미국인이니?
– **Non, je suis allemand.** [농 쥬 쒸이 잘멍] 아니, 난 독일인이야.

Vous êtes madame Lepetit ? [부 잿뜨 마담 르쁘띠 ↗] 당신이 르프티 부인이신가요?
– **Oui, c'est moi.** [위이 쌔 무와] 네, 맞아요.(저예요.)

▶ être [애트르] 동사

être는 '～이다'라는 동사로 프랑스어에서 가장 많이 사용한다. 주어의 국적·직업·외모·특성·감정·신분이나 장소 등에 사용하는데, 영어의 **be** 동사와 쓰임이 매우 비슷하다. 이 동사는 변화형이 매우 불규칙하지만 과거시제, 수동태 등에도 사용되어 매우 중요하므로 반드시 암기해야 한다.

être 동사 현재 변화형

인칭	단수	변화형	복수	변화형
1인칭	je	suis [쒸이]	nous	sommes [쏨ㅁ]
2인칭	tu	es [애]	vous	êtes [앳뜨] [부 잿뜨]
3인칭/남성	il	est [애]	ils	sont [쏭]
3인칭/여성	elle	est [애]	elles	sont [쏭]

*il과 elle에서는 il est [일 래]와 elle est [앨 래]로 자연스럽게 이어서 읽는다.
 vous êtes는 연음하여 [부 잿뜨]로 읽는다.

Je	suis	Paul Martin / content / à Paris.
나는, 저는, 내가, 제가	~이다	명사, 대명사, 고유명사
	~(하)다	형용사
	~에 있다	장소 표현

Je suis **Paul Martin**. [쥬 쒸이 뽈 마르땡] 나는 폴 마르탱입니다. (이름)

　　　　étudiant. [쥬 쒸이 제뛰디엉] 나는 대학생입니다. (신분, 직업)

　　　　content. [쥬 쒸이 꽁떵] 나는 만족합니다. (감정)

　　　　blond. [쥬 쒸이 블롱] 나는 금발입니다. (용모, 특징)

　　　　à Paris. [쥬 쒸이 아 빠리] 나는 파리에 있습니다. (장소)

　　　　en France. [쥬 쒸이 엉 ㅎ헝씨] 나는 프랑스에 있습니다. (장소)

이 나무의 이름은 뭘까요? 포플러입니다. 키가 엄청나게 큰 나무로, 반듯하게 자란 품새가 늠름하게 보이기까지 합니다. 이 나무는 프랑스에서 혁명을 상징하는 나무로 불린다는데요, 포플러가 바람에 흔들리는 소리와 민중의 웅성거리는 소리가 같아서라는 설과, 이 포플러 나무 그늘에 민중들이 모여 토론과 집회를 즐겨 했기 때문이라는 설이 있다고 합니다.

2차 학습

응용 회화

A: **Vous êtes monsieur Legrand ?** 당신이 르그랑 씨입니까?
부 잿뜨 므씨외 르ㄱ렁↗

B: **Non, je suis Marc Lepetit.** 아니요, 저는 마르크 르프티예요.
농 쥬 쒸이 마르끄 르쁘띠

A: **Ah, désolé, monsieur.** 아, 죄송해요, 선생님.
아 데졸레 므씨외

B: **Je vous en prie.** 괜찮습니다.
쥬 부 정 프리

- - - - - - - - - - -

A: **Bonjour ! Je m'appelle Alex, Alex Lamarre. Et toi ?**
봉주르　　　　　쥬 마뻴 알랙쓰 알랙쓰 라마르　　　　　　에 뚜와↗
안녕! 내 이름은 알렉스, 알렉스 라마르야. 너는?

B: **Moi, je m'appelle Julie Martin. Enchantée !**
무와 쥬 마뻴 쥘리 마르땅　　　　　　엉성떼
내 이름은 줄리 마르탱이야. 반가워!

새 단어

désolé [dezɔle] 데졸레 미안해요. désolée *f*

en [ɑ̃] 엉 그것의, 그곳에서(부터), 그것에서

prie [pʀi] 프리 부탁하다 (*prier) je의 변화형

m'appelle [mapɛl] 마뻴 내 이름은 ∼예요
(*s'appeler) je의 변화형

enchantée [ɑ̃ʃɑ̃te] 엉성떼 반가운, 반갑습니다
enchanté *m*

*désolé와 enchanté처럼 발음이 모음으로 끝나는 형용사는, 남성형과 여성형의 발음이 같다. −e를
붙여 여성형을 만들어도, 이 마지막 e가 발음되지 않기 때문이다.

▶ désolé

사과의 의미로 쓰이며, (Je suis) désolé. [쥬 쒸이 데졸레] 의 줄임말이다.

사과 표현

Pardon. [빠르동]　죄송해요.

Excusez-moi. [엑쓰뀌제]　죄송해요.

Excuse-moi. [엑쓰뀌즈]　미안해.

Je suis désolé(e). [쥬 쒸이 데졸레]　죄송해요.

▶ Je vous en prie.

이 표현은 상대방의 사과나 감사에 대한 응답으로 사용할 수 있다.
사과에는 '괜찮아요'의 의미로, 감사에는 '별말씀을요'라는 의미로 쓴다.

사과에 대한 응답 표현

Ce n'est rien. [쓰 내 리앵]　괜찮아요.

Ça ne fait rien. [싸 느 홰 리앵]　괜찮아요.

Ce n'est pas grave. [쓰 내 빠 그라브]　별거 아니에요. 괜찮아요.

▶ **Pardon**

사과할 때, 처음 본 사람에게 말을 걸 때, 상대의 말을 잘 알아듣지 못했을 경우에도 사용한
다. Excusez-moi.도 처음 본 사람에게 말을 걸 때도 사용할 수 있다.

A: Excusez-moi, monsieur. C'est ma place.　[엑쓰뀌제 무와 므씨외 / 쌔 마 쁠라씨]
　　죄송합니다. 여긴 제 자리예요.

B: Oh, pardon, je suis désolé.　[오 빠르동 쥬 쒸이 데졸레]　오, 실례했어요, 죄송합니다.

A: Ce n'est rien.　[쓰 내 리앵]　괜찮습니다.

A: Pardon monsieur. Où est la sortie ?　[빠르동 므씨외 / 우 엘 라 쏘르띠 ↘]
　　저기요, 말씀 좀 여쭐게요. 출구가 어딘가요?

B: Elle est à droite.　[엘 래 아 ㄷ롸뜨]　오른쪽에 있습니다.

A: Pardon ?　[빠르동 ↗]　뭐라고 하셨는지요?

B: Elle est à droite, là-bas.　[엘 래 아 ㄷ롸뜨 라바]　오른쪽에, 저기에 있습니다.

A: Tu viens chez moi ce soir ?　[뛰 비앵 셰 무와 쓰 쏴르 ↗]　너 오늘 저녁에 우리 집에 올래?

B: Ah non, désolé. J'ai un rendez-vous.　[아 농 데졸레 / 졔 앵 렁데부]
　　아, 안 돼, 미안해. 약속이 있어.

A: Ce n'est pas grave.　[쓰 내 빠 ㄱ라브]　괜찮아.

▶ **이름 표현**

Je m'appelle ~ [쥬 마뼬]은 '내 이름은 ~입니다'라는 표현이다.

1 이름 표현 : s'appeler [싸쁠레] 동사 + 이름

s'appeler에는 동사 원형(appeler)에 '자기 자신'을 의미하는 se(s')가 붙어 있는데, 이런
동사를 대명동사라고 부른다.

présenter [프레정떼]　소개하다 → se présenter　자기소개를 하다

appeler [아쁠레]　부르다 → s'appeler　자기 자신을 ~라고 부르다, 이름이 ~이다

2 s'appeler의 현재 변화형

인칭	단수	변화형	복수	변화형
1인칭	je	m'appelle [마뻴르]	nous	nous appelons [누 자쁠롱]
2인칭	tu	t'appelles [따뻴르]	vous	vous appelez [부 자쁠레]
3인칭	il/elle	s'appelle [싸뻴르]	ils / lles	s'appellent [싸뻴르]

대명동사를 변화시킬 때 '자기 자신'을 의미하는 **se** 부분도 함께 변화시킨다.

Je m'appelle Alice. [쥬 마뻴 알리씨]   내 이름은 알리스야.(나는 나를 알리스라고 불러.)
Elles s'appellent Soneosidais ? [앨 싸뻴 소녀시대 ↗]   이 여자들이 소녀시대니?

3 '이름이 뭐예요?'라고 물을 때는 comment [꼬멍]을 쓴다.

Comment은 '어떻게'라는 뜻으로 문장의 앞에 써도 되고 뒤에 써도 된다.
〈의문사 + 동사 + 주어〉에서 주어가 대명사이면 동사와 주어 사이에 −를 붙인다.

Tu t'appelles comment ? [뛰 따뻴 꼬멍 ↘]
= Comment t'appelles−tu ? 네 이름이 뭐니?

Il s'appelle comment ? [일 싸뻴 꼬멍 ↘] 그 남자 이름이 뭐니

Vous vous appelez comment ? [부 부 자쁠레 꼬멍 ↘]
= Comment vous appelez−vous ? 성함이 어떻게 되세요?

▶ **Enchanté.**

'만나서 반가워요.'라는 의미로 (Je suis) enchanté. [쥬 쒸이 정성떼] 의 줄임말이다. 화자가
여성이면 (Je suis) enchantée. [쥬 쒸이 정성떼]로 여성형으로 쓰는데, 여기서 추가된 e는
묵음이므로 발음은 남성형과 같다.

첫 만남의 인사

(Je suis) Enchanté(e) de vous voir. [(쥬 쒸이) 엉성떼 드 부 봐르]
당신을 뵙게 되어서 반가워요.

(Je suis) Content(e) de vous connaître. [(쥬 쒸이) 꽁떵(뜨) 드 부 꼬내트르]
당신을 알게 되어서 기뻐요.

(Je suis) Heureux(se) de vous rencontrer. [(쥬 쒸이) 왜뢰(즈) 드 부 렁꽁트레]
당신을 만나게 되어서 기뻐요.

1 ( )에 주어진 동사를 현재형으로 바꾸세요.

Tu _________ Théo ? (être)

Vous _________ anglais ? (être)

Elle _________ comment ? (s'appeler)

Comment _________ - vous ? (s'appeler)

2 낱말의 뜻을 써보세요

désolé ____________________   enchanté ____________________

oui ____________________   non ____________________

s'appeler ____________________

3 두 항목을 연결하여 문장을 완성하세요.

Vous vous •   • s'appelle Paul.

Il •   • appelez Mme Dupont ?

Je vous •   • t'appelles comment ?

Tu •   • m'appelle Théo.

Je suis •   • désolé.

Je •   • en prie.

4 주어진 낱말로 문장을 만들어 보세요.

comment / appelez / vous / vous ➜ ____________________

Super Junior / appellent / ils / se ➜ ____________________

La maison 집

toit [twa] 뚜와 *m* 지붕

fenêtre [f(ə)nɛtʀ] 흐내트ㄹ *f* 창문

porte [pɔʀt] 뽀르뜨 *f* 문

vestibule [bɛstibyl] 배ㅅ띠뷜ㄹ *m* 현관

mur [myːʀ] 뮈르 *m* 벽

sonnette [sɔnɛt] 쏘냇뜨 *f* 초인종

boîte aux lettres

[bwat o lɛtʀ] 부와뜨 오 래트ㄹ *f* 우편함

escalier [ɛskalje] 애ㅅ꺌리예 *m* 계단

cave [kaːv] 꺄ㅂ *f* 지하실

pièce [pjɛs] 삐애쓰 *f* 방

chambre [ʃɑ̃:bʀ] 셩브르 *f* 침실

salle de bain [sal də bɛ̃] 쌀 드 뱅 *f* 욕실

toilettes [twalɛt] 뚜왈랫뜨 *fpl* 화장실

salon [salɔ̃] 쌀롱 *m* 거실

cuisine [kɥizin] 뀌진ㄴ *f* 부엌

jardin [ʒaʀdɛ̃] 쟈르댕 *m* 정원

cour [ku:ʀ] 꾸르 *f* 안뜰

garage [gaʀa:ʒ] 갸라쥬 *m* 차고

Je suis coréen.

기본 회화

A : **Vous êtes chinois ?** 당신은 중국인이세요?
부 잿뜨 시누와

B : **Non, je suis coréen.** 아니요, 저는 한국인이에요.
농 쥬 쒸이 꼬레앵

A : **Tu parles français ?** 프랑스어 할 줄 아니?
뛰 빠를르 ㅎ렁쎄

B : **Oui, je parle un peu français.** 응, 프랑스어 조금 해.
위이 쥬 빠를르 앵 쀠 ㅎ렁쎄

새 단어

chinois [ʃinwa] 쉬누아 중국의, 중국인, 중국어
chinoise [f]

coréen [kɔʁeɛ̃] 꼬레앵 한국의, 한국인, 한국어
coréenne [f]

parles [paʁl] 빠를르 말하다 (*parler) tu의 변화형

français [fʁɑ̃sɛ] ㅎ렁쎄 프랑스의, 프랑스인,
프랑스어 française [f]

un peu [œ̃ pø] 앵 쀠 조금

▶ 국적 표현

1 être 동사 + 국적 형용사

국적 표현에는 être 동사를 쓴다.

국적 표현 : être + 국적의 형용사(남성과 여성 구별)

Vous êtes américain ?　[부 쨋뜨 아메리깽 ↗]　당신은 미국인이세요?

Tu es américaine ?　[뛰 애 아메리깬ㄴ ↗]　너 미국인(여자)이니?

Je suis coréen.　[쥬 쒸이 꼬레앵]　나는 한국인(남자)이에요.

Je suis coréenne.　[쥬 쒸이 꼬레앤ㄴ]　나는 한국인(여자)이에요.

국적 묻기 :

Quelle est votre nationalité ?　[껠 래 보트르 나씨오날리떼 ↘]　당신의 국적이 무엇입니까?

2 국가명과 국적 형용사

	국가	남성, 여성
한국	Corée [꼬레]	coréen, coréenne [꼬레앵, 꼬레앤ㄴ]
프랑스	France [ㅎ렁씨]	français, française [ㅎ렁쎄, ㅎ렁쎄즈]
중국	Chine [쉰ㄴ]	chinois, chinoise [시누와, 시누와즈]
일본	Japon [쟈뽕]	japonais, japonaise [쟈뽀내, 쟈뽀내즈]
캐나다	Canada [꺄나다]	canadien, canadienne [꺄나디앵, 꺄나디앤ㄴ]
영국	Angleterre [엉글르때르]	anglais, anglaise [엉글래, 엉글래즈]
스페인	Espagne [애스빠니으]	espagnol, espagnole [애스빠뇰르, 애스빠뇰르]
미국	États-Unis [에따쥐니]	américain, américaine [아메리깽, 아메리깬ㄴ]

*국적 형용사 coréen은 '한국의', '한국인', '한국어' 등 여러 가지 뜻으로 쓰인다. 언어를 지칭할 때는 국적 형용사의 남성형을 쓴다. 프랑스어에서 여성명사는 −e와 관계가 깊다. 국가명도 −e로 끝난 것은 대부분 여성이고, 그 이외의 철자로 끝난 것은 대부분 남성이다.

Emma est suisse.　[엠마 애 쒸이씨]　엠마는 스위스인이다.

Lucas parle français.　[뤼까 빠를르 ㅎ렁쎄]　루카는 프랑스어를 쓴다.

▶ **국가별 언어 표현**

parler [빠를레] 동사는 '말하다'라는 뜻을 가진 1군 동사로, 〈parler 동사 + 국적 형용사(남성)〉 '〜어를 할 줄 알다'로 쓰인다.

1 1군 동사 parler 현재 변화형

인칭	단수	변화형	복수	변화형
1인칭	je	parle [빠를르]	nous	parlons [빠를롱]
2인칭	tu	parles [빠를르]	vous	parlez [빠를레]
3인칭	il/elle	parle [빠를르]	ils/elles	parlent [빠를르]

parler처럼 동사의 원형이 −er로 끝나는 동사를 1군 동사라고 한다.

1군 동사는 규칙동사로 시제 변화 방법이 규칙적이다.

현재 시제는 동사 원형 parler에서 어미 −er를 뗀 어간 parl에 변화형 어미 −e, −es, −e, −ons, −ez, −ent를 붙인다.

이 어미 중에서 −ons는 [옹]으로, −ez는 [에]로 두 가지만 발음된다.

나머지 어미는 모두 발음되지 않으므로 변화형의 발음이 같다.

Vous parlez anglais ? [부 빠를레 엉글래 ⌐] 영어를 할 줄 아세요?

Il parle tout bas. [일 빠를르 뚜 바] 그는 아주 작게 말한다.

Marie parle plusieurs langues. [마리 빠를르 쁠뤼지왜르 렁그] 마리는 여러 언어를 할 수 있다.

2 1군 동사 변화형의 발음

동사 변화형의 철자는 복잡해 보이지만, 발음은 오히려 간단하다.

1군 동사 원형의 발음은 항상 [〜 에]로 끝난다.

'말하다'의 경우는 parler [빠를레] 이다.

① 이 원형과 발음이 같은 것은 vous의 변화형 parlez [빠를레] 뿐이다.

② nous의 변화형은 parlons [빠를롱] 이다.

③ 나머지는 모두 [빠를르] 이다. 즉, je (나), tu (너), il(s) (그 남자(들), elle(e) (그 여자(들)의 변화형은 모두 [빠를르] 이다. 1군 동사는 거의 대부분이 이처럼 규칙적으로 변화한다.

④ 이 중에서 상대방과의 대화에 많이 쓰이는 Je, Tu [빠를르], Vous [빠를레] 에 대한 발음
을 익혀두면 회화에 도움이 된다.

예를 들어 1군 동사 dessiner [데씨네] '그림 그리다'의 경우, Je, Tu의 변화형은 [데씬느],
Vous의 변화형은 [데씨네] 가 된다.

▶ Tu es français ? Tu parles français ?

두 문장은 동사가 다르므로 français의 의미도 '프랑스인'과 '프랑스어'로 다르다.

Je	suis	coréen.	나는 한국인이다.
	parle		나는 한국어를 할 줄 안다.
Tu	es	français ?	너는 프랑스인이니?
	parles		너는 프랑스어를 할 줄 아니?

이곳은 La Seine[쎈느] 강변에 조성된 인공 해변, Paris Plage[빠리 쁠라
쥬]입니다. Vacances를 떠나지 못하는 Parisien을 위해 시에서 조성한 것
입니다. 모래와 비치파라솔을 설치하고, 야자수처럼 생긴 부분에서는 시
원한 물이 스프링클러처럼 나오게 하여 몸이 뜨거우면 식힐 수 있도록
섬세하게 배려하고 있습니다.

2차 학습

응용 회화

A: **Vous êtes français ?** 당신은 프랑스인이세요?
부 젯뜨 흐렁쌔↗

B: **Non, je suis canadien, je suis de Québec.**
농 쥬 쒸이 꺄나디앵　　　　　쥬 쒸이 드 께백
아니요, 저는 캐나다인이에요, 퀘벡에서 왔어요.

A: **Ah bon ? Alors, vous parlez très bien français.**
아 봉↗　　　　알로르　　　부 빠를레 트래 비앵 흐렁쌔
아, 그러세요? 그래서 당신은 프랑스어를 아주 잘하시는군요.

B: **Et vous ? Vous êtes française ?**
에 부↗　　　　　부 젯뜨 흐렁쌔즈↗
그런데 당신은요? 프랑스인이세요?

A: **Oui, je suis française.** 네, 저는 프랑스인이에요.
위이 쥬 쒸이 흐렁쌔즈

　　Je viens de Bordeaux. 저는 보르도에서 왔어요.
쥬 비앵 드 보르도

새 단어

canadien [kanadjɛ̃] 꺄나디앵 캐나다의, 캐나다인
canadienne ⨍

de [də] 드 ～의, ～로부터

alors [alɔːʀ] 알로르 그러면, 그래서

viens [vjɛ̃] 비앵 오다 (*venir) je, tu의 변화형

▶ 출신지 묻고 답하기

être 동사나 venir 동사 + de + 국가 이름, 지역 이름, 도시 이름

상대방에게 출신지를 물을 때는

Vous êtes [=venez] de ~ / Tu es [=viens] de ~ ?로 묻는다.

대답할 때는 Je suis [=viens] de + 도시 이름, 국가 이름으로 말한다.

Vous êtes [venez] de Corée ?　[부 쟷뜨/브네 드 꼬레 ↗]　당신은 한국에서 오셨어요?
−Oui, je suis de Séoul.　[위이 쥬 쒸이 드 쎄울]　네, 나는 서울에서 왔어요.
Tu es [viens] de France ?　[뛰 애/비앵 드 ㅎ렁쓰 ↗]　너 프랑스에서 왔니?
−Non, je viens de Belgique.　[농 쥬 비앵 드 벨지끄]　아니, 나는 벨기에에서 왔어.

국가 이름이 남성단수일 경우에는 du로 쓴다.

Elle est du Japon.　[앨 래 뒤 쟈뽕]　그녀는 일본에서 왔다.
Alex vient du Canada.　[알랙쓰 비앵 뒤 꺄나다]　알렉스는 캐나다에서 왔다.

▶ venir [브니ㄹ] 동사의 현재 변화형

인칭	단수	변화형	복수	변화형
1인칭	je	viens [비앵]	nous	venons [브농]
2인칭	tu	viens [비앵]	vous	venez [브네]
3인칭	il/elle	viens [비앵]	ils/elles	viennent [비앤느]

*venir 동사는 3군 불규칙 동사로 근접 과거 시제를 만들 때도 사용하는 중요한 동사이므로 변화형을 꼭 익혀둔다. 3인칭 복수형 viennent에서는 nn이 되므로 비음이 없어져서 [비앤느]로 발음하는 것에 유의한다.

Je viens !　[쥬 비앵]　지금 가요!

Il vient chez nous tous les jours.　[일 비앵 셰 누 뚤 레 주르]　그는 매일 우리 집에 온다.

Venez par ici.　[브네 빠르 이씨]　이쪽으로 오세요.

1　(　)에 주어진 동사를 현재형으로 바꾸세요.

Tu ___________ chez nous ? (venir)

Vous ___________ quand ? (venir)

Nous ___________ l'Espagne. (visiter)

Ils ___________ français et anglais ? (parler)

2　낱말의 뜻을 써보세요.

parler ___________________________　　un peu ___________________________

français ___________________________　　alors ___________________________

venir ___________________________

3　두 항목을 연결하여 문장을 완성하세요.

Je •　　　　　　　　　• un peu français.

Vous êtes •　　　　　　• parlez très bien coréen.

Tu •　　　　　　　　　• chinois ?

Vous •　　　　　　　　• suis de Lyon.

Je parle •　　　　　　　• viens de Séoul ?

4　주어를 여성으로 가정하여 문장을 여성형으로 바꾸세요.

Je suis coréen. ➜ ___________________________________

Vous êtes français ? ➜ ___________________________________

La chambre 방

lit [li] 리 *m* 침대

oreiller [ɔʀɛ[e]je] 오래이예 *m* 베개

couverture [kuvɛʀtyːʀ] 꾸배르뛰르 *f* 담요

lampe [lɑ̃ːp] 렁빼 *f* 스탠드

table de chevet [tabl də ʃ(ə)vɛ] 따블르 드 슈배 *f* 협탁

armoire [aʀmwaːʀ] 아르무와르 *f* 옷장

commode [kɔmɔd] 꼬모드 *f* 서랍장

bibliothèque [biblijɔtɛk] 비블리오땍끄 *f* 책장

bureau [byʀo] 뷔로 *m* 책상

chaise [ʃɛːz] 섀즈 *f* 의자

Je ne suis pas directeur.

기본 회화

A: **Vous êtes directeur ?** 당신은 사장입니까?
부 잿뜨 디락뙈르

B: **Non, je ne suis pas directeur.** 아니요, 저는 사장이 아니에요.
농 쥬 느 쒸이 빠 디락뙈르

Je suis secrétaire. 저는 비서예요.
쥬 쒸이 쓰크레때르

– – – – – – – – – – – – – –

A: **Léo est en Corée ?** 레오가 한국에 있니?
레오 애 떵 꼬레

B: **Non, il est en France.** 아니, 그는 프랑스에 있어.
농 일 래 떵 ㅎ렁쓰

새 단어

directeur [diʀɛktœːʀ] 디락뙈르 _m_ 사장
directrice _f_

ne ~pas [nə pɑ] 느 빠 ~가 아니다. 부정문을 만들 때 사용

secrétaire [s(ə)kʀetɛːʀ] 쓰크레때르 _mf_ 비서

est [ɛ] 애 ~이다, ~에 있다. (*être) il/elle의 변화형

en [ɑ̃] 엉 ~(장소)에, ~(시간 동안)에, ~(로 된)

▶ 직업 묻고 답하기

직업 표현에는 être 동사를 사용한다.

직업 표현 : être + 직업명

Vous êtes patron ? [부 잿뜨 빠트롱↗] 당신이 사장님이세요?

– Ah non, je suis vendeur. [아 농 쥬 쒸이 벙돼르] 아니요, 저는 판매원입니다.

직업 묻기

Quelle est votre profession ? [껠 래 보트르 프로홰씨옹↘] 당신의 직업이 무엇입니까?

Qu'est-ce que vous faites (dans la vie) ? 당신은 무슨 일을 하세요?

[깨쓰끄 부 햇뜨(덩 라 비)↘]

	직업명 (남성)	직업명 (여성)
교사, 교수	professeur [프로홰쐐르]	professeur(e) [프로홰쐐르]
학생	étudiant [에뛰디엉]	étudiante [에뛰디엉뜨]
회사원	employé [엉쁠루와이예]	employée [엉쁠루와이예]
점원, 판매원	vendeur [벙돼르]	vendeuse [벙되즈]
엔지니어	ingénieur [앵줴니왜르]	ingénieure [앵줴니왜르]
노동자	travailleur [트라바이왜르]	travailleuse [트라바이외즈]
의사	médecin [메드쌩]	médecin [메드쌩]
배우	acteur [악뙈르]	actrice [악트리씨]
가수	chanteur [셩뙈르]	chanteuse [셩뙤즈]

*과거에는 professeur 를 여성형에도 공통으로 사용했으나, 요즘은 –e를 붙인 여성형도 사용한다.

▶ 부정문으로 말하기

부정문을 만들 때는 동사의 앞뒤에 ne ~ pas를 넣는다.

Je	suis	directeur.	나는 사장이다.
	ne	pas	~ 아니다

→ Je ne suis pas directeur. [쥬 느 쒸이 빠 디랙뙈르]　　나는 사장이 아니다.

*동사가 모음자로 시작하면 ne의 모음 e를 생략하고 n'으로 쓴다.

Il n'est pas directeur.　[일 내 빠 디랙뙈르]　그는 사장이 아니다.

Le Mont Blanc, il est en Suisse ?　[르 몽 블렁 일 래 떵 쒸이쓰↗]　몽블랑산은 스위스에 있니?

− Non, il n'est pas en Suisse. Il est en France.

　　[농 일 내 빠 정 쒸이쓰 / 일 래 떵 흐렁씨]　아니, 그거 스위스에 있지 않아. 그건 프랑스에 있어.

▶ 장소 말하기

'~에 있다'라고 장소를 말할 때 être 동사를 사용한다.

- 장소 : être + à / en 등 장소의 전치사 + 장소
- 국가 : être + en 여성 국가 / au 남성 국가
- 도시 : être + à + 도시

Léo est à la maison ?　[레오 애 딸 라 매종↗]　레오 집에 있니?

− Non, il est à l'école.　[농 일 래 따 레꼴리]　아니, 그는 학교에 있어.

Manon est en Chine ?　[마농 애 떵 쉰느↗]　마농은 중국에 있니?

− Non, elle est au Japon.　[농 앨 래 또 쟈뽕]　아니, 그녀는 일본에 있어.

Le Centre Pompidou est à Lyon ?　[르 썽트르 뽕삐두 애 따 리옹↗]
퐁피두센터가 리옹에 있니?

− Non, il est à Paris.　[농 일 래 따 빠리]　아니, 그것은 파리에 있어.

*국가명의 성 : 프랑스어에서 여성명사는 −e와 관계가 깊다. 국가 이름도 −e로 끝난 것은 대부분 여
　성이고, 그 이외의 글자로 끝나면 대부분 남성이다.

2차 학습

응용 회화

A: **Vous êtes professeur ?** 당신은 교사인가요?
부 젯뜨 프로홰쒜르↗

B: **Non, je ne suis pas professeur.** 아니요, 저는 교사가 아니에요.
농 쥬 느 쒸이 빠 프로홰쒜르

Je suis étudiant. 저는 학생이에요.
쥬 쒸이 제뛰디엉

A: **Et M. Durand, il est professeur ?**
에 므씨외 뒤렁　　　　　　일 래 프로홰쒜르↗
그러면 뒤랑 씨는요, 그는 교사인가요?

B: **Oui, il est professeur d'anglais.** 네, 그는 영어 교사예요.
위이 일 래 프로홰쒜르 덩글래

- - - - - - - - - -

A: **Léon est en France ?** 레옹이 프랑스에 있니?
레옹 애 떵 흐렁쓰↗

B: **Non, il n'est pas en France.** 아니, 그는 프랑스에 없어.
농 일 내 빠 정 흐렁쓰

Il est au Canada. Il est à Québec.
일 래 또 꺄나다　　　　　　일 래 따 께백
그는 캐나다에 있어. 그는 퀘벡 시에 있어.

professeur [pʀɔfesœːʀ] 프로해쐐르 *mf* 교사

étudiant [etydjɑ̃] 에뛰디영 *m* 학생, étudiante *f*

anglais [ɑ̃glɛ] 엉글래 영국의, 영어, 영국인
anglaise *f*

à [a] 아 ~(장소)에/로/에서, ~(시각)에, ~(사람)에게

au [o] 오 = à + le, ~(장소)에/~로/~에서, ~(시각)에, ~(사람)에게

▶ Il est professeur d'anglais.

anglais는 '영국의', '영국 사람', '영어' 등 여러가지 뜻이 있는데 이 문장에서는 '영어'의 의미로 쓰여 '그는 영어 교사이다.'라는 표현이다. de는 영어의 of와 쓰임이 매우 유사한데 뒤에 모음이나 무음 h로 시작하는 단어가 오면 d'로 쓴다.

Elle est professeure de maths. [엘 래 프로해쐐르 드 마뜨] 그녀는 수학 교사이다.

▶ 장소의 전치사

'~ 에서', '~ 로'라는 동일한 의미일 경우에도, 뒤에 오는 명사의 성격에 따라서 전치사가 달라지므로 잘 구분하여 써야 한다.

en France	프랑스는 여성 국명이므로 en을 쓴다.
au Canada	캐나다는 남성 국명이므로 au를 쓴다.
à Paris	파리(도시 이름) 앞에는 à를 써야 한다.
à Québec / au Québec	퀘벡은 캐나다의 한 주(州)의 이름이자 도시 이름도 된다. 따라서 퀘벡 주(州)는 au Québec, 퀘벡 시(市)는 à Québec으로 쓴다.

On parle français et anglais au Québec. [옹 빠를르 ㅎ렁쌔 에 엉글래 오 께벡]
퀘벡에서는 프랑스어와 영어를 쓴다.

Il y a le Château Frontenac à Québec. [일 리 야 르 샤또 ㅎ롱뜨낙 아 께벡]
퀘벡 시티에는 프롱트낙 성(城)이 있다. (현재는 호텔임)

1 알맞은 전치사로 문장을 완성하세요.

Ta fille est ___________ New York ?
Marie est __________ Espagne.
On parle français __________ Québec ?
Je vais _________ la maison.

2 낱말의 뜻을 써보세요.

employé _____________________   travailleur _____________________

chanteur _____________________   anglais _____________________

secrétaire _____________________

3 두 항목을 연결하여 문장을 완성하세요.

Je suis en •   • chinoise ?
Vous êtes •   • France.
Tu •   • Séoul.
Il est à •   • Japon ?
Elle est au •   • es étudiante ?

4 주어진 여성 주어에 맞추어 문장을 여성형으로 바꾸어 써보세요.

Il est vendeur. ➜ Elle _______________________________

Léo est acteur. ➜ Marion Cotillard _______________________

Le salon 거실

fenêtre [f(ə)nɛtR] 흐내트르 *f* 창문

rideau [Rido] 리도 *m* 커튼

tapis [tapi] 따삐 *m* 카펫

canapé [kanape] 꺄나뻬 *m*
sofa [sɔfa] 쏘화 *m* 소파

chaise [ʃɛːz] 섀즈 *f* 의자

fauteuil [fotœj] 호뙤이ㅇ *m* 안락의자

bibliothèque [biblijɔtɛk]
비블리오땍끄 *f* 책장

système audio 씨ㅅ땜ㅁ 오디오 *m*
chaîne stéréo [ʃɛn steʀeo]
섄ㄴ ㅅ떼레오 *f* 오디오시스템

aspirateur [aspiʀatœːR]
아ㅅ삐라뙈르 *m* 진공청소기

tableau [tablo] 따블로 *m* 그림

poubelle [pubɛl] 뿌벨르 *f* 휴지통

télévision [televizjɔ̃]
떼레비지옹 *f* **텔레비전**

télécommande [telekɔmɑ̃:d]
떼레꼬멍드 *f* **리모컨**

table [tabl] 따블르 *f* **탁자**

téléphone [telefɔn] 떼레혼느 *m* **전화**

ventilateur [vɑ̃tilatœ:R] 벙띨라뙈르
m **선풍기**

journal [ʒuRnal] 주르날 *m* **신문**

calendrier [kalɑ̃dRije] 꺌렁드리예
m **달력**

pot (de fleurs) [po də flœ:R]
뽀 드 흘뢔르 **화분**

vase [vɑ:z] 바즈 *m* **화병**

lampe [lɑ̃:p] 렁쁘 *f* **전등**

C'est mon papa.

기본 회화

A: **C'est ton frère ?** 이 사람이 너의 오빠니?
쎄 똥 ㅎ래ㄹ↗

B: **Non, c'est mon papa.** 아니, 우리 아빠야.
농 쎄 몽 빠빠

A: **Et elle ? C'est ta maman ?**
에 앨↗　　　　쎄 따 마멍↗

그러면 이 여자분은? 이분이 너의 엄마니?

B: **Oui, c'est elle.** 응, 그분이셔.(우리 엄마야).
위이 쎄 땔ㄹ

새 단어

ce [sə] 쓰 (이/그/저) 사람 또는 (이/그/저)것

ton [tɔ̃] 똥 너의 (남성형)

frère [fʀɛːʀ] ㅎ래ㄹ *m* 남자 형제

mon [mɔ̃] 몽 나의 (소유형용사 남성형)

papa [papa] 빠빠 *m* 아빠

ta [ta] 따 너의 (소유형용사 여성형)

maman [mamã] 마멍 *f* 엄마

▶ **C'est ~**

C'est ~ [쎄] : Ce [쓰] + est [애] → C'est [쎄] '~가 ~(이)다.'
C'est는 프랑스인이 가장 많이 쓰는 기본 표현으로 영어의 it's와 유사하다.

- ce는 3인칭 대명사로 사람과 사물을 대신하며 '이것', '그것', '저것', '이 사람', '저 사람', '그 사람'을 의미한다.
- ce는 모음이나 유음 h로 시작하는 동사 앞에서 모음자가 생략되어 c'가 된다.
- est는 '~이다'로 être 동사의 현재 변화형이다. 즉 C'est는 '어떤 사람이나 사물이 ~이다'라는 표현이므로 c'est 뒤에는 사람이나 사물, 무엇이든지 올 수 있다.

  C'est une Nintendo. [쎄 뛴느 닌텐도] 이것은 닌텐도이다.

C'est ~ 의 부정형: Ce n'est pas ~

Ce n'est pas Mme Lepetit. [쓰 내 빠 마담 르쁘띠] 이분은 르프티 부인이 아닙니다.
Ce n'est pas une maison. [쓰 내 빠 쥔느 매종] 이것은 집이 아닙니다.

▶ton frère, ta maman

소유형용사

ton과 ta는 소유형용사로 뒤에 오는 명사의 소유자를 알려준다. 관사 대신 사용하며 뒤에 오는 명사의 성(性)과 수(數)에 맞추어 쓴다.

ton, ta는 tu의 소유를 말하므로 둘 다 '너의'라는 뜻인데, 뒤에 오는 명사가 남성이면 ton을 쓰고 여성이면 ta를 쓴다. 즉 남자형제 frère에는 ton을 쓰고, 엄마 maman에는 ta를 쓴다.

주어	소유 형용사			
	남성형	여성형	복수형	의미
je	mon	ma	mes	나의
tu	ton	ta	tes	너의
il / elle	son	sa	ses	그의/그녀의
nous	notre	notre	nos	우리들의
vous	votre	votre	vos	당신의/여러분들의
ils / elles	leur	leur	leurs	그들의/그녀들의

C'est mon papa. [쌔 몽 빠빠]   이 사람은 나의 아빠예요.

C'est mon mari. [쌔 몽 마리]   이 사람은 내 남편이에요.

C'est ma maman. [쌔 마 마멍]   이 사람은 나의 엄마예요.

C'est ma femme. [쌔 마 홤ㅁ]   이 사람은 내 아내예요.

'나의'로 쓸 때 mon은 남성명사에, ma는 여성명사에, mes는 복수명사에 사용한다.

	남성형 mon	여성형 ma	복수형 mes
나의	mon papa [몽 빠빠]	ma maman [마 마멍]	mes parents [메 빠렁]
	나의 아빠	나의 엄마	나의 부모님

*단 다음의 경우에는 주의하여야 한다. 여성명사가 모음이나 무음 h로 시작하는 경우에는 ma, ta, sa 대신에 각각 mon, ton, son을 쓰고 연음한다.

ma			mon	ma amie 내 여자친구	→	mon amie [모 나미]
ta	+ 모음 또는 무음 h	→	ton	ta école 너의 학교	→	ton école [또 네꼴르]
sa			son	sa horloge 그(녀)의 시계	→	son horloge [쏘 노르로쥬]

▶ 가족

mon ton son notre votre leur	+	papa [빠빠] 아빠
		père [빼르] 아버지
		frère [ㅎ래르] 남자 형제
		fils [휘씨] 아들

ma ta sa notre votre leur	+	maman [마멍] 엄마
		mère [매르] 어머니
		sœur [쒜르] 여자 형제
		fille [휘이으] 딸

2차 학습

응용 회화

A: **Qui est-ce ?** 이 사람이 누구니?
끼 애 쓰↘

B: **C'est ma sœur. Elle est médecin.**
쌔 마 쐬르　　　　　앨 래 메드쌩
나의 언니야. 언니는 의사야.

A: **Et elle ? C'est ta mère ?**
에 앨↗　　　쌔 따 매르↗
그리고 이 여자분은? 이분이 너의 어머니이시니?

B: **Oui, c'est elle. Elle est employée de banque.**
위이 쌔 땔르　　　　　앨 래 떵쁠루와이에 드 벙끄
응, 그분이야. 어머니는 은행원이셔.

A: **Et lui ? C'est ton frère ?**
에 뤼이↗　　　쌔 똥 ㅎ쾌르↗
그리고 이 남자는? 이 사람은 네 (남자) 형제니?

B: **Oui, il est lycéen. Il est plus jeune que moi.**
위이 일 래 리쎄앵　　　　　일 래 쁠뤼 쟌ㄴ 끄 무와
응, 그는 고등학생이야. 그는 나보다 더 어려.

새 단어

qui [ki] 끼 **누구?** (사람을 물어보는 의문사)

ma [ma] 마 **나의** (소유형용사 여성형)

sœur [sœːʀ] 쐬르 *f* **여자 형제**

médecin [medsɛ̃] 메드쌩 *m* **의사**

employé [ɑ̃plwaje] 엉쁠루와이에 *m* **회사원.**
　employée *f*

banque [bɑ̃k] 벙끄 *f* **은행**

lui [lɥi] 뤼이 **그 남자** (강세형)

lycéen [liseɛ̃] 리쎄앵 *m* **고등학생.** lycéenne *f*

plus [ply(s)] 쁠뤼 **더** (~하다)

jeune [ʒœn] 쟌ㄴ **젊은, 어린**

que [k(ə)] 끄 **무엇? ~보다** (비교되는 대상에 사용)

▶ Qui est-ce ?

사람에 대해 누구인지 물을 때 qui [끼] '누구'를 사용하며 대답은 C'est ~ 로 한다.

사람의 확인 : Qui est-ce ? [끼 애 쓰 ↘] '이(그, 저) 사람이 누구입니까?'
　　　　　　　= C'est qui ? [쎄 끼 ↘]

Qui est-ce ?
– C'est Paul.　[쎄 뽈르]　이 사람은 폴이야.
– C'est M. Durand.　[쎄 므씨외 뒤렁]　이 사람은 뒤랑 씨야.
– C'est mon amie.　[쎄 모 나미]　얘는 내 친구야.

*est-ce : 대명사 주어와 동사가 자리가 바뀌면 동사와 주어 사이에 '–'을 넣는다.

▶ Il est plus jeune que moi.

plus A que B 는 'B보다 더 A하다'라는 비교의 표현이다. que 뒤에 대명사가 올 때는 강세형을 쓴다.

너보다 que tu (✕) → que toi (○)

Marie est plus jeune que toi ? [마리 애 쁠뤼 쵄ㄴ 끄 뚜와 ↗]　마리가 너보다 더 어리니?
– Non, elle est plus âgée que moi. [농 앨 래 쁠뤼 자졔 끄 무와]
　아니, 그녀는 나보다 나이가 더 많아.

Il	est		jeune.			그는 젊다.
		plus		que		~보다 더 ~ 하다
Il	est	plus	jeune	que	moi.	그는 나보다 더 젊다.
[일]	[애]	[쁠뤼]	[쵄ㄴ]	[끄]	[무와]	

평가문제

1 낱말의 뜻을 써보세요.

banque ___________________   employé ___________________

lycéen ___________________   plus ___________________

jeune ___________________

2 두 항목을 연결하여 문장을 완성하세요.

Qui •   • Mme Durand ?

Mon frère •   • est employé.

Mon papa •   • est-ce ?

C'est •   • est vendeuse.

Ma maman •   • est plus jeune que moi.

3 문장을 부정문으로 바꾸어 써보세요.

C'est ma fille. ➜ ___________________

Il est ingénieur. ➜ ___________________

4 밑줄 친 부분을 여성형으로 바꾸어 문장을 여성형으로 바꾸어 써보세요.

C'est ton <u>père</u> ?   ➜ ___________________

<u>Il</u> est son <u>étudiant</u>. ➜ ___________________

La salle de bain 욕실

toilette [twalɛt] 뚜왈랫뜨 *f* 변기

papier toilette [papje twalɛt]
빠삐예 뚜왈랫뜨 *m* 화장지

shampo(o)ing [ʃɑ̃pwɛ̃]
셩뿌왱 *m* 샴푸

rinçage [ʀɛ̃saːʒ] 랭싸쥬 *m*
après-shampo(o)ing
[apʀɛ ʃɑ̃pwɛ] 아프래 셩뿌왱 *m* 린스

douche [duʃ] 두슈 *f* 샤워기

peignoir [pɛɲwaːʀ]
빼뉴와르 *m* 가운

tapis [tapi] 따삐 *m* 목욕실 깔개

miroir [miʀwaːʀ] 미루와르 *m* 거울

lavabo [lavabo] 라바보 Ⓜ 세면대

brosse à dents [bʀɔs a dɑ̃]
브로쓰 아 덩 Ⓕ 칫솔

dentifrice [dɑ̃tifʀis]
덩띠흐리쓰 Ⓜ 치약

sèche-cheveux
[sɛʃ ʃ(ə)vø] 쎄슈 슈뵈 Ⓜ
séchoir [seʃwaːʀ] 쎄슈와르
Ⓜ 헤어드라이어

baignoire [bɛɲwaːʀ]
배뉴와르 Ⓕ 욕조

savon [savɔ̃] 싸봉 Ⓜ 비누

éponge [epɔ̃ːʒ] 에뽕쥬 Ⓕ 스펀지

serviette (de toilette)
[sɛʀvjɛt (də twalɛt)]
쎄르비앳뜨 (드 뚜왈랫뜨) Ⓕ 수건

J'habite à Lyon.

기본 회화

A : Tu habites à Paris ? 너는 파리에 사니?
뛰 아비뜨 아 빠리↗

B : Non, j'habite à Lyon. 아니, 난 리옹에 살아.
농　　　자비뜨 아 리용

A : Lyon, c'est près de Paris ? 리옹이 파리에서 가깝니?
리용　　　쎄 프래 드 빠리↗

B : Non, c'est un peu loin de Paris. 아니, 파리에서 조금 멀어.
농　　　쎄 땡 뾔 루왱 드 빠리

새 단어

habites [abit] 아비뜨 살다 (*habiter) tu의 변화형	près de [pʀɛ də] 프래 드 ～근처에, ～가까이에
habite [abit] 아비뜨 살다 (*habiter) je, il, elle의 변화형	loin de [lwɛ̃ də] 루왱 드 ～에서 멀리에

▶ 거주지 묻고 답하기

거주지를 말할 때는 '〜에 살다'인 habiter [아비떼] 동사를 사용한다

habiter + (à) + 도시 : ~도시에 살고 있다.

habiter + en 여성 국가 / au 남성 국가 : ~ (국가)에 살고 있다.

J'habite à Séoul. [자비따 아 쎄울]   나는 서울에 살고 있다.

Elle habite en Corée. [엘 라비따 엉 꼬레]   그 여자는 한국에 살고 있다.

Tu habites au Canada ? [뛰 아비따 오 꺄나다 ↗]   넌 캐나다에 사니?

habiter 동사의 현재 변화형

인칭	단수	변화형	복수	변화형
1인칭	j'	habite [아비따]	nous	habitons [아비똥], [자비똥]
2인칭	tu	habites [아비따]	vous	habitez [아비떼], [자비떼]
3인칭	il / elle	habite [아비따]	ils / elles	habitent [아비따], [자비따]

*habiter 동사도 parler 처럼 1군 동사로 규칙 변화한다. 단 h 가 무음 h 이므로 je 는 모음자를 생략하여 j'로 쓴다. 또한 주어가 복수인 경우, 마지막 −s 를 모두 동사에 연음한다.

즉 nous habitons [누 자비똥], vous habitez [부 자비떼],
ils/elles habitent [일/엘 자비따] 로 연음한다.
대화에 많이 쓰이는 Je의 변화형은 [자비따], Tu는 [뛰 아비따], Vous는 [부 자비떼] 이다.

Vous habitez toujours au 5e ? [부 자비떼 뚜주르 오 쌩끼앰ㅁ ↗]
당신은 여전히 5구에 사세요?

− Non, depuis mars, j'habite au 8e. [농 드쀠이 마르쓰 자비따 오 위띠앰ㅁ]
  아니요, 3월부터 8구에 살고 있어요.

Et toi, tu habites où ? [에 뚜와 뛰 아비따 우 ↘]   그런데 너는, 어디 살아?

− J'habite chez ma mère. [자비따 셰 마 매르]   난 어머니 집에서 (함께) 살아.

97

2차 학습

응용 회화

A: **Tu habites avec ta famille ?** 넌 너의 가족과 함께 살고 있니?
뛰 아비뜨 아백 따 화미이으↗

B: **Non, j'habite seul à Paris.** 아니, 나는 파리에서 혼자 살아.
농 자비뜨 쐴르 아 빠리

Ma mère habite à Avignon. 나의 어머니는 아비뇽에 사셔.
마 매르 아비뜨 아 아비뇽

A: **Avignon, c'est où ? C'est loin de Paris ?**
아비뇽 쌔 우↘   쌔 루왱 드 빠리↗
아비뇽, 그게 어디 있니? 거기 파리에서 멀어?

B: **Oui, c'est dans le sud de la France,**
en Provence.
위이 쌔 덩 르 쒸드 드 라 ㅎ렁쓰 엉 프로벙쓰
응, 프랑스 남부, 프로방스 지역에 있어.

C'est à 3 heures de Paris en TGV.
쌔 따 트롸 쬐르 드 빠리 엉 떼제베
파리에서 고속열차로 약 3시간 거리에 있어.

새 단어

avec [avɛk] 아배끄 ~와 함께, ~를 가지고	**dans** [dɑ̃] 덩 ~ 안에
famille [famij] 화미이으 *m* 가족	**sud** [syd] 쒸드 *m* 남쪽
seul [sœl] 쐴르 혼자. seul*e* *f*	**trois** [tʀwɑ] 트롸 3
où [u] 우 어디에, 어디로	**heure** [œ:ʀ] 왜르 *f* 시간, 시

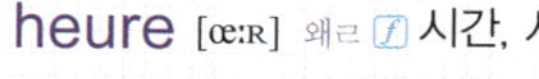

▶ ta famille

famille가 여성 명사이므로 '너의 가족'에는 소유형용사 ton, ta, tes 중에서 여성형 ta를 쓴다.

▶ C'est où ?

'～가 어디에 있니?'로 위치나 장소를 물을 때는 C'est où ? = Où est-ce ? 를 사용한다.
이때 Où는 장소를 묻는 의문사이므로 문장의 끝을 내린다.

C'est où ? [쎄 우↘]

– C'est à l'est de Paris. [쎄 따 래ㅅ뜨 드 빠리]   그것은 파리 동쪽에 있어.

Où est–ce ? [우 애 쓰↘]

– C'est dans le nord de la France. [쎄 덩 르 노르 드 라 ㅎ렁쓰]   그것은 프랑스 북쪽에 있다.

동	서	남	북
est	ouest	sud	nord
[애ㅅ뜨]	[우왜ㅅ뜨]	[쒸드]	[노르]

▶ le sud de la France

le와 la는 정관사이다. 관사는 명사에 쓰는데, 명사에 성(性)과 수(數)의 구별이 있으므로 관사도 명사의 성과 수에 맞추어 쓴다. 나라 이름의 명사에는 보통 정관사를 쓰며, 역시 성과 수에 맞추어 쓴다. France가 여성 국명이므로 여성정관사 la를 쓴다.

정관사

남성	le (l')	le Canada [르 꺄나다]	캐나다
여성	la (l')	la France [라 ㅎ렁쓰]	프랑스
복수	les	les États-Unis [레 제따쥐니]	미국

*명사의 성과 수에 맞추어서 사용한다. 모음이나 무음 h로 시작하는 명사 앞에서 le와 la는 l'로 쓰고, les는 연음한다.

정관사의 용법

1) 앞에 나온 명사를 다시 받거나 한정된 명사 앞에 사용된다.

Là-bas, il y a une fenêtre. Ouvre la fenêtre.
[라바 일 리 야 윈ㄴ 흐내트르 / 우브르 라 흐내트르]   저기에 창문이 있어. 그 창문을 열어.

2) 총체적인 의미로 종류 전체를 가리킬 때 사용된다. (특히 기호를 나타내는 표현에 사용한다)
Mathilde aime la pizza.   [마띨ㄷ 앰ㅁ 라 삐자]   마틸드는 피자를 좋아해.

3) 고유명사 또는 유일한 것에 사용된다. (태양, 달, 지구, 산, 국가, 강 등)
Le soleil se lève.   [르 쏠레이으 쓰 래비]   해가 뜬다.

4) 날짜 표현에 사용된다.
Aujourd'hui, c'est le 6 mars.   [오주르뒤이 쎄 르 씨쓰 마르씨]   오늘은 3월 6일이다.

5) 시간을 나타내는 표현 앞에서 '〜마다'의 의미로 사용된다.
Ce magasin ferme le jeudi.   [쓰 마가쟁 홰르ㅁ 르 죄디]   이 상점은 목요일에는 문을 닫는다.

▶ C'est à 3 h de Paris en TGV.

être à + 시간/거리 : 〜 거리에 있다

C'est à 3 km.   [쎄 따 트롸 낄로 매트르]   그것은 3킬로미터 거리에 있다.
C'est à 3 heures en TGV.   [쎄 따 트롸 죄르 엉 떼졔베]   고속열차로 3시간 거리에 있다.

1　(　)에 주어진 동사의 현재형으로 빈칸을 채우세요.

Tu ___________ où ? (habiter)

Léa ___________ toujours à Marseille ? (habiter)

Vous ___________ français ? (parler)

Je ___________ anglais et chinois. (parler)

2　낱말의 뜻을 써보세요.

sud ___________________________　　loin de ___________________________

heure ___________________________　　où ___________________________

3　두 항목을 연결하여 문장을 완성하세요.

Tu habites avec •　　　　• de Paris.

Mon frère •　　　　• où ?

Vous •　　　　• habite seul en Provence.

C'est •　　　　• habitez à Lyon ?

J'habite près •　　　　• ta famille ?

4　빈 칸에 알맞은 전치사를 넣어 보세요.

Il habite ___________ Paris.

Elle est ___________ France.

C'est loin ___________ Paris ?

Ma mère habite ___________ mon frère.

Avignon est ___________ le sud de la France.

La cuisine 주방

table de cuisine
[tabl də kɥizin] 따블ㄹ 드 뀌진ㄴ *f* 조리대

évier [evje] 에비예 *m* 씽크대

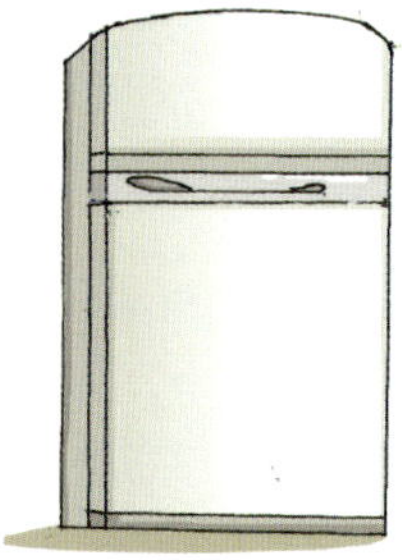

réfrigérateur
[ʀefʀiʒeʀatœ:ʀ] 레ㅎ리제라뙈ㄹ *m* 냉장고

buffet [byfɛ] 뷔페 *m* 찬장

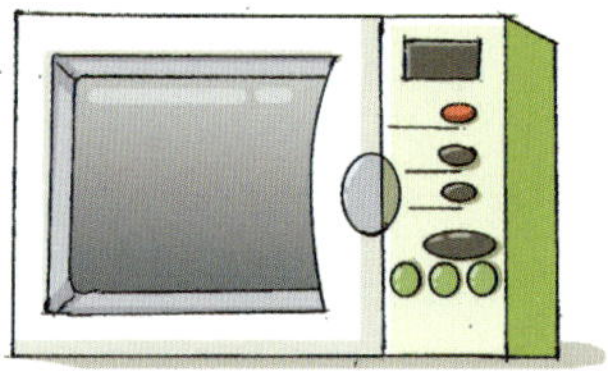

micro-ondes [mikʀɔɔ̃:d]
미크로옹ㄷ *f* 전자레인지

grille-pain [gʀijpɛ̃] 그리이으뺑
m 토스터

mixeur [miksœ:ʀ]
믹쐐ㄹ *m* 믹서

planche à découper
쁠렁슈 아 데꾸뻬 🔘 도마

couteau [kuto] 꾸또 🔘 칼

tasse [tɑ:s] 따쓰 🔘 찻잔
verre [vɛ:R] 배르 🔘 잔, 유리잔
coupe [kup] 꾸쁘 🔘 술잔

bouilloire [bujwa:R]
부이와르 🔘 주전자

plat [pla] 쁠라 🔘
assiette [asjet] 아씨앳뜨 🔘 접시, 요리
couvert [kuvɛ:R] 꾸배르
🔘 (식탁에 놓는) 접시, 나이프, 포크와 수저
등의 식기 한 벌

cuiller, cuillère
[kɥijɛ:R] 뀌이애르 🔘 숟가락

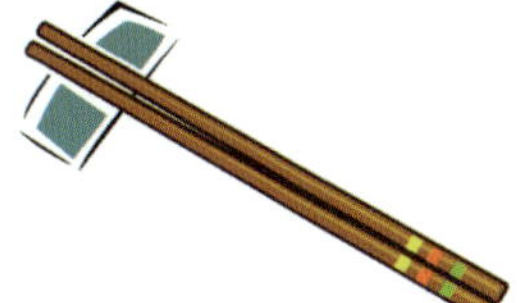

baguette [baget]
바갯뜨 🔘 젓가락

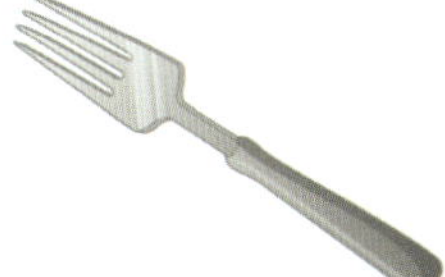

fourchette [fuRʃet]
후르샛뜨 🔘 포크

chaudron [ʃodRɔ̃] 쇼드롱 🔘 (큰) 냄비, 솥

casserole [kasRɔl] 꺄쓰롤르 🔘 (손잡이 달린) 냄비, 스튜냄비

poêle [pwa[ɑ:]l] 쁘왈르 🔘 프라이팬 (남성이면 난로, 스토브의 의미)

Qu'est-ce que c'est ?

A : Qu'est-ce que c'est ? 그게 뭐니?
깨쓰 끄 쎄↘

B : C'est un film de Jean-Pierre Jeunet,
쎄 땡 휠므 드 정 삐애르 죄내

Amélie Poulain. 이거 쟝 피에르 쥬네의 영화, 아멜리 풀랭이야.
아멜리 뿔랭

A : C'est comment ? 그거 어떠니?
쎄 꼬멍↘

B : C'est très amusant. 이거 아주 재미있어.
쎄 트래 자뮈정

qu'est-ce que [kɛsk(ə)] 깨쓰끄 무엇, 무엇을
(사물을 묻는 의문사) que와 동일

un [œ̃] 욍, 앵 하나의 (남성 단수 부정관사)

film [film] 휠므 *m* 영화

amusant [amyzɑ̃] 아뮈정 재미있는
amusante *f*

▶ Qu'est-ce que c'est ?

'이것/그것/저것이 뭐니?'로 지금 바로 눈 앞에 있는 사물을 물어볼 때 쓴다.

대답은 C'est ~ 로 하며, 물건이 복수일 경우에는 Ce sont ~ 으로 대답한다.

Qu'est-ce que c'est ? [깨쓰 끄 쌔↘] 이게(그게) 뭐니?
− C'est un cadeau. [쌔 땅 꺄도] 이것은 선물이야.
− Ce sont des gâteaux. [쓰 쏭 데 갸또] 이것들은 과자야.
− Ce sont les livres de Louis. [쓰 쏭 레 리브ㄹ 드 루이] 루이의 책들이야.

Que [끄]는 '무엇을/무엇이/무엇'을 의미하는 의문사로 사물을 확인할 때 쓴다.

Que에 의미가 없는 est-ce que를 붙여 만든 Qu'est-ce que도 의미는 같다.

Que나 Qu'est-ce que는 의문사이므로 문장 끝부분의 억양을 내린다.

Qu'est-ce que tu fais ? [깨쓰 끄 뛰 왜↘] 너 뭐 하니?
Qu'est-ce que vous avez ? [깨쓰 끄 부 자베↘] 당신은 무엇을 가지고 있습니까?

▶ un film

un은 부정관사의 남성 단수형이다. film가 남성명사이므로 정관사와 마찬가지로
부정관사도 남성형 부정관사를 써야 한다.

정관사와 부정관사

	정관사		부정관사		부정관사의 의미
남성	le (l')	le Canada	un	un Canadien	캐나다인 한 명
여성	la (l')	la France	une	une Française	프랑스 여자 한 명
복수	les	les États-Unis	des	des Américains	미국인들

*부정관사도 성과 수에 맞추어 사용한다. 모음이나 무음 h로 시작하는 명사 앞에서 연음한다.

명사가 처음 제시되거나 명확하게 한정되지 않은 경우에 사용하는데, 셀 수 있는 명사에 사용한다.

Il y a un livre sur la table. [일 리 야 앵 리브르 쒸르 라 따블르] 책상 위에 책이 한 권 있다.

*부정관사의 단수 un, une 는 '하나'라는 의미로도 사용된다.

J'ai un ami coréen. [제 애 나미 꼬레앵] 나는 한국 친구가 하나 있다.

▶ C'est comment ?

'이것/그것/저것이 어떠니?'의 의미로 특징을 물을 때 사용한다. 대답은 C'est ~ 로 한다. Comment이 의문사이므로 문장 끝부분의 억양을 내린다.

C'est comment ? [쎄 꼬멍 ↘] 이것은 어때?
- C'est délicieux. [쎄 델리씨외] 맛있어.
- C'est bon. [쎄 봉] 좋아.
- C'est bien. [쎄 비앵] 잘했어. 좋아.
- C'est un peu bizarre. [쎄 땡 쀠 비자르] 조금 이상해.

2차 학습

A: **Qu'est-ce que c'est ?** 그게 뭐니?
깨 쓰 끄 쌔⤵

B: **C'est un roman de Bernard Werber.**
쌔 땅 로멍 드 배르나르 배르배르
이건 베르나르 베르베르의 소설이야.

Ça s'appelle Les Thanatonautes. 제목은 타나토노트야.
싸 싸뺄 레 따나또노뜨

A: **C'est comment ?** 그거 어떠니?
쌔 꼬멍⤵

B: **C'est très intéressant. Et ça, c'est quoi ?**
쌔 트래 쟁떼래썽　　　에 싸 쌔 꽈⤵
아주 재미있어. 그런데 그거, 그건 뭐니?

A: **C'est une console de jeu.** 게임기야.
쌔 뛴ㄴ 꽁쏠 드 죄

B: **C'est à toi ?** 네 거니?
쌔 따 뚜와⤴

A: **Non, c'est à ma petite sœur.** 아니, 내 여동생 거야.
농 쌔 따 마 쁘띠뜨 쐬르

새 단어

roman [ʀɔmã] 로멍 *m* 소설

intéressant [ɛ̃teʀɛsã] 앵떼래썽 흥미로운
　intéressante *f*

quoi [kwa] 꽈 무엇, 무엇을(que의 강조형)

une [yn] 윈느 하나의 (여성 단수 부정관사)

console [kɔ̃sɔl] 꽁쏠르 *m* 콘솔, 조작대

jeu [ʒø] 죄 *m* 놀이, 게임

petit [pəti] 쁘띠 작은, 귀여운. petite *f*

▶ C'est quoi ?

C'est quoi ? [쎄 꽈↘] 이게 뭐예요? = Qu'est-ce que c'est ?
Que = Qu'est-ce que = Quoi 무엇, 무엇을
대답은 C'est ~ 로 한다.

Quoi는 Que와 의미는 같지만 강세형이다. Que가 문장의 중간이나 뒤로 갈 경우에
quoi로 바꾸어 써야 하는 경우가 있다.

Qu'est-ce que c'est ? (○)　이게 뭐예요?
C'est que ? (×) → C'est quoi ? (○)　이게 뭐예요?
C'est pour que ? (×) → C'est pour quoi ? (○) [쎄 뿌르 꽈↘]　이건 무엇을 위한 거예요?

Qu'est-ce que c'est ? [깨쓰끄 쎄↘] = C'est quoi ? [쎄 꽈↘]　이게 뭐예요?
Qu'est-ce que tu fais ? [깨쓰끄 뛰 쌔↘] = Tu fais quoi ? [뛰 쌔 꽈↘]
너는 무엇을 하니?

Qu'est-ce que tu aimes ? [깨쓰끄 뛰 앰므↘] = Tu aimes quoi ? [뛰 앰므 꽈↘]
너는 무엇을 좋아하니?

▶ C'est à toi ?

'이것이 네 거니?'라는 의미로 사물의 소속을 표현한다.

소속의 표현 : être + à + 사람 '~의 것이다'

C'est à Paul. [쌔 따 뽈르]   이건 폴의 것이야.

C'est à maman. [쌔 따 마멍]   그것은 엄마 거야.

전치사 뒤에 대명사를 쓰는 경우에는 반드시 강세형으로 써야 한다.

따라서 à 뒤에는 je, tu 대신 moi, toi를 써야 한다.

C'est à moi. [쌔 따 무와]   저것은 내 거야.

*C'est à qui ? [쌔 따 끼↘] 이것/그것/저것이 누구의 것이니?
 '이거 누구 거니?' 라고 물을 때는 qui '누구'를 사용한다.

▶ C'est à ma petite sœur.

sœur [쐐르] 여자 형제, frère [흐래르]   남자 형제 앞에 petit [쁘띠] '작은'을 붙이면 '동생'
을 의미하고, grand [ㄱ렁] '커다란'을 붙이면 '형, 언니' 등을 나타낸다.

petit frère [쁘띠 흐래르]   남동생   grand frère [ㄱ렁 흐래르]   형, 오빠
petite sœur [쁘띠뜨 쐐르]   여동생   grande sœur [ㄱ렁드 쐐르]   누나, 언니

Les vêtements et les accessoires
옷과 액세서리

chemise [ʃ(ə)miːz]

슈미즈 *f* 셔츠

chemisier [ʃ(ə)mizje]

슈미지예 *m* 블라우스

manteau [mãto]

멍또 *m* 외투

pantalon [pãtalɔ̃]

뻥딸롱 *m* 바지

jean [dʒin]

진ㄴ *m* 청바지

jupe [ʒyp] 쥡뻬 *f* 치마

veste [vɛst] 배ㅅ뜨 *f* 재킷

pull [pu[y]l] 쀨르 *m* 스웨터

gilet [ʒilɛ] 질래
m 조끼, 카디건, 내의

robe [ʀɔb] 로브
f 드레스

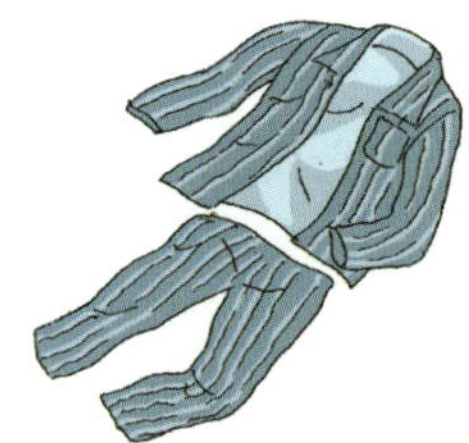

pyjama [piʒama]
삐쟈마 *m* 잠옷

maillot de bain
[majo də bɛ̃] 마이요 드 뱅
m 수영복

écharpe [eʃaʀp]
에샤르쁘 *m* 목도리

chaussettes
[ʃosɛt] 쇼쎗뜨 *fpl* 양말

chaussures
[ʃosyːʀ] 쇼쒸르 *mpl* 구두

ceinture [sɛ̃tyːʀ]
쌩뛰르 *f* 벨트

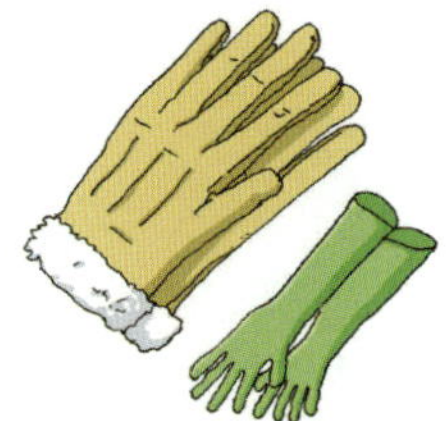

gants [gɑ̃] 겅 *mpl* 장갑

cravate [kʀavat]
크라바뜨 *f* 넥타이

1 낱말의 뜻을 써보세요.

roman ___________________________ console ___________________________

intéressant ___________________________ petit ___________________________

amusant ___________________________

2 두 항목을 연결하여 문장을 완성하세요.

C'est • • c'est ?

C'est un • • film.

C'est une • • amusant ?

C'est à • • console de jeu.

Qu'est-ce que • • ma sœur.

3 빈 칸에 알맞은 관사를 넣어 보세요.

C'est ___________ roman de Guillaume Musso.

C'est dans ___________ sud de ___________ France.

C'est ___________ film de François Ozon.

___________ Canada est loin de ___________ France ?

___________ Corée est près de ___________ Chine.

Ce sont ___________ élèves de M. Dupont ?

J'ai vingt ans.

기본 회화

A : Vous avez quel âge ? 당신은 몇 살이세요?
부 자베 껠 라쥬

B : J'ai vingt ans. 저는 스무 살입니다.
졔 뱅 떵

A : Vous avez un frère ? 남자 형제가 있으세요?
부 자베 앵 ㅎ래르

B : Non, mais j'ai deux sœurs.
농 매 졔 되 쐬르
아니요, 그런데 여자 형제가 둘 있어요.

새 단어

avez [ave] 아베 가지고 있다 (*avoir) vous의 변화형	**vingt** [vɛ̃] 뱅 20
quel [kɛl] 껠르 (의문형용사) 어떤, 무슨, 몇	**an** [ɑ̃] 엉 *m* 해, 년
âge [ɑ[a]:ʒ] 아쥬 *m* 나이	**mais** [mɛ] 매 그러나
ai [e] 에 가지고 있다 (*avoir) je의 변화형	**deux** [dø] 되 2

▶ Vous avez quel âge ? = Quel âge avez-vous ?

나이 묻고 답하기

• 나이 묻기 : avoir 동사 + quel âge ?

Vous [부]	avez [아베]	quel [껠]	âge ? [아쥬]
당신은	가지고 있다	어떤, 몇	나이
주어	avoir 동사	의문사	명사

Vous avez ~ ?는 '당신은 ~을 가지고 있습니까?'로 avoir 동사 '가지다'의 변화형이다.

quel âge [껠 라쥬]는 '어떤 나이를(몇 살을)?'이다.

Vous avez quel âge ?는 '당신은 어떤 나이를(몇 살을) 갖고 있습니까?' 즉, '당신은 몇 살이세요?'이다.

• 나이 말하기 : avoir 동사 + 숫자 + an(s)

J' [지]	ai [에]	vingt [뱅]	ans. [엉]
나는	가지고 있다	20	살
주어	avoir 동사	수형용사	명사

대답은 J'ai ~ '나는 ~을 가지고 있다'로 한다.

나이를 말할 때는 an을 사용한다. 한 살은 un an, 두 살부터는 ans을 사용하여 deux ans, trois ans… 등으로 표현한다. an [엉]은 비모음이므로 앞의 숫자와 연음하여 발음한다.

J'ai vingt ans. [제 뱅 떵] 20살이에요.

avoir 동사

프랑스어에서 두 번째로 많이 쓰이는 동사 avoir는 '가지다'라는 의미로 영어의 have와 쓰임이 매우 유사하다.

avoir 동사의 현재 변화형

인칭	단수	변화형	복수	변화형
1인칭	j'	ai [에]	nous	avons [아봉], [자봉]
2인칭	tu	as [아]	vous	avez [아베], [자베]
3인칭	il / elle	a [아]	ils / elles	ont [옹], [종]

* il과 elle에서는 il a[일 라], elle a[엘 라]처럼 자연스럽게 이어서 읽는다.
  nous, vous, ils, elles은 모두 s를 [ㅈ]로 연음한다.

* je는 동사 ai 앞에서 j'로 모음자가 생략된다.
  J'ai un frère. [제 앵 ㅎ래ㄹ] 나는 남자 형제가 하나 있어요.
  Vous avez un rendez-vous ? [부 자베 앵 렁데부 ↗] 약속이 있으십니까?

avoir 동사의 관용구

avoir	faim [횅] 배고프다		avoir	peur [뻬ㄹ] 겁내다
	soif [쑤와ㅎ] 목마르다			sommeil [쏘매이으] 졸리다
	chaud [쇼] 덥다			envie [엉비] ~를 원하다, ~하고 싶다
	froid [ㅎ루와] 춥다			raison [래종] 옳다
	mal [말ㄹ] 아프다			tort [또ㄹ] 그르다, 틀리다

Vous avez chaud ? [부 자베 쇼 ↗] 더우세요?
Vous avez faim ? [부 자베 횅 ↗] 시장하세요?
Tu as peur ? [뛰 아 뻬ㄹ ↗] 너 겁나니?

avoir mal + à + 신체 부위 : ~가 아프다

J'ai mal à la tête. [제 말 라 라 땟ㄸ] 머리가 아파요.

avoir의 부정문

Je n'ai pas envie. [쥬 네 빠 엉비] 하고 싶지 않아요. / 생각 없어요.
Je n'ai pas peur. [쥬 네 빠 뻬ㄹ] 두렵지 않아요.

2차 학습

응용 회화

A: **Tu as quel âge ?** 너는 몇 살이니?
뛰 아 깰 라쥬↘

B: **J'ai vingt-trois ans. Et toi ?** 23살이야. 너는?
제 뱅트롸 정　　　　　　　에 뚜와↗

A: **Moi, j'ai vingt-deux ans.** 난 22살이야.
무와 제 뱅되 정

　Tu as combien de frères ? 넌 남자 형제가 몇 명이니?
뛰 아 꽁비앵 드 ㅎ래르↘

B: **J'ai un frère.** 한 명이야.
제 앵 ㅎ래르

A: **Et ton frère, il a quel âge ?** 네 남자 형제는 몇 살이니?
에 똥 ㅎ래르　　　　　일 라 깰 라쥬↘

B: **Il a vingt-cinq ans.** 25살이야.
일 라 뱅쌩 껑

새 단어

as [a] 아 가지고 있다 (*avoir) tu의 변화형	**a** [a] 아 가지고 있다 (*avoir) il의 변화형
combien de [kɔ̃bjɛ̃ də] 꽁비앵드 몇 개의 ~, 얼마나 되는~	**cinq** [sɛ̃:k] 쌩끄 5

▶ Tu as combien de frères ?

수량 묻고 답하기

수량은 〈combien de + 명사(셀 수 있는 명사의 경우는 복수형으로)?〉로 묻고 〈수(형용사) + 명사〉로 답한다.

Vous avez combien de sœurs ? [부 자베 꽁비앵 드 쐬르↘]
당신은 여자 형제가 얼마나 되세요?

− J'ai deux sœurs. [졔 되 쐬르] 나는 여자 형제가 둘이에요.

▶ 숫자

0	zéro [zeʀo] 제로		**13**	treize [tʀɛːz] 트래즈
1	un [œ̃] [ɛ̃] 욍, 앵		**14**	quatorze [katɔʀz] 꺄또르즈
2	deux [dø] 되		**15**	quinze [kɛ̃ː z] 깽즈
3	trois [tʀwɑ] 트롸		**16**	seize [sɛːz] 쌔즈
4	quatre [katʀ] 꺄트르		**17**	dix-sept [di(s)sɛt] 디쌨뜨
5	cinq [sɛ̃ːk] 쌩끄		**18**	dix-huit [dizɥi(t)] 디쥣뜨
6	six [sis] 씨쓰		**19**	dix-neuf [diznœf] 디즈눼흐
7	sept [sɛt] 쌧뜨		**20**	vingt [vɛ̃] 뱅
8	huit [ɥit] 윗뜨		**21**	vingt et un [vɛ̃teɛ̃] 뱅떼앵
9	neuf [nœf] 눼흐		**22**	vingt-deux [vɛ̃dø] 뱅(뜨)되
10	dix [dis] 디쓰		**23**	vingt-trois [vɛ̃(t)tʀwɑ] 뱅(뜨)트롸
11	onze [ɔ̃ːz] 옹즈		**24**	vingt-quatre [vɛ̃(t)katʀ] 뱅(뜨)꺄트르
12	douze [duːz] 두즈		**25**	vingt-cinq [vɛ̃(t)sɛ̃k] 뱅(뜨)쌩끄

26	vingt-six [vɛ̃(t)sis] 뱅(뜨)씨쓰		**70**	soixante-dix [swasɑ̃tdis] 쏴썽뜨디쓰
27	vingt-sept [vɛ̃(t)sɛt] 뱅(뜨)쎗뜨		**80**	quatre-vingts [katʀəvɛ̃] 꺄트르뱅
28	vingt-huit [vɛ̃(t)ɥit] 뱅(뜨)윗뜨		**90**	quatre-vingt-dix [katʀəvɛ̃dis] 꺄트르뱅디쓰
29	vingt-neuf [vɛ̃(t)nœf] 뱅(뜨)놰흐		**100**	cent [sɑ̃] 썽
30	trente [tʀɑ̃:t] 트렁뜨		**1,000 (천)**	mille [mil] 밀르
40	quarante [kaʀɑ̃:t] 꺄렁뜨			
50	cinquante [sɛ̃kɑ̃:t] 쌩껑뜨		**10,000 (만)**	dix mille [di mil] 디밀르
60	soixante [swasɑ̃:t] 쏴썽뜨			

*5~10에서는 마지막 자음을 모두 발음한다.

7에서 p를 발음하지 않는다.

11~16은 모두 ~ **ze**로 끝난다.

15는 **u**를 발음하지 않으므로 [펭ㅈ]가 아니고 [깽ㅈ]이다.

17부터는 '–'를 사용하여 숫자를 조합하여 구성된다. 단, 20, 30, 40, 50, 60은 예외.

21, 31, 41, 51, 61, 71에서는 '–' 대신에 'et(그리고)'를 붙여 만든다.

1 낱말의 뜻을 써보세요.

quel _________________________   âge _________________________

combien _________________________   an _________________________

mais _________________________

2 두 항목을 연결하여 문장을 완성하세요.

J'ai •   • âge ?

Ton frère, il •   • un frère.

Vous avez •   • a quel âge ?

J'ai vingt •   • combien de sœurs ?

Tu as quel •   • ans.

3 일치하는 것을 찾아 이어보세요.

Nous avons (춥다) •   • froid.

Léo a (배고프다) •   • peur ?

Elle a (졸리다) •   • mal aux jambes.

Elles ont (아프다) •   • faim.

Tu as (겁나다) •   • sommeil.

4 ( )에 알맞은 것을 찾아보세요.

Tu (es / as) coréen ?   Lucie (est / a) chaud.

Vous (avez / êtes) professeur ?   Cécile (a / as) très soif.

Je(J') (ai / suis) M. Kim.

Les chiffres 숫자

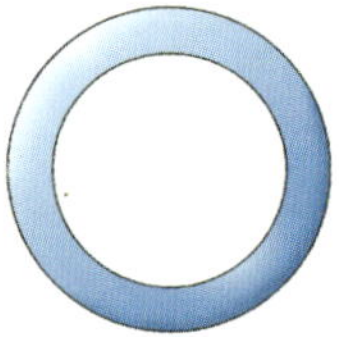

0 zéro [zeʀo] 제로

1 un [œ̃] [ɛ̃] 욍, 앵
2 deux [dø] 되
3 trois [tʀwɑ] 트라

4 quatre [katʀ] 꺄트르

5 cinq [sɛ̃ːk] 쌩끄

6 six [sis] 씨쓰

7 sept [sɛt] 쎗뜨

8 huit [ɥit] 윗뜨

9 neuf [nœf] 뇌흐

10 dix [dis] 디쓰

J'aime les ballades.

A : **Tu aimes le café ?** 커피 좋아하니?
뛰 앰ㅁ 르 꺄훼↗

B : **Oui, j'aime ça.** 응, (나 그거) 좋아해.
위 잼ㅁ 싸

A : **Vous aimez quelle musique ?**
부 재메 깰 뮈지ㄲ↗

당신은 어떤 음악을 좋아하세요?

B : **Moi, j'aime les ballades.** 저는 발라드를 좋아해요.
무와 잼ㅁ 레 발라드

새 단어

aimes [ɛ[e]m] 앰ㅁ 좋아하다 (*aimer) tu의 변화형

café [kafe] 꺄훼 **m** 커피, 찻집

quelle [kɛl] 깰ㄹ 몇, 무슨, 어떤 quel의 여성 단수형

musique [myzik] 뮈지ㄲ **f** 음악

ballade [balad] 발라드 **f** 발라드 음악

▶ 기호 동사

좋아하는 것, 또는 싫어하는 것에 대해 말할 때는 aimer [애메] '사랑하다', '좋아하다', adorer [아도레] '아주 좋아하다', préférer [프레훼레] '선호하다', détester [데때ㅅ떼] '싫어하다'와 같은 기호 동사를 사용한다.

aimer 동사의 현재 변화

인칭	단수	변화형	복수	변화형
1인칭	j'	aime [앰므]	nous	aimons [애몽], [재몽]
2인칭	tu	aimes [앰므]	vous	aimez [애메], [재메]
3인칭	il/elle	aime [앰므]	ils/elles	aiment [앰므], [잼므]

adorer 동사와 détester 동사의 현재 변화

		adorer [아도레]	détester [데때ㅅ떼]
1인칭	je(j')	adore [아도르]	déteste [데때ㅅ뜨]
2인칭	tu	adores [아도르]	détestes [데때ㅅ뜨]
	vous	adorez [아도레], [자도레]	détestez [데때ㅅ떼]

préférer 동사의 현재 변화

인칭	단수	변화형	복수	변화형
1인칭	je	préfère [프레홰르]	nous	préférons [프레훼롱]
2인칭	tu	préfères [프레홰르]	vous	préférez [프레훼레]
3인칭	il/elle	préfère [프레홰르]	ils/elles	préfèrent [프레홰르]

＊ 단수 1, 2, 3인칭과 복수 3인칭에서는 é [에]가 è [에]가 되며 발음이 약간 달라진다.

▶ 기호 묻고 답하기

기호동사에 Que (= Qu'est-ce que = Quoi)를 사용하여 무엇을 좋아하는지 묻는다. 대답은 J'aime ～ 로 한다. 기호 동사 뒤에는 명사나 동사원형을 쓸 수 있다.

• 기호 동사 (aimer, adorer, préférer, détester) + 정관사 + 명사 : ～를 ～하다
• 기호 동사 (aimer, adorer, préférer, détester) + 동사원형 : ～하기를 ～하다

Qu'est-ce que tu aimes ? [깨쓰 끄 뛰 앰ㅁ ↘]

= Tu aimes quoi ? 너 무엇을 좋아하니?

– J'aime les films. [잼ㅁ 레 휠ㅁ] 영화를 좋아해.

Qu'est-ce que vous aimez ? [깨쓰 끄 부 재메 ↘]

= Vous aimez quoi ? 당신은 무엇을 좋아하세요?

– J'aime parler avec des amis. [잼ㅁ 빠를레 아벡 데 자미]] 나는 친구들과 이야기하는 것을 좋아해.

Emma aime les films ? [엠마 앰ㅁ 레 휠ㅁ ↗] 엠마가 영화를 좋아하니?

– Oui, elle adore les films d'horreur. [위 엘 아도르 레 휠ㅁ 도뢰르]

 응, 그녀는 공포 영화를 아주 좋아해.

 Mais moi, je déteste ça. [매 무와 쥬 데때쓰뜨 싸] 그런데 난, 그걸 싫어해.

Votre femme et vous, vous aimez le chien ? [보트르 홤ㅁ 에 부 부 재메 르 쉬앵 ↗]

 당신 내외는 개를 좋아하세요?

– Ah non ! Nous détestons les animaux. [아 농 / 누 데때ㅅ똥 레 자니모]

 아니요, 우리는 동물을 싫어해요.

▶ 어떤 ~ 를 좋아하세요?

의문형용사 quel을 명사 앞에 사용한다.

• **의문형용사 Quel** [껠르]: '몇', '무슨', '어떤'의 의미로 뒤에 오는 명사의 성과 수에 맞추어 쓴다.

	남성	여성
단수	quel	quelle
복수	quels	quelles

* 의문형용사는 4가지 형태 모두 발음이 같다.

Quelle musique ? 어떤 음악? → 음악(musique)이 여성 단수이므로 quelle을 사용한다.

Quels films ? 어떤 영화들?   → 영화(film)가 남성 복수이므로 quels을 사용한다.

Tu aimes quels sports ? [뛰 앰ㅁ 껠 ㅅ뽀르 ↘] 너는 어떤 운동들을 좋아하니?

– J'aime l'équitation. [잼ㅁ 레끼따씨용] 나는 승마를 좋아해.

Vous aimez quelles chansons ? [부 재메 껠 셩쏭 ↘] 너희들 어떤 노래들을 좋아하니?

– Nous aimons les chansons de Louane. 우리는 루안의 노래들을 좋아해요.

 [누 재몽 레 셩쏭 드 루안느]

응용 회화

A: Quels sont tes passe-temps ? 너는 취미가 뭐니?
깰 쏭 떼 빠쓰 떵

B: J'aime la musique et la lecture. Et toi ?
잼ㅁ 라 뮈지끄 에 라 랙뛰르　　　　　　　에 뚜와
나는 음악과 독서를 좋아해. 너는?

A: Moi aussi, j'aime bien ça, et aussi les films.
무와 오씨 잼ㅁ 비앵 싸 에 오씨 레 휠ㅁ
나도 그거 좋아해, 그리고 영화도 좋아해.

Je vais au cinéma le samedi. 나는 토요일마다 영화관에 가.
쥬 배 오 씨네마 르 쌈디

J'aime voir les films dès leur sortie.
잼ㅁ 봐르 레 휠ㅁ 대 쾌르 쏘르띠
나는 영화가 개봉되자마자 보는 것을 좋아해.

B: Tu n'aimes pas le sport ? 너, 운동은 좋아하지 않니?
뛰 냄ㅁ 빠 르 스뽀르

A: Si, j'adore le yoga. Et toi ? 아니, 난 요가를 아주 좋아해. 너는?
씨 자도르 르 요가　　　　　　　에 뚜와

B: Moi, je déteste le sport. 난 운동이 싫어.
무와 쥬 데때스뜨 르 스뽀르

새 단어

passe-temps [pɑstɑ̃] 빠쓰땅 *m* 취미, 소일거리	**sport** [spɔːʀ] 스뽀르 *m* 운동
lecture [lεktyːʀ] 렉뛰르 *f* 읽기, 독서	**si** [si] 씨 아니(상대의 부정적 말에 긍정으로 답할 때 사용)
cinéma [sinema] 씨네마 *m* 영화, 영화관	**adore** [adɔʀ] 아도르 아주 좋아하다 (*adorer) je, il/elle 의 변화형
samedi [samdi] 쌈디 *m* 토요일	
dès [dε] 대 ~하자마자	**yoga** [jɔga] 요가 *m* 요가
sortie [sɔʀti] 쏘르띠 *f* 출구, 출고	**déteste** [detest] 데때스뜨 싫어하다 (*détester) je, il/elle 의 변화형

▶ Quels sont tes passe-temps ?

'네 취미가 뭐니'라는 뜻으로, '~가 뭐니'라는 질문은 qu'est-ce que를 사용하지 않고 quel(le) est (단수) 또는 quel(le)s sont (복수)으로 묻는다. 이때 quel은 뒤에 나오는 명사의 성과 수에 맞춰야 한다.

Quel est ton nom ? [깰 래 똥 농↘] 너의 이름이 뭐니? *nom *m* 이름, 성
Quelle est ta nationalité ? [깰 래 따 나씨오날리떼↘] 너의 국적이 뭐니? *nationalité *f* 국적
Quelle est ta profession ? [깰 래 따 프로홰씨옹↘] 너의 직업이 뭐니? *profession *f* 직업

좋아하는 취미가 여러 가지일 수 있으므로 '어떤 것들이니?'라고 복수로 말하려면, 취미 passe-temps이 남성명사이므로 남성 복수형 quels을 쓴다.

Quels sont tes passe-temps ? 취미가 어떤 것들이니?

▶ le samedi

'토요일마다', '토요일에는'으로 반복을 의미한다.
정관사 + 시간 : 반복의 의미

Théo prend le métro le matin. [떼오 프렁 르 메트로 르 마땡] 테오는 아침에 지하철을 타.
Je vais à la bibliothèque le jeudi. [쥬 배 알 라 비블리오땍끄 르 죄디]
나는 목요일에는 도서관에 가.

▶ **Si**

Si는 우리말 해석으로는 '아니'에 해당된다. 상대방의 부정적 말에 대해 긍정적으로 말할 때
쓴다.

Tu n'aimes pas les maths ? [뛰 냄ㅁ 빠 레 마뜨 ↗]   너 수학을 좋아하지 않니?
→ (좋아하면) Si, j'aime ça. [씨 잼ㅁ 싸]   아니, 좋아해.
→ (좋아하지 않으면) Non, je n'aime pas ça. [농 쥬 냄ㅁ 빠 싸]   응, 좋아하지 않아.

＊ Vous aimez le chocolat ? [부 재메 르 쇼꼴라 ↗]   너희들 초콜릿 좋아하니?
→ (좋아하면) Oui, j'aime ça. [위이 잼ㅁ 싸]   응, 좋아해.
→ (좋아하지 않으면) Non, je n'aime pas ça. [농 쥬 냄ㅁ 빠 싸]   아니, 좋아하지 않아.

▶ **dès leur sortie**

그것들의 출시 즉시, 그것들이 출시되자마자, 출고되면 바로

Dès cinq ans, il jouait du piano. [대 쌩 껑 일 주애 뒤 삐아노]
그는 다섯 살 때부터 피아노를 연주했다.

1 (　)에 주어진 동사를 현재형으로 바꾸어 빈칸을 채우세요.

Tu _________ le thé vert ? (aimer)

Léa _________ la famille d'Anne. (adorer)

Vous _________ marcher ? (détester)

Nous _________ voyager à l'étranger. (aimer)

2 낱말의 뜻을 써보세요.

voir _____________________________　　lecture _____________________________

passe-temps _____________________________　　sortie _____________________________

détester _____________________________

3 두 항목을 연결하여 문장을 완성하세요.

Je vais •　　　　　• quelle musique ?

J'adore •　　　　　• au cinéma.

Si, •　　　　　• j'aime le sport.

Tu aimes •　　　　　• pas le café.

Non, je n'aime •　　　　　• voir des films.

4 문장을 부정문으로 바꾸어 보세요.

Vous aimez la lecture ?　➜　_____________________________

Théo déteste le sport.　➜　_____________________________

J'aime beaucoup parler avec des voisins.　➜　_____________________________

정답

1. aimes / adore / détestez / aimons　　2. 보다, 보이다 / 읽기, 독서 / 취미 / 출구, 출고 / 싫어하다

3. Je vais au cinéma. / J'adore voir des films. / Si, j'aime le sport. / Tu aimes quelle musique ? / Non, je n'aime pas le café.

4. Vous n'aimez pas la lecture ? / Théo ne déteste pas le sport. / Je n'aime pas beaucoup parler avec des voisins.

Les loisirs 취미

lecture [lɛkty:ʀ]
랙뛰르 *f* **독서**

modelage [mɔdla:ʒ]
모들라쥬 *m* **모형 제작**

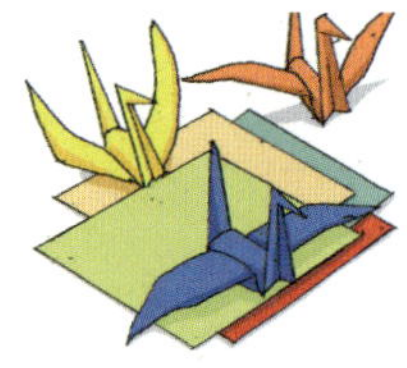

origami [ɔʀigami]
오리가미 *m* **종이접기**

broderie [bʀɔdʀi]
브로드리 *f* **자수**

couture [kuty:ʀ]
꾸뛰르 *f* **바느질**

tricotage [tʀikɔta:ʒ]
트리꼬따쥬 *m* **뜨개질**

artisanat d'art
[aʀtizana da:ʀ] 아르띠자나 다르
m 공예

art de la poterie
[a:ʀ də la pɔtʀi] 아르 들 라 뽀뜨리
m 도예

photographie
[fɔtɔgʀafi] 호또그라휘이
f 사진 촬영

cuisine [kɥizin]

뀌진ㄴ *f* **요리**

philatélie [filateli]

퓔라뗄리 *f* **우표 수집**

puzzle [pœzl]

뻬즐르 *m* **퍼즐**

calligraphie [ka(l)ligʀafi]

깔리ㄱ라휘이 *f* **서예**

go [go] 고 *m* **바둑**

janggi [ʒɑ̃gi] 쟁기 *m* **장기**

échec [eʃɛk] 에섹ㄲ *m* **체스**

C'est le mardi 4 mai.

기본 회화

A: **Quel jour est-on ?** 오늘이 며칠이니?
껠 주르 애 똥↘

B: **On est le mardi 4 mai.** 5월 4일 화요일이야.
오 내 르 마르디 꺄트르 매

－－－－－－－－－－

A: **Quelle est la saison à Marseille ?**
껠 래 라 쎄종 아 마르세이으↘
마르세유(에서)는 무슨 계절이니?

B: **C'est l'automne.** 가을이야.
쎄 로똔ㄴ

새 단어

mardi [maʀdi] 마르디 *m* 화요일

mai [mɛ] 매 *m* 5월

saison [sɛzɔ̃] 쎄종 *f* 계절

automne [ɔ[o]tɔn] 오똔ㄴ *m* 가을

▶ 날짜와 요일 묻고 답하기

'날짜'와 '요일'을 뜻하는 jour는 남성 명사이므로
의문형용사 quel을 사용하여 Quel jour ∼ ? 로 묻는다.
날짜 표현에는 On est ∼ 또는 C'est ∼ 를 쓴다.

날짜와 요일 묻기 : Quel jour est-on[est-ce] ? = On est[C'est] quel jour ?
날짜 : On est[C'est] + 정관사 le + (요일) + 날짜(숫자) + 달 이름
요일 : On est[C'est] + 요일

Quel jour est-on ? [껠 주르 애 똥↗]   오늘이 무슨 요일[며칠]이니?
– On est le jeudi 5 avril. [오 내 르 죄디 쌩끄 아브릴리]   4월 5일 목요일이야.
– On est mardi. [오 내 마르디]   화요일이야.

jour는 '날', '낮', '요일' 등 여러 의미가 있다.
'∼요일'로 분명하게 말하려면 jour de la semaine (주간 중의 날, 즉 요일)를 쓴다.

Aujourd'hui, c'est quel jour de la semaine ?
[오주르뒤이 쎄 껠 주르 들 라 쓰맨ㄴ↗]   오늘이 무슨 요일이니?

– C'est vendredi. [쎄 벙드르디]   금요일이야.

*날짜에는 반드시 정관사 le를 쓴다.
1일은 서수 premier [프르미에](첫번째)를 쓰고, 2일부터는 모두 기수(숫자)를 쓴다.

Le rendez-vous, c'est le premier mars.
[르 렁데부 쎄 르 프르미에 마르씨]   약속은 3월 1일이야.

Mon anniversaire, c'est le 6 septembre.
[모 나니배르쎄르 쎄 르 씨쓰 쎕떵브르]   내 생일은 9월 6일이야.

요일

월	화	수	목	금	토	일
lundi	mardi	mercredi	jeudi	vendredi	samedi	dimanche
[랭디]	[마르디]	[매르크르디]	[죄디]	[벙드르디]	[쌈디]	[디멍슈]

*월요일부터 금요일까지는 ∼di로 끝나고 일요일만 ∼che로 끝난다.

▶ 계절 묻고 답하기

'계절' saison은 여성명사이므로, 의문형용사 여성형을 써서 Quelle saison ～ ? 으로 묻는다.

계절 묻기 : En quelle saison est-on [sommes-nous] ?
계절 표현 : On est [Nous sommes] + en[au] + 계절명

En quelle saison est-on ? [엉 껠 쌔종 애 똥↗] 지금이 무슨 계절이니?
– On est déjà en été. [오 내 데쟈 어 네떼] 벌써 여름이야.

'봄이야.'라고 간단히 말할 때는 C'est ～ 를 쓴다.

C'est le printemps ! [쎄 르 프랭떵] 봄이야!

계절

봄	여름	가을	겨울
printemps	été	automne	hiver
[프랭떵]	[에떼]	[오똔느]	[이배르]
au printemps	en été	en automne	en hiver
[오 프랭떵]	[어 네떼]	[어 노똔느]	[어 니배르]
봄에	여름에	가을에	겨울에

*계절 앞에 전치사를 쓸 때 봄에는 au를 쓰고 여름 · 가을 · 겨울은 모음으로 시작되므로 en을 쓰고 연음한다.

2차 학습

A: **Quel jour est-on aujourd'hui ?** 오늘은 무슨 요일이니?
깰 주르 애 똥 오주르뒤이↘

B: **Aujourd'hui, c'est jeudi.** 오늘, 목요일이야.
오주르뒤이 쎄 죄디

A: **On est le combien ?** 며칠인데?
오 내 르 꽁비앵↘

B: **On est le vingt-sept juin.** 6월 27일이지.
오 내 르 뱅(뜨)쎗뜨 쥐앵

A: **Tu aimes quel jour de la semaine ?**
뛰 앰ㅁ 깰 주르 들 라 쓰맨ㄴ↘
너는 좋아하는 요일이 뭐니?

B: **J'aime le mercredi. Et toi ?** 난 수요일이 좋아. 너는?
잼ㅁ 르 매르크르디   에 뚜와↗

A: **Moi, le week-end, surtout vendredi.**
무와 르 위깬드   쒸르뚜 벙드르디
난 주말, 특히 금요일을 좋아해.

새 단어

aujourd'hui [oʒuʀdɥi] 오주르뒤이 오늘	**mercredi** [mɛʀkʀədi] 매르크르디 *m* 수요일
jeudi [ʒødi] 죄디 *m* 목요일	**week-end** [wikɛnd] 위깬드 *m* 주말
vingt-sept [vɛ̃(t)sɛt] 뱅(뜨)쌔뜨 27	**surtout** [syʀtu] 쉬르뚜 특히
juin [ʒɥɛ̃] 쥐앵 *m* 6월	**vendredi** [vɑ̃dʀədi] 벙드르디 *m* 금요일
semaine [s(ə)mɛn] 쓰맨느 *f* (일)주일, 주	

▶ On est le combien ?

combien은 '얼마나(수량·거리·시간·가격)'라는 뜻의 의문사이다.
combien 앞에 le가 오면 날짜를 가리키며, 관사가 없으면 문장의 의미가 달라진다.

On est le combien ? [오 내 르 꽁비앵↘] (오늘) 며칠이에요?
On est combien ? [오 내 꽁비앵↘] 우리 몇 명이에요?

C'est le combien ? [쎄 르 꽁비앵↘] (오늘) 며칠이에요?
C'est combien ? [쎄 꽁비앵↘] (이거) 얼마예요? (물건 값 등)

▶ Tu aimes quel jour de la semaine ?

'요일'이라는 것을 분명히 할 때는 jour de la semaine을 쓴다.

▶ 달(월) 묻고 답하기

'달' mois는 남성명사이므로, 의문형용사 남성형을 써서 Quel mois ～ ?로 묻는다.

달 묻기 : En quel mois est-on [sommes-nous] ?
달 표현 : On est [Nous sommes] + en + 월(月)명

(En) Quel mois est-on ? [(엉) 깰 무와 애 똥↘] (지금) 몇 월이니?
–On est en février. [오 내 엉 훼브리예] 2월이야.

*en 대신 au mois de [오 무와 드]를 쓸 수도 있다.

Nous sommes au mois de juillet. [누 쏨ㅁ 오 무와 드 쥐이애] 7월이야.

달(월)

1월	2월	3월	4월	5월	6월
janvier	février	mars	avril	mai	juin
[졍비예]	[훼브리예]	[마르씨]	[아브릴]	[매]	[쥐앵]

7월	8월	9월	10월	11월	12월
juillet	août	septembre	octobre	novembre	décembre
[쥐이애]	[우(뜨)]	[쎕떵브르]	[옥또브르]	[노벙브르]	[데썽브르]

만약 Paris 시내를 걷다가 이런 표지판을 보면 멈춰 서서 주변을 꼭 둘러 보세요. 이 표지판은 문화재로 선정된 곳에 설치하는 안내문으로 주변에 볼 만한 곳이 있다는 뜻입니다. 여기는 Paris의 소호지역 Marais 지구의 Vosges 광장이네요. 400년 된 광장으로 여행 중 도심 속에서 잠시 쉬기에 아주 좋은 곳이니 한번 들어가 보세요.

1 다음 달의 이름을 빠른 순서대로 다시 배열해 보세요.

> juin　　mai　　avril　　mars　　août　　juillet

________ → ________ → ________ → ________ → ________ → ________

2 낱말의 뜻을 써보세요.

surtout ___________________________　　combien ___________________________

dix-sept ___________________________　　semaine ___________________________

mercredi ___________________________

3 두 항목을 연결하여 문장을 완성하세요.

Quel •　　　　　　　　　　• saison sommes-nous ?

C'est •　　　　　　　　　　• dimanche.

C'est le •　　　　　　　　　• jour sommes-nous ?

Nous sommes en　　　　　• 7 septembre.

En quelle •　　　　　　　　• mai.

4 다음을 작문하세요.

10월 4일 화요일이다. ___________________________________

봄이다. ___________________________________

나는 수요일마다 축구를 한다. ___________________________________

Les mois 달

janvier [ʒɑ̃vje]

정비예 **1월**

février [fevʀije]

훼브리예 **2월**

mars [maʀs]

마르쓰 **3월**

avril [avʀil] 아브릴 **4월**

mai [mɛ] 매 **5월**

juin [ʒɥɛ̃] 쥐앵 **6월**

juillet [ʒɥijɛ] 쥐이애 **7월**

août [u(t)] 우(ㄸ) **8월**

septembre

[sɛptɑ̃:bʀ] 쌥떵브ㄹ **9월**

octobre

[ɔktɔbʀ] 옥또브ㄹ **10월**

novembre

[nɔvɑ̃:bʀ] 노벙브ㄹ **11월**

décembre

[desɑ̃:bʀ] 데썽브ㄹ **12월**

Il est une heure dix.

기본 회화

A: **Quelle heure est-il ?** 몇 시니?
깰 뢰르 애 띨르↘

B: **Il est une heure dix.** 1시 10분이야.
일 래 윈 왜르 디쓰

A: **Le concert commence à quelle heure ?**
르 꽁쎄르 꼬멍쓰 아 깰 뢰르↘
음악회는 몇 시에 시작하니?

B: **Il commence à dix-huit heures.** 18시에 시작해.
일 꼬멍쓰 아 디쥣 왜르

새 단어

heure [œːʀ] 왜르 *f* 시간, 시

concert [kɔ̃sɛːʀ] 꽁쎄르 *m* 음악회

commence [kɔmɑ̃s] 꼬멍쓰 시작하다
(*commencer) je, il/elle의 변화형

dix-huit [dizɥi(t)] 디쥣뜨 18

▶ 시간 묻고 답하기

시각을 물어 볼 때는 '시', '시간'을 나타내는 heure [왜ㄹ]와 '몇', '무슨', '어떤'의 의미를 가진 의문형용사 quel을 사용하여 Quelle heure est-il ?로 묻는다. 여기서 heure가 여성 명사이므로 quelle을 사용한다.

시각 묻기 : Quelle heure est-il ? [깰 뢔ㄹ 애 띨↘] 몇 시입니까?
= Il est quelle heure ? [일 래 깰 뢔ㄹ↘]
시각 말하기 : Il est + 숫자(시) + heure(s) + 숫자(분)

Il은 시각을 나타내는 비인칭 주어로 해석하지 않는다. '분'을 의미하는 minute [미녓ㄸ]는 쓰지 않는다.

Il est une heure dix. [일 래 윈 왜ㄹ 디씨]　1시 10(분)이에요.
Il est quatre heures cinq. [일 래 꺄ㅌ뢔ㄹ 쌩끼]　4시 5(분)이에요.

▶ commencer [꼬멍쎄] 동사

1군 동사이므로 je / il / elle 변화형은 commence, tu의 변화형은 commences이며 발음은 모두 [꼬멍씨]이다.

je/ il/ elle	commence [꼬멍씨]	vous	commencez [꼬멍쎄]
tu	commences [꼬멍씨]		

▶ À quelle heure ~ ?

의문사와 관련된 전치사는 의문사 앞에 붙여서 쓴다.
그러므로 '몇 시에 시작하니?', '몇 시에 끝나니?' '몇 시에 밥을 먹니?'처럼 어떤 일과 관련하여 시각을 물을 때는 quelle heure 앞에 전치사 à를 붙인다.

À quelle heure ? [아 깰 뢔ㄹ]　몇 시에?
Tu vas à la poste à quelle heure ? [뛰 바알 라 뽀ㅅㄸ 아 깰뢔ㄹ↘]
너 우체국에 몇 시에 가니?
– À trois heures. [아 ㅌ롸 쵀ㄹ]　세 시에.

응용 회화

A: **Tu as l'heure ?** 몇 시니?
뛰 아 뢔르↗

B: **Maintenant, il est une heure et quart.**
맹뜨넝 일 래 윈 왜르 에 까르
지금 1시 15분이야.

A: **J'ai un rendez-vous à deux heures.**
줴 앵 렁데부 아 되 좨르
난 두 시에 약속이 있어.

B: **Tu as encore du temps.** 그럼 아직 시간이 있네.
뛰 아 엉꼬르 뒤 떵

－－－－－－－－－－

A: **Le cours de français finit à quelle heure ?**
르 꾸르 드 ㅎ렁쌔 휘니 아 껠 뢔르↘
프랑스어 수업이 몇 시에 끝나니?

B: **À onze heures.** 11시에.
아 옹 좨르

A: **Tu déjeunes avec moi ?** 너 나랑 점심 먹을래?
뛰 데쟌느 아백 무와↗

B: **Oui, d'accord.** 응, 그래.
위이 다꼬르

새 단어

rendez-vous [R̃ɑ̃devu] 렁데부 *m* 만남, 약속

maintenant [mε̃tnɑ] 맹뜨넝 지금

quart [ka:R] 꺄르 *m* 1/4, 15분

encore [ɑ̃kɔ:R] 엉꼬르 아직도, 여전히

du [dy] 뒤 부분관사, 남성형

temps [tɑ̃] 떵 *m* 시간, 날씨

cours [ku:R] 꾸르 *m* 강의, 수업

finit [fini] 휘니 끝나다 (*finir) il의 변화형

onze [ɔ̃:z] 웅즈 11

déjeunes [deʒœn] 데좬ㄴ 점심먹다
(*déjeuner) tu의 변화형

accord [akɔ:R] 아꼬르 *m* 일치, 허락
*D'accord. 좋아, 동감이야.

▶ 시각 말하기

Tu as l'heure ? [뛰 아 뢔르 ↗] / Vous avez l'heure ? [부 자베 뢔르 ↗]는 '시간을 갖고 있어요?(=시간이 있어요?)'가 아니라, '시간을 아세요?' 즉 '몇 시인지 말씀해 주실래요?'이다. '시간이 있습니까?'는

Tu as du temps ? [뛰 아 뒤 떵 ↗] / Vous avez du temps ? [부 자베 뒤 떵 ↗]이다.

시각의 특별한 표현

midi [미디] '정오'와 minuit [미뉘] '자정'은 douze heures 대신 사용할 수 있다.

et quart [에 꺄르]는 '15분(1/4)'으로 사용할 수 있다.

et demi(e) [에 드미]는 '30분' 대신에 사용할 수 있다.

moins [무왱]은 '~ (분/시간)전'으로 사용한다.

Il est dix heures et quart. [일 래 디 좨르 에 꺄르] 10시 15분이다.

Il est six heures moins dix. [일래 씨 좨르 무왱 디씨] 6시 10분 전이다.

Il est cinq heures et demie. [일래 쌩 꽤르 에 드미] 5시 반이다.

Il est midi. [일래 미디] 정오다.

Il est minuit. [일래 미뉘] 자정이다.

Il est midi et demi. [일래 미디 에 드미] (낮) 12시 반이다.

Il est minuit vingt. [일래 미뉘 뱅] (밤) 12시 20분이다.

▶ 2군 동사 finir

동사 원형이 −ir로 끝나는 동사를 2군 동사라고 하는데, finir [휘니르] '끝내다',
choisir [슈와지르] '고르다', '선택하다', réussir [레위씨르] '성공하다' 등이 있다.
동사 변화는 규칙적이며 동사원형의 어간 fin 에 변화형 어미 −is, −is, −it, −issons,
−issez, −issent를 붙여 변화시킨다.

finir 동사 현재변화			
je	finis [휘니]	nous	finissons [휘니쏭]
tu	finis [휘니]	vous	finissez [휘니쎄]
il/elle	finit [휘니]	ils/elles	finissent [휘니씨]

＊2군 동사 원형에서는 마지막 −r가 발음된다. 1군 동사의 원형에서는 발음되지 않지만, 2군과 3군 동
　사는 모두 −r가 발음된다.

2군 동사 변화형의 발음

2군 동사 변화형에서 단수, 1, 2, 3인칭의 경우는 finir 에서 −r만 뺀 [휘니] 가 된다.
복수 1, 2, 3인칭에서는 [휘니] 에다 [−쏭], [−쎄], [씨]를 붙이면 된다.
예를 들어, choisir [슈와지르] 동사에서는 [슈와지] / [슈와지쏭], [슈와지쎄], [슈와지씨] 가 된다.
obéir [오베이르] 동사에서는 [오베이] / [오베이쏭], [오베이쎄], [오베이씨] 가 된다.
réussir [레위씨르] 동사에서는 [레위씨] / [레위씨쏭], [레위씨쎄], [레위씨씨] 가 된다.

▶ déjeuner [데쬐네]

'점심 먹다'라는 뜻의 1군 동사로 je, tu, il/elle 의 변화형은 [데쮄ㄴ] 이고
vous 의 변화형은 동사원형과 같은 [데쬐네] 이다.

je/ il/ elle	déjeune [데쮄ㄴ]	vous	déjeunez [데쬐네]
tu	déjeunes [데쮄ㄴ]		

▶ D'accord [다꼬르]

'동감이야', '맞아', '좋아'라고 상대방의 의견에 동의하거나 제안을 수락하는 경우에 사용한다.

1 다음 숫자를 적은 것부터 차례대로 다시 배열해 보세요.

> treize   quatre   cinquante   seize   trente   dix-huit

________ → ________ → ________ → ________ → ________ → ________

2 낱말의 뜻을 써보세요.

quart ___________________________   maintenant ___________________________

dix-sept ___________________________   commencer ___________________________

3 두 항목을 연결하여 문장을 완성하세요.

Il est une •   • du temps.

Le film finit •   • heure.

Tu déjeunes avec •   • est-il ?

J'ai encore •   • à quelle heure ?

Quelle heure •   • moi ?

4 그림을 보고 알맞은 문장을 찾으세요.

________   ________   ________   ________   ________

a. Il est midi dix.   b. Il est minuit et demi.

c. Il est six heures quinze.   d. Il est six heures et demie.

e. Il est six heures moins dix.

정답

1. quatre / treize / seize / dix-huit / trente / cinquante   2. 1/4, 15분 / 지금 / 17 / 시작하다

3. Il est une heure. / Le film finit à quelle heure ? / Tu déjeunes avec moi ? / J'ai encore du temps. / Quelle heure est-il ?

4. a / c / e / b / d

Les jours de la semaine 요일

lundi [lœ̃di] 랭디 **월요일**

mardi [maʁdi] 마르디 **화요일**

mercredi [mɛʁkʁədi] 매르ㅋ르디 **수요일**

jeudi [ʒødi] 죄디 **목요일**

vendredi [vɑ̃dʁədi] 벙드르디 **금요일**

samedi [samdi] 쌈디 **토요일**

dimanche [dimɑ̃ːʃ] 디멍슈 **일요일**

Quel temps fait-il là-bas ?

기본 회화

A: **Quel temps fait-il là-bas ?** 거기 날씨가 어떠니?
깰 떵 홰 띨 라바↗

B: **Il fait très beau.** 아주 화창해.
일 홰 트래 보

A: **Il fait combien de degrés ?** 기온이 몇 도니?
일 홰 꽁비앵 드 드ㄱ레↗

B: **Il fait vingt-huit degrés.** 28도야.
일 홰 뱅뜨위 드ㄱ레

새 단어

fait [fɛ] 홰 ~하다, 만들다 (*faire) il의 변화형

là-bas [labɑ] 라바 저기, 거기

beau [bo] 보 아름다운, 멋진. belle *f*

degré [dəɡʀe] 드ㄱ레 *m* 계단, 정도, 온도

▶ **날씨 묻고 답하기**

날씨는 Quel temps fait-il ? 로 묻는다. '시간', '날씨'를 의미하는 temps은 s로 끝나지만 남성단수이므로 '어떤 날씨?'라고 하려면 남성단수 quel을 쓴다.

날씨는 비인칭 주어 Il로 쓰고, 동사는 대체로 faire(~하다)를 사용하며, pleuvoir(비가 내리다), neiger(눈이 내리다), il y a ~(~가 있다)도 함께 쓴다.

Quel temps fait-il ? [깰 떵 홰 띨ˋ] 날씨가 어떻습니까?

- Il fait [일 홰] + beau [보] 화창하다   ↔ mauvais [모배] 나쁘다, 궂다

              froid [ㅎ루와] 춥다   ↔ chaud [쇼] 덥다

              frais [ㅎ래] 쌀쌀하다, 시원하다 ↔ doux [뒤] 따뜻하다, 포근하다

              du soleil [뒤 쏠래이으] 해가 비친다, 해가 난다

              du vent [뒤 벙] 바람이 분다

- Il y a [일 리 야] + du soleil [뒤 쏠래이으] 해가 비친다

              du vent [뒤 벙] 바람이 분다

- Il pleut. [일 쁠뢰] 비가 내린다   *pleuvoir [쁠뢰봐르]

- Il neige. [일 내쥬] 눈이 내린다   *neiger [내제]

▶ Il y a ~

Il y a ~ [일 리 야] : '~ (이)가 있다'로 뒤에 사람, 사물, 사정 등을 모두 쓸 수 있다.

Il y a grève. [일 리 야 ㄱ래브] 파업이 있다.

Il y a une voiture devant la maison. [일 리 야 윈ㄴ 봐뛰르 드벙 라 매종] 집 앞에 자동차가 있다.

일상 구어(口語)체에서는 Il을 생략하고 Y a ~ 로 쓰는 경우가 많다.

(Il) Y a des problèmes. [(일) 이 야 데 프로블램ㅁ] 문제가 있어.

(Il) Y a une personne dans la salle. [(일) 이 야 윈ㄴ 빼르쏜ㄴ 덩 라 쌀ㄹ] 방에 한 사람이 있다.

부정문은 Il n'y a pas ~ [일 니 야 빠]이다.

(Il n') Y a pas de temps. [(일 ㄴ) 이 야 빠 드 떵] 시간이 없어.

(Il n') Y a pas de problème. [(일 ㄴ) 이 야 빠 드 프로블램ㅁ] 문제없어요.

▶ 온도 묻고 답하기

기온 묻기 : Il fait combien de degrés ?

기온 표현 : Il fait + (숫자) + degré(s)

영하의 경우 moins [무앵]을 사용한다.

Il fait dix-neuf degrés. [일 홰 디즈뇌ㅎ 드ㄱ레] 19도예요.

Il fait moins 10 degrés. [일 홰 무앵 디 드ㄱ레] 영하 10도입니다.

▶ faire 동사 현재 변화형

인칭	단수	변화형	복수	변화형
1인칭	je	fais [해]	nous	faisons [흐종]
2인칭	tu	fais [해]	vous	faites [햇띠]
3인칭	il/elle	fait [해]	ils/elles	font [홍]

*faire 동사는 영어의 do동사와 유사한 3군 불규칙 동사로 불규칙 정도가 심한 편이다. '~하다', '만들다', '~하게 시키다' 등으로 쓰임이 매우 많은 중요한 동사이므로 변화형을 익혀두면 매우 유용하다. 특히 nous, vous, ils의 변화 형태가 불규칙하고 발음도 각각 다른 점에 유의한다.

Je fais du foot le mardi soir. [쥬 해 뒤 홋뜨 르 마르디 쏴르] 나는 화요일 저녁에 축구를 한다.

Elle fait le pain. [앨 해 르 뺑] 그녀는 빵을 만든다.

Il fait rire tous ses copains. [일 해 리르 뚜 쎄 꼬뺑] 그는 자기 친구들을 웃게 해준다.

▶ 3군 불규칙 동사의 현재 변화

동사 원형의 어미가 −re나 −oir로 끝난 경우는 모두 3군 동사이다. 간혹 1군 동사(aller동사)나 2군 동사(partir, sortir 등)처럼 생겼지만 불규칙하게 변화하는 3군 동사도 있다.

3군 동사는 변화가 불규칙하나, 동사원형의 어간으로 변화형을 짐작할 수 있다.

특히 단수 주어 je, tu, il/elle의 변화형은 대부분 동사 원형의 어간과 발음이 같다.

예) faire [해르]의 je, tu, il/elle 변화형의 발음은 [해]이다. (fais/fais/fait)

Tu fais quoi ce samedi ? [뛰 해 꽈 쓰 쌈디↘] 너 이번 토요일에 뭐하니?

voir 동사 원형은 [봐르]이다. → je, tu, il/elle 변화형의 발음은 [봐]이다. (vois/vois/voit)

Qu'est-ce que tu vois ? [깨쓰 끄 뛰 봐↘] 너 뭐가 보이니?

▶ 숫자 말하기

숫자 cinq(5), six(6), huit(8), dix(10)는 뒤에 자음으로 시작하는 말이 오면 숫자의 마지막 자음을 발음하지 않는다.

huit ans [위 떵] 8년, 8살 　　　　　 huit degrés [위 드그레] 8도

2차 학습

46% PM 7:50
Salut, Manon. Ça va ?
쌀뤼 마농   싸 바
안녕 마농, 잘 지내니?
Oui, et toi ? Ça va ?
위 에 뚜와   싸 바
응, 너는? 잘 지내니?
Oui. Mais quel temps fait-il à Paris ?
위이 매 깰 떵 홰 띨 아 빠리
응. 그런데 파리는 날씨가 어떠니?
Il pleut encore ici.
Et à Séoul, il pleut aussi ?
일 쁠뢰 엉꼬르 이씨   에 아 쎄울 일 쁠뢰 오씨
여기는 아직 비가 와. 서울에도 비가 오니?
Non, il ne pleut pas à Séoul.
농,   일 느 쁠뢰 빠 아 쎄울 아니, 서울에 비는 오지 않아.
Mais il y a du vent et il fait très froid.
매 일 리 야 뒤 벙 에 일 홰 트래 흐루와 그런데 바람이 불고 아주 추워.
Ah bon ? Dommage !
아 봉   도마쥬
그래? 안됐네!(유감이다)

새 단어

pleut [plø] 쁠뢰 비가 내린다 (*pleuvoir) il의 변화형
ici [isi] 이씨 여기
vent [vã] 벙 *m* 바람

froid [fʀwa[ɑ]] 흐루와 추운 froide *f*
dommage [dɔmaːʒ] 도마쥬 *m* 유감스러운 일, 손해

▶ Il pleut encore ici.

pleuvoir 동사는 '비가 내리다'라는 뜻으로 날씨에만 쓰이는 동사이다. 그러므로 변화형은
날씨의 주어 il에 대한 pleut밖에 없다. neiger 동사도 마찬가지로 il neige 밖에 없다.
encore [엉꼬르] 는 '아직도', '여전히'라는 뜻이다.

▶ Il fait + jour / nuit

〈Il fait + jour/ nuit [일 홰 주르/ 뉘] '날이 밝다', '날이 어두워지다'라는 표현이다.
비인칭 주어 Il fait 뒤에 '날', '낮', '요일'을 의미하는 jour가 오면 '날이 밝다=해가 뜨다'의
의미이고 '밤'인 nuit가 오면 '밤이 되다, 즉 어두워지다'가 된다.

En été, il fait jour plus tôt qu'en hiver. [어 네떼 일 홰 주르 쁠뤼 또 꺼 니배르]
여름에는 겨울보다 더 일찍 날이 밝는다.

Ces jours-ci, il fait nuit de plus en plus tard. [쎄 주르씨 일 홰 뉘 드 쁠뤼 정 쁠뤼 따르]
요즘엔 점점 더 늦게 해가 진다.

▶ Dommage.

유감을 나타낸다.

유감의 표현

Dommage ! [도마쥬] 유감이야!
Quel dommage ! [껠 도마쥬] 안됐다!
C'est dommage ! [쎄 도마쥬] 유감이야!

---

1 faire 동사의 현재형으로 빈칸을 채우세요.

Tu ________ des photos ?
Léa ________ du jogging aujourd'hui ?
Qu'est-ce que vous ________ dans la vie ?
Moi, je ________ du violon le week-end.
Luc et Alex ________ les courses au supermarché.

2 낱말의 뜻을 써보세요.

degré ________________________   froid ________________________
temps ________________________   dommage ________________________
chaud ________________________

3 두 항목을 연결하여 문장을 완성하세요.

Il y a •   • fait-il ?
Quel temps •   • neige.
Il fait •   • du vent.
Il fait vingt-deux •   • très chaud.
Il •   • degrés.

4 주어진 단어를 바른 어순으로 배열하여 문장을 완성하세요.

de/ il/ fait/ degrés/ combien ➔ ________________________ ?
a/ y/ du/ il/ soleil ➔ ________________________ .

Les saisons 계절

Où est la photo ?

A: **Où est la photo ?** 사진은 어디에 있니?
우 애 라 호또↗

B: **Elle est sur la table.** 탁자 위에 있어.
앨 래 쒸르 라 따블르

A: **Est-ce que le chat est dans la chambre ?**
애쓰 끄 르 샤 애 덩 라 성브르↗
고양이는 방안에 있니?

B: **Non, il n'est pas là.** 아니, 거기에 없어.
농 일 내 빨 라

où [u] 우 (의문사) 어디에

photo [fɔto] 호또 *f* 사진

sur [syʀ] 쒸르 ~ 위에

table [tabl] 따블르 *f* 탁자, 테이블

chat [ʃa] 샤 *m* 고양이 chatte *f*

chambre [ʃɑ̃:bʀ] 성브르 *f* 방, 침실

là [la] 라 저기, 거기

▶ 장소나 위치 묻고 답하기

Où est ~ ? 는 '~가 어디에 있니?'로 위치나 장소를 물을 때 사용한다.

이에 〈Il/Elle est + 장소의 전치사 + 장소 명사〉로 답한다.

Où est-ce ? = C'est où ? [우 애 쓰↘ = 쌔 우↘] 그게 어디에 있니?

Où est mon sac ? [우 애 몽 싹끼↘] 내 가방이 어디 있니?

– Il est dans la chambre. [일 래 덩 라 셩브르] 방안에 있어.

Où est le chien ? [우 애 르 쉬앵↘] 강아지 어디 있니?

– Il est dans la cuisine. [일 래 덩 라 뀌진니] 부엌에 있어.

복수로 묻는 경우

Où sont ~ ? 과 Ils/Elles sont ~ 으로 말한다.

Où sont tes enfants ? [우 쏭 떼 정횡↘] 너의 아이들은 어디 있니?

– Ils sont dans le jardin. [일 쏭 덩 르 쟈르댕] 정원에 있어.

▶ sur

'~위에'라는 뜻으로 장소의 전치사이다.

장소의 전치사

dans [덩]	안에		derrière [대리애르]	뒤에
sur [쒸르]	위에		à côté de [아 꼬떼 드]	옆에
sous [쑤]	밑에		près de [프래 드]	가까이에
devant [드벙]	앞에		loin de [루왱 드]	멀리에

La mairie est près de la gare. [라 매리 애 프래 들 라 갸르] 시청은 역 가까이에 있어요.

L'école est loin de la maison. [레꼴 애 루왱 들 라 매종] 학교는 집에서 멀어.

▶ Est-ce que

평서문은 그 자체로 의문문이 되지만, 평서문 앞에 **Est-ce que** [애쓰끄]를 붙여도 의문문이 된다. **Est-ce que**는 의문문임을 알려주는 표지로 특별한 의미는 없다.

		Paul	est	là ?	Paul이 거기에 있어요?
Est-ce que [애쓰끄]		Paul [뽈]	est [애]	là ? [라↗]	Paul이 거기에 있어요?
의문문 표지		주어	동사(있다)	장소(거기에)	

*Est-ce que는 의문문을 만드는 표지로 그 뒤에는 반드시 〈주어 + 동사〉 순서로 온다.

	Le	chat	est	dans	la	chambre.	고양이가 방안에 있다.
Est-ce que [애쓰끄]	le [르]	chat [샤]	est [애]	dans [덩]	la [라]	chambre ? [셩브르↗]	고양이가 방안에 있니?
의문문 표지	관사	주어	동사	전치사	관사	장소	

Est-ce que le chat est dans la chambre ? = Le chat est dans la chambre ?

− Oui, il est là. [위이 일 래 라]   응, 거기에 있어.

− Non, il n'est pas là. [농 일 내 빨 라]   아니, 거기에 있지 않아.

− Non, il est dans le jardin. [농 일 래 덩 르 쟈르댕]   아니, 정원에 있어.

의문사 뒤에도 **est-ce que**를 쓸 수 있다. 이 때 뒤에는 〈주어 + 동사〉 순서로 쓴다.

Qu'	est-	ce ?	이게 뭐니?
의문사	동사	주어	

Qu'	est-ce que	c'	est ?
의문사	의문문 표지	주어	동사

Quand	pars-	tu ?	너 언제 떠나니?
의문사	동사	주어	

Quand	est-ce que	tu	pars ?
의문사	의문문 표지	주어	동사

2차 학습

응용 회화

A: **Maman, où est mon sac ?** 엄마, 내 가방 어디 있어요?
마멍, 우 애 몽 싹끄↗

B: **Hmm… Je ne sais pas.** 음… 모르겠네.
음　　　　　쥬 느 쎄 빠

Mais il est peut-être dans ta chambre.
매 질 래 쁴때트르 덩 따 셩브르
그런데 그게 아마 네 방에 있을 거야.

A: **Non, il n'est pas là.** 아뇨, 거기엔 없어요.
농 일 내 빨 라

B: **Alors, regarde dans le salon.** 그러면 거실 안에서 찾아보렴.
알로르 르갸르드 덩 르 쌀롱

A: **Ah oui ! Il est à côté du canapé.** 아 네! 소파 옆에 있어요.
아 위이 일 래 따 꼬떼 뒤 까나뻬

Merci maman. Je sors. 고마워요, 엄마. 저 나가요.
매르씨 마멍 쥬 쏘르

B: **Tu rentres quand ?** 언제 돌아오니?
뛰 렁트르 껑↗

A: **À 7 heures. À ce soir !**
아 쎗 뙈르 아 쓰 쏴르
7시 경에요. 저녁에 봐요!

sac [sak] 싸끄 *m* 가방

sais [sɛ] 쎄 알다 (*savoir) je, tu의 변화형

ne~ pas [n(ə) pa] 느 빠 ~가 아니다 (부정의 표현)

peut-être [pøtɛtR] 쀠떼트르 아마

alors [alɔːR] 알로르 그러면

regarde [Rəgard] 르갸르드 보다
   (*regarder), je, il/elle의 변화형

salon [salɔ̃] 쌀롱 *m* 거실

côté [kote] 꼬떼 옆

canapé [kanape] 꺄나뻬 *m* 소파

sors [sɔR] 쏘르 나오[가]다, 외출하다
   (*sortir) je, tu의 변화형

rentres [Rɑ̃tR] 렁트르 돌아오[가]다
   (*rentrer) tu의 변화형

quand [kɑ̃] 껑 언제

ce [s(ə)] 쓰 이, 그, 저 (남성단수형 지시형용사)

soir [swaːR] 쑤와르 *m* 저녁

▶ Je ne sais pas.

sais는 3군 불규칙 savoir 동사의 현재 변화형이다.

savoir [싸봐르] '알다' 현재 변화형

1인칭	je	sais [쎄]	nous	savons [싸봉]
2인칭	tu	sais [쎄]	vous	savez [싸베]
3인칭	il/elle	sait [쎄]	ils/elles	savent [싸브]

Je sais mon métier. [쥬 쎄 몽 메띠에] 나는 내 직업을 잘 알고 있어.

Ton fils, il sait lire et écrire ? [똥 휘쓰 일 쎄 리르 에 에크리르 ↗] 네 아들은 읽고 쓸 줄 아니?

Vous savez que Paul part demain ? [부 싸베 끄 뽈 빠르 드맹 ↗]
(당신은) 내일 폴이 떠나는 것을 알고 계세요?

▶ 명령문 만드는 방법

명령문은 Tu, Nous, Vous에 해당되며 평서문에서 이 주어를 생략한 형태이다.

Nous sortons ce soir. → Sortons ce soir. [쏘르똥 쓰 쏴르] 오늘 저녁에 나가자.

Vous tournez à droite. → Tournez à droite. [뚜르네 아 드롸뜨] 오른쪽으로 돌아가세요.

Tu fais du sport. → Fais du sport. [홰 뒤 스뽀르] 운동을 해.

단, Tu의 경우 동사의 어미가 −es이면 −s를 뺀다. Tu vas에서도 −s를 뺀다.

Tu regardes dans le salon. → Regarde dans le salon.

[르갸ㄹㄷ 덩 르 쌀롱] 거실 안을 둘러봐.

Tu ouvres la porte. → Ouvre la porte. [우ㅂ르 라 뽀ㄹ뜨] 문을 열어.

Tu vas à l'école. → Va à l'école. [바 아 레꼴르] 학교에 가.

예외) Vas-y. [바 지] 거기로 가.

명령문

Tu	regardes	dans le salon.	너는 거실 안을 본다. (평서문)
	Regarde	dans le salon.	거실 안을 봐. (명령문)
주어	동사		

부정명령문도 부정문에서 주어를 생략하여 만든다. 따라서 항상 Ne로 시작된다.

Tu	ne	regardes	pas	dans le salon.	부정문 → 너는 거실 안을 살펴보지 않는다. (평서문)
Ne		regarde	pas	dans le salon.	거실 안을 보지 마. (부정명령문)
주어		동사			

regarder [르갸ㄹ데] '보다' 현재 변화형

je/ il/ elle	regarde [르갸ㄹㄷ]	vous	regardez [르갸ㄹ데]
tu	regardes [르갸ㄹㄷ]		

Nicolas regarde le professeur attentivement. [니꼴라 르갸ㄹㄷ 르 프로회쐬르 아떵띠브멍]
니콜라는 선생님을 주의 깊게 바라본다.

Vous regardez la télévision souvent ? [부 르갸ㄹ데 라 뗄레비지옹 쑤벙 ↗] TV를 자주 보세요?

Ils regardent les gens passer. [일 르갸ㄹㄷ 레 정 빠쎄] 그들은 사람들이 지나가는 것을 보고 있다.

▶ à coté du : du는 축약관사

문장 속에서 전치사 à와 de 뒤에 바로 정관사 le나 les가 오면
두 가지가 결합한 형태의 관사로 바뀐다. 이를 축약 관사 또는 수축관사라고 한다.

축약관사(수축관사)

전치사	정관사			축약관사	의미
à+	le	남성단수	→	au	~에[로/에서] ~에게
	les	복수		aux	~에[로/에서] ~에게
de+	le	남성단수	→	du	~의
	les	복수		des	~의

On va au(=à+le) cinéma ? [옹 바 오 씨네마↗] 우리 영화관에 갈까?

Je vais aux(=à+les) États-Unis. [쥬 배 오 제따 쥐니] 나는 미국에 간다.

C'est la fille du(=de+le) monsieur. [쎄 라 휘이으 뒤 므씨외] 이 사람은 그 남자의 딸이다.

Il est le père des(=de+les) enfants. [일 래 르 빼르 데 정횡] 그는 그 아이들의 아버지이다.

단 le가 명사 앞에서 이미 모음자 생략이 이루어져 l'가 된 경우는 그대로 쓴다.
여성 정관사 la도 수축되지 않는다.

전치사	정관사			의미
à+	la	여성단수	→	à la	~에[로/에서] ~에게
	l'	남성(le), 여성(la)		à l'	~에[로/에서] ~에게
de+	la	여성단수	→	de la	~의
	l'	남성(le), 여성(la)		de l'	~의

On va à la montagne ? [옹 바 알 라 몽따뉴↗] 우리 산에 갈까?

Il est à l'hôpital. [일 래 따 로삐딸르] 그는 병원에 있다.

Elle est la mère de l'élève. [앨 래 라 매르 드 렐래브] 그녀는 그 학생의 어머니이다.

Paris est la capitale de la France. 파리는 프랑스의 수도이다.

[빠리 애 라 까삐딸르 들 라 흐렁씨]

des는 부정관사의 복수 des와 형태가 같지만 쓰임이 다르다.

Ce sont des enfants. [쓰 쏭 데 정횡] 이들은 어린아이야. [부정관사의 복수]

Marie est l'amie des (=de+les) enfants. 마리는 그 아이들의 친구야. [축약관사]

[마리 애 라미 데 정횡]

*amie와 enfants의 의미가 연결되려면 de '~의'가 필요하므로 축약관사임을 알 수 있다.

▶ **rentrer** [렁트레] **돌아오(가)다**

rentrer 현재 변화형

je / il / elle	rentre [렁트르]	vous	rentrez [렁트레]
tu	rentres [렁트르]		

Hélène rentre ce dimanche de Rome. 엘랜은 이번 일요일에 로마에서 돌아온다.
[엘랜ㄴ 렁트르 쓰 디멍슈 드 롬미]

Avec qui rentres-tu ? [아백 끼 렁트르 뛰↘]   너는 누구와 돌아오니?

Quand rentrez-vous ? [껑 렁트레 부↘]   (당신은) 언제 돌아오세요?

▶ **sortir** [쏘르띠르] **나가다, 외출하다, 꺼내다**

sortir 현재 변화형

1인칭	je	sors [쏘르]	nous	sortons [쏘르똥]
2인칭	tu	sors [쏘르]	vous	sortez [쏘르떼]
3인칭	il / elle	sort [쏘르]	ils /elles	sortent [쏘르뜨]

Tu sors cet après-midi ? [뛰 쏘르 샛 따프래미디↗]   너 오늘 오후에 외출할 거니?

Baptiste sort le livre de son sac. 밥티스트가 그의 가방에서 책을 꺼낸다.
[밥띠ㅅ뜨 쏘르 르 리브르 드 쏭 싹끼]

Vous sortez de chez vous à quelle heure ? 당신은 집에서 몇 시에 나가세요?
[부 쏘르떼 드 셰 부 아 깰 뢔르↘]

▶ **ce soir**

ce가 시간을 의미하는 명사 (soir, 저녁) 앞에 오면, 가까운 때를 가리킨다.

ce soir [쓰 쏴르] 오늘 저녁   ce matin [쓰 마땡] 오늘 아침

ce mois [쓰 무와] 이번 달

ce dimanche [쓰 디멍슈] 이번 일요일

Les prépositions locatives
장소의 전치사

devant la maison

[dəvɑ̃ la mɛzɔ̃] 드벙 라 매종 **집 앞에**

dans la maison

[dɑ̃ la mɛzɔ̃] 덩 라 매종 **집 안에**

à côté de la maison

[a kote də la mɛzɔ̃] 아 꼬떼 들 라 매종 **집 옆에**

derrière la maison

[dɛʁjeːʁ la mɛzɔ̃] 대리애르 라 매종 **집 뒤에**

sur la maison

[syʁ la mɛzɔ̃] 쒸르 라 매종 **집 위에**

sous le lit [su lə li]
쑤 르 리 **침대 아래에**

près de la chaise
[pʀɛ də la ʃɛːz] 프래 들 라 섀즈
의자에서 가까이에

loin de la chaise
[lwɛ̃ də la ʃɛːz] 루왱 들 라 섀즈
의자에서 멀리에

aller à la maison
[ale a la mɛzɔ̃] 알레 알 라 매종
집으로 가다

entrer dans la maison
[ɑ̃tʀe dɑ̃ la mɛzɔ̃] 엉트레 덩 라 매종
집으로 들어가다

sortir de la maison
[sɔrtiːʀ də la mɛzɔ̃] 쏘르띠르 들 라 매종
집에서 나오다

1 (   )에 주어진 동사의 현재형으로 빈칸을 채우세요.

Tu __________ chercher des informations ? (savoir)

Nous __________ ce soir pour la fête ? (sortir)

Vous __________ en France quand ? (rentrer)

Elle __________ les élèves chanter. (regarder)

2 낱말의 뜻을 써보세요.

chambre __________________________   salon __________________________

canapé __________________________   peut-être __________________________

quand __________________________

3 두 항목을 연결하여 문장을 완성하세요.

Où est •   • quand ?

Il n'est •   • le sac est dans le salon ?

Tu rentres •   • pas là.

Est-ce que •   • le chat ?

Il est à •   • côté de la table.

4 명령문으로 작문하세요.

오늘 저녁에 외출하자. __________________________________

9시에 돌아와. __________________________________

선생님을 보세요! __________________________________

Que fais-tu ?

기본 회화

A: **Que fais-tu le soir ?** 너 저녁에 뭐하니?
끄 홰 뛰 르 쏴르 ↘

B: **Je fais des devoirs et je lis.** 숙제를 하고 책을 읽어.
쥬 홰 데 드봐르 에 쥬 리

A: **Qu'est-ce que tu aimes faire le week-end ?**
깨쓰끄 뛰 앰므 홰르 르 위깬드 ↘
주말에는 뭘 즐겨 하니?

B: **J'aime marcher dans le parc.**
잼므 마르셰 덩 르 빠르끄
공원에서 산책하는 걸 좋아해.

새 단어

devoir [dəvwaːʀ] 드봐르 *m* 의무, (복수) 숙제, (동사) ~해야 한다

lis [li] 리 읽다 (*lire) je, tu의 변화형

marcher [maʀʃe] 마르셰 걷다 (*marcher) 원형

parc [paʀk] 빠르끄 *m* 공원

▶ **Que fais-tu ?**

Que fais-tu ? [끄 홰 뛰 ↘]는 '너 뭐하니?'로, Que [끄]는 사물을 묻는 의문사이다.

Que [끄]는 Qu'est-ce que [깨쓰끄], Quoi [꽈]와 같으므로

Qu'est-ce que tu fais ? [깨쓰끄 뛰 홰 ↘] Tu fais quoi ? [뛰 홰 꽈 ↘]도 같은 의미로 쓸 수 있다.

▶ le soir

시간을 나타내는 명사에 정관사를 붙이면 반복의 의미가 되므로 '저녁마다'라는 뜻이다.

Ils vont à la discothèque le samedi soir. 그들은 토요일 저녁마다 디스코텍에 간다.
[일 봉 알 라 디ㅅ꼬떽끄 르 쌈디 쏴르]

▶ devoir

devoir는 동사로는 '~해야 한다', 명사로는 '의무', '숙제'이며 '숙제'는 보통 복수로 쓴다.

Vous devez téléphoner dehors. [부 드베 뗄레혼네 드오르] 전화는 밖에서 하셔야 합니다.
Il fait son devoir. [일 홰 쏭 드봐르] 그는 자신의 의무를 이행한다.
J'ai des devoirs à faire. [제 데 드봐르 아 홰르] 나 해야 할 숙제가 있어.

▶ je lis

lire 동사 뒤에 목적어가 없으면 '책을 읽다'로 통용된다.

lire [리ㄹ] 의 현재 변화형

1인칭	je	lis [리]	nous	lisons [리종]
2인칭	tu	lis [리]	vous	lisez [리제]
3인칭	il/elle	lit [리]	ils/elles	lisent [리ㅈ]

Je lis un roman d'Eric Orsena. 나는 에릭 오르세나의 (장편)소설을 읽는다.
[쥬 리 앵 로멍 데릭 오르쎄나]

Il lit entre les lignes. [일 리 엉트르 레 리뉴] 그는 행간을 읽는다.
Vous lisez un conte aux enfants ? 아이들에게 동화를 읽어주실래요?
[부 리제 앵 꽁뜨 오 정횡 ↗]

▶ Qu'est-ce que tu aimes faire le week-end ?

'~하기를 좋아하다'는 〈aimer + 동사원형〉으로 쓴다.
J'aime marcher au soleil. [잼ㅁ 마르셰 오 쏠레이ㅇ] 나는 햇볕을 쬐며 걷는 것을 좋아한다.

2차 학습

A: Qu'est-ce que tu fais le soir la semaine ?
깨 쓰끄 뒤 홰 르 쏴르 라 쓰맨ㄴ↘
너 주중에 저녁에는 뭐하니?

B: Je regarde la télévision et je lis des romans. Et toi ?
쥬 르가르드 라 텔레비지옹 에 쥬 리 데 로멍   에 뚜와↗
TV 보고 소설을 읽어. 너는?

A: J'écoute de la musique et je fais du yoga.
제꾸뜨 들 라 뮈지끄 에 쥬 홰 뒤 요가
나는 음악을 듣고 요가를 해.

B: Et le week-end ? 주말에는?
에 르 위깬드↘

A: Je chatte et navigue sur Internet. Et toi ?
쥬 챠뜨 에 나비그 쒸르 앵때르넷뜨   에 뚜와↗
채팅하고 인터넷 검색해. 너는?

B: J'aime voir des amis. 나는 친구 만나는 거 좋아해.
쟴ㅁ 봐르 데 자미

Mais dimanche, j'aime me promener ou marcher pour garder la forme.
매 디멍슈 쟴ㅁ 므 프로므네 우 마르셰 뿌르 갸르데 라 호르므
그런데 일요일에는, 건강유지를 위해 산책하거나 걷는 걸 좋아해.

télévision [televizjɔ̃] 뗄레비지옹 *f* TV

écoute [ekut] 에꾸뜨 듣다
　(*écouter) je, il/elle의 변화형

de la [də la] 들 라 부분 관사 여성형

chatte [tʃat] 챠뜨 채팅하다
　(*chatter) je, il/elle의 변화형

navigue [navig] 나비ㄱ 검색하다
　(*naviguer) je, il/elle의 변화형

ami [ami] 아미 *m* 친구 **ami**e *f*

me promener [mə pʀɔmne] 므 프롬네 산책하다,
　(*se promener)

ou [u] 우 또는

pour [pu(:)ʀ] 뿌르 ~를 위하여

garder [gaʀde] 갸르데 지키다, 돌보다, 유지하다

forme [fɔʀm] 호르ㅁ *f* 건강, 컨디션, 상태

▶ Qu'est-ce que tu fais le soir la semaine ?

la semaine는 '주중'으로 le week-end '주말'과 상대적으로 쓰인다.

Le soir, je fais du tennis la semaine et du vélo le week-end.
[르 쏴르 쥬 홰 뒤 떼니쓰 라 쓰맨ㄴ 에 뒤 벨로 르 위깬ㄷ] 저녁시간엔 주중엔 테니스를 하고 주말엔 자전거를 탄다.

▶ J'écoute de la musique et je fais du yoga.

musique 앞에 붙은 de la와 yoga 앞에 붙은 du는 둘 다 부분관사이다.
관용적으로 '음악을 듣다'라고 할 때는 écouter de la musique 으로 쓴다.
'~운동을 하다', '~악기를 연주하다'로 하려면 faire 동사 뒤에 부분관사를 붙인 명사가 온다.

faire + 부분관사 + 운동 / 악기

Nous faisons du ping-pong. [누 흐종 뒤 삥뽕]　우리는 탁구를 한다.
Damien fait du football. [다미앵 홰 뒤 훗볼ㄹ]　다미앵은 축구를 한다.

프랑스어의 관사

	정관사	부정관사	부분관사
쓰임	앞에서 언급한 명사를 다시 언급하거나 한정된 명사에 사용	처음 제시되거나 명확하게 한정되지 않은 명사에 사용 셀 수 있는 명사에 사용하며 단수의 경우 '하나'의 의미로 사용	셀 수 없는 물질명사나 추상명사에 사용. 개수(數)가 아닌 양(量)을 의미
남성	le (l')	un	du (de l')
여성	la (l')	une	de la (de l')
복수	les	des	des

관사의 사용 방법

명사는 관사와 함께 쓰며, 관사에는 정관사, 부정관사 외에 부분관사가 있다.

부분관사는 부정관사와 성격이 같다. 다만 부정관사는 개수를 셀 수 있는 명사에 쓰고,

부분관사는 셀 수 없는 물질명사나 추상명사에 사용하는 점이 다르다.

즉, 부분관사는 '용기', '요가', '음악'처럼 무형이거나, '공기', '물'처럼 수량을 셀 수 없어

어느 정도의 양 (量)을 의미하는 경우에 쓰는 관사이다.

대체로 정관사를 쓰기로 정해진 경우에 해당되면 정관사를 쓰고, 만약 해당되지 않으면,

명사의 개수를 셀 수 있는지의 여부에 따라 부정관사나 부분관사를 쓴다.

Pour le petit déjeuner, je prends du pain et du café.

[뿌르 르 쁘띠 데줴네, 쥬 프렁 뒤 빵 에 뒤 까훼]　아침식사로 나는 빵과 커피를 먹는다.

Victor a du courage.　[빅또르 아 뒤 꾸라쥬]　빅토르는 용기가 있다.

* 상황에 따른 관사의 활용

J'aime le café.　[쟴므 르 까훼] 나는 커피를 좋아한다.	기호 표현이므로 종류를 총칭하는 의미로 정관사 사용
Je bois du café.　[쥬 봐 뒤 까훼] 나는 커피를 마신다.	'커피를 어느 정도(약간) 마신다'는 의미로 부분관사 사용
Je voudrais un café.　[쥬 부드래 앵 까훼] 커피 한잔 주세요.	'한 잔 주세요'의 의미로 말할 때는 부정관사 사용

Les sports 운동

foot(ball) [futbol]
훗(볼ㄹ) Ⓜ **축구**

base-ball [bɛzboːl]
배즈볼ㄹ Ⓜ **야구**

basket(-ball) [baskɛt(boːl)]
바ㅅ깻(볼ㄹ) Ⓜ **농구**

tennis [tenis]
떼니ㅆ Ⓜ **테니스**

volley-ball [vɔlɛboːl]
볼래볼ㄹ Ⓜ **배구**

badminton [badmintɔn]
바ㄷ민톤ㄴ Ⓜ **배드민턴**

ping-pong [piŋpɔ̃g]
삥뽕(ㄱ) Ⓜ **탁구**

bowling [bɔliŋ]
볼링 Ⓜ **볼링**

billard [bijaːʀ] 비이야르
Ⓜ **당구**

golf [gɔlf] 골ㅎ **골프**

boxe [bɔks] 복쓰 *f* **복싱**

natation [natɑsjɔ̃]
나따씨옹 *f* **수영**

ski [ski] ㅅ끼 *m* **스키**

patinage [patinaːʒ]
빠띠나쥬 *m* **스케이팅**

course [kuʀs]
꾸르쓰 *f* **달리기**

gymnastique
[ʒimnastik] 짐나스띠끄 *f* **체조**

pêche [pɛʃ] 뻬슈 *f* **낚시**

équitation [ekitɑsjɔ̃]
에끼따씨옹 *f* **승마**

1 ( )에 주어진 동사의 현재형으로 빈칸을 채우세요.

Léo __________ du piano. (faire)

Elles __________ des romans ? (lire)

Vous __________ sur Internet ? (naviguer)

Nous __________ de la musique le soir. (écouter)

2 낱말의 뜻을 써보세요.

parc ____________________   devoirs ____________________

ami ____________________   voir ____________________

marcher ____________________

3 두 항목을 연결하여 문장을 완성하세요.

Qu'est-ce que •   • la télévision.

Je chatte •   • du yoga.

Je regarde •   • tu fais le soir ?

J'aime me promener •   • sur Internet.

Je fais •   • dans le parc.

4 Est-ce que를 사용하여 의문문으로 바꾸어 보세요.

Il vient du Japon. → ____________________

Votre mère marche beaucoup. → ____________________

Tu te couches tard ?

기본 회화

A: **À quelle heure dînes-tu ?** 너 저녁을 몇 시에 먹니?
아 껠 왜르 딘ㄴ 뛰

B: **À dix-neuf heures.** (저녁을) 7시에 (먹어).
아 디ㅈ봬 왜르

A: **Tu te couches tard ?** 늦게 잠자리에 드니?
뛰 뜨 꾸슈 따르

B: **Non, je me couche tôt, à neuf heures.**
농 쥬 므 꾸슈 또 아 놰 왜르 아니, 나는 아홉 시에, 일찍 자.

새 단어

dînes [din] 딘ㄴ 저녁을 먹다
(*dîner) tu의 변화형

te couches [t(ə) kuʃ] 뜨 꾸슈 (너는) 잠자리에
든다 (*se coucher) tu의 변화형

me couche [m(ə) kuʃ] 므 꾸슈 (나는) 잠자리에
든다 (*se coucher) je의 변화형

tard [ta:R] 따르 늦게

tôt [to] 또 일찍

▶ **dîner** [디네] **저녁식사를 하다**

dîner 현재 변화형

je / il / elle	dîne [딘느]	vous	dînez [디네]
tu	dînes [딘느]		

▶ **하루 일과 표현 I**

하루 일과 표현에 쓰는 다음 동사들은 '자기 자신'을 의미하는 se(s')가 붙어 '자기 자신을 ～하다', 즉 '～하다'가 되는 대명동사이다. 대명동사를 변화시킬 때는 se(s')도 함께 변화시킨다.

잠에서 깨다　se réveiller [쓰 레배이예]

일어나다　se lever [쓰 르베]

씻다　se laver [쓰 라베]

샤워하다　se doucher [쓰 두세]

옷을 입다　s'habiller [싸비예]

산책하다　se promener [쓰 프롬네]

쉬다　se reposer [쓰 르뽀제]

잠자리에 들다　se coucher [쓰 꾸세]

se coucher의 현재 변화형

인칭	단수	변화형	복수	변화형
1인칭	je	me [므] couche [꾸슈]	nous	nous [누] couchons [꾸숑]
2인칭	tu	te [뜨] couches [꾸슈]	vous	vous [부] couchez [꾸셰]
3인칭	il/elle	se [쓰] couche [꾸슈]	ils/elles	se [쓰] couchent [꾸슈]

*대명동사는 동사와 se(s') 부분을 함께 변화시켜야 한다.

▶ 대명동사

대명동사는 대개 주어 자신이 목적보어가 되며 동사 앞의 se(s')가 목적보어에 해당된다.

laver [라베]   ~를 씻다, 씻어주다 → se laver   자기 자신을 씻다, 샤워하다
réveiller [레배이예]   ~를 깨우다 → se réveiller   자기 자신을 깨우다, 잠이 깨다
habiller [아비예]   ~ 옷을 입혀주다 → s'habiller   자신을 옷 입혀주다, 옷을 입다

Je lave <u>mon bébé</u>. [쥬 라브 몽 베베]   나는 아기를 목욕시킨다.
Je lave <u>moi-même</u>. [쥬 라브 무와맴므]   나는 나를 목욕시킨다.(샤워한다)
→ Je <u>me</u> lave. [쥬 므 라브] (moi-même → me로 바뀜)

Je demande <u>à Hugo</u>. [쥬 드멍드 아 위고]   나는 위고에게 묻는다.
Je demande <u>à moi-même</u>. [쥬 드멍드 아 무와맴므]   나는 나에게 묻는다.(자문한다)
→ Je <u>me</u> demande. [쥬 므 드멍드] (à moi-même → me로 바뀜)

대명동사의 부정문

동사의 앞뒤에 ne ~ pas를 쓴다.
Je ne me lave pas le matin. [쥬 느 므 라브 빠 르 마땡]   나는 아침에 샤워하지 않는다.

대명동사의 용법

대부분의 대명동사는 주어가 하는 행위가 주어 자신에게 되돌아오는 재귀적 대명동사이다.
Je promène mon chien. [쥬 프로맨느 몽 쉬앵]   나는 강아지를 산책시킨다.
Je me promène. [쥬 므 프로맨느]   나는 산책한다. (se promener)

복수 주어에서 '주어끼리 서로 ~하다'라는 상호적 의미로 쓰이기도 한다.
Ils s'aiment. [일 쎔므]   그들은 서로 사랑한다. (s'aimer)
Les deux maisons se regardent.   두 집은 서로 마주보고 있다. (se regarder)
[레 되 매종 쓰 르갸르드]

무생물 주어에 수동 의미로 쓰이거나, 대명동사로만 쓰이는 경우도 있다.
La porte s'ouvre. [라 뽀르뜨 쑤브르]   문이 열린다. (s'ouvrir)
Je m'en vais après-demain. [쥬 멍 배 아프래드맹]   나는 모레 간다. (s'en aller)

2차 학습

응용 회화

A: **Tu vas au travail tôt le matin ?** 넌 직장에 아침 일찍 가니?
뛰 바 오 트라바이으 또 르 마땡↗

B: **Je pars à 8 h. Je me lève à 7 h.**
쥬 빠르 아 위 뙈르 　　　 쥬 므 래ㅂ 아 쎗 뙈르
8시에 출발해. 7시에 일어나고.

A: **Tu déjeunes où ?** 점심은 어디서 먹니?
뛰 데쵄ㄴ 우↗

B: **Normalement, à la cantine avec mes collègues. Et toi ?**
노르말멍 알 라 껑띤ㄴ 아베ㄱ 메 꼴래ㄱ　　에 뚜와↗
보통 구내식당에서 동료들과 먹어. 너는?

A: **C'est pareil. Tu finis le travail quand ?**
쌔 빠래이으　　　　　뛰 휘니 르 트라바이으 껑↗
나도 마찬가지야. 일은 언제 끝나니?

B: **Je rentre chez moi à 6 h.** 나는 6시에 집으로 돌아와.
쥬 렁트르 셰 무와 아 씨 쒜르

Après le dîner, je lis le journal.
아프래 르 디네　　　　쥬 리 르 주르날
저녁 식사 후에는 신문을 봐.

au [o] 오 à + le의 수축관사

travail [tʀavaj] 트라바이으 *m* 일, 공부

matin [matɛ̃] 마땡 *m* 아침

pars [pa:ʀ] 빠르 떠나다, 출발하다
　(*partir) je, tu의 변화형

me lève [m(ə) lɛ:v] 므 래브 일어나다
　(*se lever) je의 변화형

normalement [nɔʀmalmã] 노르말멍 보통으로

cantine [kãtin] 껑띤ㄴ *f* 구내식당

collègue [kɔ(l)leg] 꼴래ㄱ *mf* 동료

pareil [paʀɛj] 빠래이으 마찬가지의, 같은

après [apʀɛ] 아프래 ~ 후에

▶ 하루 일과 표현 II

아침 식사를 하다 prendre le petit déjeuner [프렁드르 르 쁘띠 데줴네]

점심 식사를 하다 (또는 점심식사) déjeuner [데줴네]

저녁 식사를 하다 (또는 저녁식사) dîner [디네]

먹다 manger [멍제]

마시다 boire [봐르]

*déjeuner와 dîner는 동사와 명사로 같이 쓰인다. 그러나 아침식사는 petit déjeuner로 명사이므로 '아침을 먹다'라고 할 때는 prendre le petit déjeuner로 쓴다. boire는 액체의 경우에만 사용하고, manger는 씹어 먹는 경우에 사용하며, prendre는 두 가지 경우에 다 쓸 수 있다.

Je prends mon petit déjeuner à 8 heures.　나는 8시에 아침을 먹는다.
[쥬 프렁 몽 쁘띠 데줴네 아 위 왜르]

Marc mange une pomme. [마르끄 멍쥬 윈ㄴ 뽐ㅁ]　마르크는 사과를 먹는다.

가다(직장으로/학교로) aller (au travail / à l'école) [알레 (오 트라바이으 / 아 레꼴]

출발하다 partir [빠르띠르]

돌아오다(집에) rentrer à la maison / chez moi [렁트레 알 라 매종 / 셰 무와]

보다(TV를) regarder la télévision [르가르데 라 뗄레비지옹]

읽다(책을/ 신문을) lire un livre/ un journal [리르 앵 리브르/ 앵 주르날리]

듣다(음악을) écouter de la musique [에꾸떼 들 라 뮈지끄]

하다(운동/ 요가/ 테니스) faire du sport/ du yoga / du tennis
[홰르 뒤 스뽀르/ 뒤 요가/ 뒤 떼니씨]

▶ partir [빠르띠르] 출발하다, 떠나다

partir 현재 변화형

je / tu	pars [빠르]	vous	partez [빠르떼]
il / elle	part [빠르]		

Tu pars à l'école à quelle heure ? [뛰 빠르 아 레꼴 아 껠 뢔르↗]   너 몇 시에 학교로 출발하니?

Jordan part pour Paris demain. 조르당은 내일 파리를 향해 떠난다.
[조르덩 빠르 뿌르 빠리 드맹]

Vous partez en voyage ? [부 빠르떼 엉 봐야쥬↗]   여행을 떠나세요?

▶ se lever [쓰 르베] 일어나다, 일어서다

se lever 현재 변화형

인칭	단수		변화형	복수		변화형
1인칭	je	me	lève [므 래브]	nous	nous	levons [누 르봉]
2인칭	tu	te	lèves [뜨 래브]	vous	vous	levez [부 르베]
3인칭	il/elle	se	lève [쓰 래브]	ils/elles	se	lèvent [쓰 래브]

*je, tu, il/elle, ils/elles 에서는 lev 부분이 lèv 가 되고 발음도 바뀐다.
  대명동사는 동사와 se(s') 부분을 함께 변화시켜야 한다.

Tu te lèves de bon matin ? [뛰 뜨 래브 드 봉 마땡↗]   너 아침 일찍 일어나니?

La lune se lève. [라 륀ㄴ 쓰 래브]   달이 뜬다.

Levez-vous, s'il vous plaît. [르베부 씰 부 쁠래]   일어서 주시기 바랍니다.

▶ **prendre** [프렁드르] **먹다, 마시다**

prendre 현재 변화형

1인칭	je	prends [프렁]	nous	prenons [프르농]
2인칭	tu	prends [프렁]	vous	prenez [프르네]
3인칭	il/elle	prend [프렁]	ils/elles	prennent [프랜느]

*ils/elles 의 변화형 prennent는 nn이므로 비모음으로 발음하지 않는다.

prendre는 '잡다, 붙들다, 먹다, 마시다, 지니다, 쓰다, 타다, 태우다, ~길로 가다'등 매우 다양한 의미로 사용되는 유용한 동사로 영어의 take와 유사하다.

Camille prend le bras de sa maman. [까미이으 프렁 르 브라 드 싸 마멍]
까미유는 엄마의 팔을 잡는다.

Je prends le déjeuner avec mes amis. 나는 친구들과 점심을 먹는다.
[쥬 프렁 르 데쬐네 아백끄 메 자미]

Vous prenez du café? [부 프르네 뒤 까풰 ↗]   커피 드실래요?

▶ **boire** [봐르] **마시다**

boire 현재 변화형

je/ tu	bois [봐]	vous	buvez [뷔베]
il/ elle	boit [봐]		

Buvez de l'eau. [뷔베 들 로] 물을 드세요.

Je bois un verre avec ma copine. [쥬 봐 앵 배르 아백끄 마 꼬삔느]   나는 친구(여자)와 한 잔 한다.

Inès boit le café chaud. [이내쓰 봐 르 까풰 쇼]   이내스는 커피를 따뜻하게 마신다.

se réveiller [s(ə) ʀevɛ[e]je]
쓰 레배이예 **잠에서 깨다**

se lever [s(ə) ləve] 쓰 르베
일어나다

se laver le visage
[s(ə) lave lə viza:ʒ] 쓰 라베 르 비자쥬
세수하다

se maquiller [sə makije]
쓰 마끼이예 **화장하다**

se peigner les cheveux
[s(ə) pɛ[e]ɲe le ʃ(ə)vø]
쓰 빼녜 레 슈뵈 **머리를 빗다**

écouter de la musique
[ekute də la myzik] 에꾸떼 들 라 뮈지끄
음악을 듣다

mettre ses vêtements
[mɛtʀ se vɛtmã] 매트르 쎄 뱃뜨멍
옷을 입다

aller à son bureau
[ale a sɔ̃ byʀo] 알레 아 쏭 뷔로 **출근하다**

aller à l'école [ale a lekɔl]
알레 아 레꼴르 **등교하다**

déjeuner [deʒœne]
데쥬네 **점심 먹다**

aller en voyage d'affaire
[ale ɑ̃ vwajaːʒ dafɛːʀ] 알레 엉 봐야쥬 다홰르
Ⓜ **출장가다**

travailler [tʀavaje]
트라바이예 Ⓜ **일하다, 공부하다**

regarder la télévision
[ʀəgaʀde la televizjɔ̃] 르갸르데 라 뗄레비지옹
텔레비전을 보다

aller au lit [ale o li]
알레 올 리 **잠자리에 들다**

1　(　)에 주어진 동사의 현재형으로 빈칸을 채우세요.

Tu _______________ à quelle heure ? (se lever)

Léo _______________ un taxi ? (prendre)

Vous _______________ du vin ? (boire)

Je _______________ pour les États-Unis cet été. (partir)

2　낱말의 뜻을 써보세요.

tôt _______________________________　　tard _______________________________

matin _____________________________　　après ______________________________

collègue ___________________________

3　두 항목을 연결하여 문장을 완성하세요.

Je lis •　　　　　　　• chez moi à 6 h.

Je pars •　　　　　　• du yoga.

J'écoute •　　　　　• en vacances à Nice.

Je rentre •　　　　　• de la musique.

Je fais •　　　　　　• un journal.

4　빈칸에 알맞은 낱말을 넣으세요.

Tu finis _______________ ? - À midi.

Vous déjeunez _______________ ? - Normalement, à la cantine.

À _______________ heure dînes-tu ? - À 7 heures.

Amélie rentre tard _______________ elle ? - Oui, elle finit son travail tard.

Qu'est-ce que vous voulez ?

A: **Qu'est-ce que vous voulez ?** 무엇을 드릴까요?
깨 쓰끄 부 불레↘

B: **Je voudrais un bifteck, s'il vous plaît.**
쥬 부드래 앵 비흐땍끄 씰 부 뺄래
스테이크 주세요.

A: **Vous voulez du vin ?** 포도주 드릴까요?
부 불레 뒤 뱅↗

B: **Ah non, de l'eau s'il vous plaît.** 아 아니요, 물 주세요.
아 농 들 로 씰 부 뺄래

voulez [vule] 불레 원하다 (*vouloir) vous의 변화형

voudrais [vudʀɛ] 부드래 원하다
(*vouloir) je의 조건법 변화형

bifteck [biftɛk] 비흐땍끄 *m* 스테이크

s'il vous plaît [sil vu plɛ] 씰 부 뺄래 부탁해요

vin [vɛ̃] 뱅 *m* 포도주

eau [o] 오 *f* 물

▶ Qu'est-ce que vous voulez ?

'무엇을 원하세요?'로, Qu'est-ce que '무엇'과 vouloir 동사 '원하다'가 결합된 문장이다.
Qu'est-ce que는 Que와 같으므로,
Qu'est-ce que vous voulez ? [깨쓰 끄 부 불레↘] = Que voulez-vous ? [끄 불레 부↘]
도 가능하다.
이 문장은 상점이나 식당 등에서 손님에게 많이 쓰는데,
désirer [데지레] '원하다' 동사나 chercher [셰르셰] '찾다' 동사도 쓸 수 있다.

Qu'est-ce que vous cherchez ? [깨쓰 끄 부 셰르셰↘]　뭘 찾으세요?
Que cherchez-vous ? [끄 셰르셰 부↘]　뭘 찾으세요?
Vous désirez ? [부 데지레↗]　원하시는 게 있으세요?

vouloir [불루와르] '원하다' 현재 변화형

1인칭	je	veux [뵈]	nous	voulons [불롱]
2인칭	tu	veux [뵈]	vous	voulez [불레]
3인칭	il/elle	veut [뵈]	ils/elles	veulent [뵐르]

Je veux partir plus tôt. [쥬 뵈 빠르띠르 쁠뤼 또]　나는 더 빨리 떠나고 싶어.
Vous voulez du thé ? [부 불레 뒤 떼↗]　(당신은) 차를 원하세요?

▶ Je voudrais ~

Je voudrais ~ 는 vouloir 동사의 조건법 형태이다. 현재 변화형보다 더 공손한 말투로, 바
라는 것을 공손하게 말할 때 사용하며 특히 물건을 사거나 음식을 주문할 때 많이 쓴다.

Je veux un café. [쥬 뵈 앵 꺄풰]　나는 커피 한 잔을 원해.
Je voudrais un café. [쥬 부드래 앵 꺄풰]　저는 커피 한 잔을 원합니다.
Je voudrais cinq kilos de pommes. [쥬 부드래 쌩 낄로 드 뽐ㅁ]　사과 5킬로그램을 원합니다.

▶ s'il vous plaît

이 표현은 영어의 Please 처럼 상대방에게 부탁을 하거나 물건을 구입할 때 사용한다.

Un café s'il vous plaît. [앵 까훼 씰 부 쁠래]   커피 한 잔 부탁합니다.
= Je voudrais un café. [쥬 부ㄷ래 앵 까훼]   저는 커피 한 잔을 원합니다.

Deux tickets s'il vous plaît. [되 띠깨 씰 부 쁠래]   표 두장 부탁합니다.
Regardez-moi s'il vous plaît. [르갸ㄹ데 무와 씰 부 쁠래]   저를 봐 주세요 = 봐 주시기 바랍
니다.

*반말은 s'il te plaît [씰 뜨 쁠래]   '(너에게는) 미안하지만 / 부탁해'이다.

Pierre, rentre avant 5 heures, s'il te plaît. 피에르야, 5시까지 돌아와 줘.
[삐애ㄹ 렁트ㄹ 아벙 쌩 꽤ㄹ 씰 뜨 쁠래]

▶ de l'eau s'il vous plaît.

eaul(물) 앞에 붙은 de l'는 부분관사 de la 에서 모음이 생략된 것이다.

(Je veux / voudrais) de l'eau s'il vous plaît. 물 좀 부탁드려요.
[(쥬 뵈 / 부ㄷ래) 들 로 씰 부 쁠래]

응용 회화

A: **Monsieur, vous désirez ?** 손님, 뭘 드릴까요?
므씨외 부 데지레↗

B: **Quel est le plat du jour ?** 오늘의 추천 요리가 뭐죠?
껠 레 르 쁠라 뒤 주르↘

A: **C'est du poulet frites.** 감자튀김을 곁들인 치킨 요리예요.
쎄 뒤 뿔래 ㅎ리뜨

B: **D'accord, je le prends.** 좋아요, 그걸로 할게요.
다꼬르 쥬 르 프렁

A: **Qu'est-ce que vous voulez comme boisson ?**
깨쓰끄 부 불레 꼼ㅁ 부와쏭↘
음료는 뭘로 하시겠어요?

B: **Un verre de vin, s'il vous plaît.** 포도주 한 잔 주세요.
앵 배르 드 뱅 씰 부 쁠래

A: **Vous voulez du café ou de la glace ?**
부 불래 뒤 까훼 우 들 라 글라쓰↗
커피나 아이스크림 드시겠어요?

B: **Oui, du café, s'il vous plaît.** 네, 커피 주세요.
위이 뒤 까훼 씰 부 쁠래

새 단어

désirez [deziʀe] 데지레 원하다
(*désirer) vous의 변화형

plat [pla] 쁠라 🅼 접시, 요리, 메인요리

poulet [pulɛ] 뿔래 🅼 치킨, 닭고기, 닭

frite [fʀit] ㅎ릿뜨 🅕 (복수로) 감자튀김

comme [kɔm] 꼼ㅁ ~ 로(서), ~처럼, ~이기 때문에

boisson [bwasɔ̃] 부와쏭 🅕 음료

verre [vɛːʀ] 배르 🅼 유리잔, 한 잔

glace [glas] 글라쓰 🅕 아이스크림, 유리, 거울

▶ Quel est le plat du jour ?

plat du jour [빨라 뒤 주르]는 식당의 수석요리사가 추천하는 '오늘의 추천 요리'이다.
대부분 다른 세트 메뉴에 비해 저렴하면서도 맛이 좋아 손님들이 애용한다.
이와 같이 '∼가 뭐예요?'라고 할 때는 'Quel(le) est ∼ ?' [깰래∼↘]로 묻는다.
Quel은 뒤에 오는 주어의 성별에 일치시켜 쓴다.

Quel est ton prénom ?　[깰 래 똥 프레농↘]　네 이름이 뭐니?

Quel est le numéro de téléphone ?　[깰 래 르 뉘메로 드 뗄레혼ㄴ↘]　전화번호가 뭐니?

Quelle est votre adresse ?　[깰 래 보트르 아드래쓰↘]　(당신의) 주소가 어떻게 되세요?

Quelle est votre profession ?　[깰 래 보트르 프로훼씨옹 ↘]　(당신의) 직업이 어떻게 되세요?

▶ je le prends.

'저는 그것을 먹을래요' 라는 뜻으로, prendre 동사는 영어의 take와 쓰임이 유사한데 여기에서는 '먹다'로 쓰였다. 여기에서 le 는 직접목적보어인칭대명사이다.

프랑스어에는 목적보어(영어의 목적어)를 대신해서 쓰는 대명사가 있다. 직접목적보어를 대신하는 것은 직접목적보어인칭대명사, 간접목적보어를 대신하는 것은 간접목적보어인칭대명사로 부른다. 원래 동사의 목적보어는 동사 뒤에 쓰지만, 이 목적보어 대명사는 반드시 관련되는 동사 앞에 쓴다. 이렇게 쓰면 어순이 우리말과 비슷해진다.

직접목적보어 대명사의 위치

주어 + 동사 + 직접목적보어(명사) ⇒ 주어 + 직접목적보어(대명사) + 동사

| Je | | prends | le plat du jour. | 나는 오늘의 요리를 먹을래요. |

↓

le (그것을/대명사)

| Je | le | prends. | | 나는 그것을 먹을래요. |

| 주어 | 대명사 | 동사 | | |

*이 대명사는 정관사 le와 형태가 같지만, 동사 앞에 위치하므로 명사 앞에 쓰는 정관사와 구별된다.

Je déteste le thé vert. [쥬 데떼스뜨 르 떼 배르]　나는 녹차를 싫어해. 〈정관사 : 명사 앞〉

= Je le déteste. [쥬 르 데떼스뜨]　나는 그것을 싫어해. 〈대명사 : 동사 앞〉

직접목적보어인칭대명사의 종류

인칭	단수	의미	복수	의미
1인칭	me(m') [므]	나를	nous [누]	우리를
2인칭	te(t') [뜨]	너를	vous [부]	* 여러분들을/당신을
3인칭/남성	le(l') [르]	그 남자를/그것을	les [레]	그 남자들을/그것들을
3인칭/여성	la(l') [라]	그 여자를/그것을	les [레]	그 여자들을/그것들을

*3인칭의 경우는 사람과 사물이 모두 가능하다.

J'aime Paul. [잼므 뽈르]　나는 폴을 사랑해.

→ Je l'aime. [쥬 램므]　나는 그를 사랑해.

J'aime le chocolat. [잼므 르 쇼꼴라]　나는 코코아를 좋아해.

→ Je l'aime. [쥬 램므]　나는 그것을 좋아해.

Tu m'aimes ? [뛰 맴므 ↗]　너 나를 사랑하니?

– Non, je ne t'aime pas. [농 쥬 느 땜므 빠]　아니, 난 너를 사랑하지 않아.

▶ **Qu'est-ce que vous voulez comme boisson ?**

'음료로 무엇을 원하세요?'라는 뜻으로,

줄여서 Comme boisson ? '음료는요?'로 쓰기도 한다.

여기서 comme는 '～로, ～로써'의 뜻이다.

Qu'est-ce que vous voulez comme dessert ?　디저트로 뭘 하실래요?

[깨쓰끄 부 불레 꼼므 데쌔르 ↘]

▶ **Vous voulez du café ou de la glace ?**

du café와 de la glace에서 du와 de la는 둘 다 부분관사이다.

1 빈칸에 알맞은 부분관사를 넣으세요.

Il prend ______________ poulet.

Il y a ________________ glace.

Vous voulez ______________ café ?

Je veux prendre ______________ eau.

2 ( )에 주어진 동사의 현재형으로 빈칸을 채우세요.

Tu ______________ du jus d'orange ? (vouloir)

Les élèves ______________ aller à Marseille ? (vouloir)

Vous ______________ quelque chose ? (désirer)

Je ______________ le train. (prendre)

3 낱말의 뜻을 써보세요.

comme ____________________   verre ____________________

plat ____________________   boisson ____________________

frites ____________________

4 두 항목을 연결하여 문장을 완성하세요.

Que désirez- •   • vous voulez ?

Je voudrais •   • prends.

Je le •   • vous ?

Comme •   • un café s'il vous plaît.

Qu'est-ce que •   • boisson ?

Macaron 마꺄롱

이탈리아에서 유래한 것으로 프랑스에서 쿠키 두 개 사이에 머랭이나 잼, 마지팬, 크림 등을 샌드한 고급 당과류가 되었다.

Croissant 크롸썽

초승달처럼 생겨 크루아상이라 불리는 파이류로, 바게트와 함께 프랑스 식사의 기본 음식이다.

Éclair 에끌래르

에클래르는 프랑스어로 '번개'라는 뜻인데, 보통 페이스트리 위에 초콜릿을 얹는다.

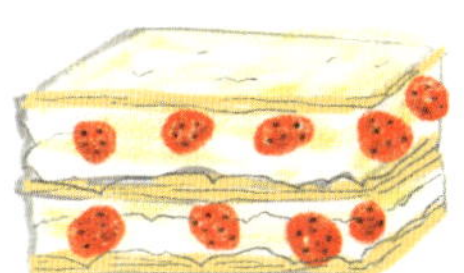

Mille-feuille 밀훼이으

mille은 1000, feuille는 잎사귀로, '천 겹 파이'라는 이름의 달콤하고 부드러운 파이류이다.

Escargot

[ɛskaʀgo] 애스꺄르고

부르고뉴 지역의 올리브유로 조리하는 식용 달팽이 요리.

Bœuf bourguignon

[bœuf buʀgiɲɔ̃] 뵈흐 부르기뇽

부르고뉴 지역에서 나는 소고기와 적포도주를 함께 조리한 요리로 매우 대중적으로 애용된다.

Choucroute[ʃukʀut]

슈크룻뜨

알자스 지방의 요리로 백포도주에 넣어 익힌 양배추를 돼지고기와 소시지와 함께 먹는다.

Pain au chocolat

[pɛ̃ o ʃɔkɔla[ɑ]] 뺑 오 쇼꼴라

크루아상과 같은 파이류로 속에 초콜릿이 들어 있어 아이들이 매우 좋아한다.

Tarte au citron

[taʀt o sitʀɔ̃] 따르뜨 오 씨트롱

파이의 바닥과 옆을 벽처럼 만들고 그 위에 레몬 필링이나 슬라이스를 올린 레몬파이로 디저트로 먹는다.

Galette bretonne

[galɛt bʀətɔn] 걀랫뜨 브르똔ㄴ

브르타뉴 지방의 음식으로 크레이프와 비슷하지만 메밀로 만들며 짠맛이 나는 점이 다르다.

Bouillabaisse

[bujabɛs] 부이아배쓰

마르세유의 전통적인 요리로 지중해식 생선 스튜이다. 버터를 바른 빵과 감자와 함께 먹는다.

Foie gras

[fwa gʀɑ] 후와 ㄱ라

푸아그라는 거위 간으로 만든 축제 음식이다. 보통 전채요리로 먹는다.

Coq au vin

[kɔk o vɛ] 꼭끼 오 뱅

포도주가 든 소스를 넣어 삶은 닭 요리이다.

Ratatouille

[ʀatatuj] 라따뚜이으

호박, 토마토, 양파 등의 채소를 섞어 찌는 요리로 Ratatouille niçoise(니스식)가 유명하다.

Rillettes [ʀijɛt]

리이얫뜨

돼지나 거위 따위의 고기를 잘게 다져 기름에 볶은 것으로 Le Mans의 음식이다.

Crêpe [kʀɛp] 크랩뻬

브르타뉴 지역의 음식으로 밀가루와 우유로 만든 일종의 부침개로 그 위에 버터, 설탕, 초콜릿, 잼 등을 발라서 먹는다.

Quiche [kiʃ] 끼슈

알자스로렌 지방의 낭시 음식으로 신선한 제철 채소로 만든 파이다. 특히 바삭하게 구운 베이컨 조각, 또는 Gruyère 치즈 등을 넣은 Quiche lorraine이 유명하다.

Fondue [fɔ̃dy] 홍뒤

싸부와 지방의 퐁뒤는 식빵 등을 녹인 치즈에 찍어 먹으며, 브르고뉴식 퐁뒤는 고기를 찍어먹는다.

Est-ce que je peux sortir ?

기본 회화

A: **Est-ce que je peux sortir avant la fin, madame ?**
애쓰끄 쥬 쁴 쏘르띠르 아벙 라 횅 마담ㅁ↗
끝나기 전에 나가도 될까요, 부인?

B: **Oui, pas de problème.** 네, 문제없어요.(그러세요.)
위이 빠 드 프로블램ㅁ

A: **Merci beaucoup.** 정말 감사합니다.
매르씨 보꾸

B: **De rien.** 별말씀을요.
드 리앵

새 단어

madame [madam] 마담ㅁ *f* 여사, 부인
여성을 높여 부르는 호칭

peux [pø] 쁴 ~할 수 있다
(*pouvoir) je와 tu의 변화형

problème [pʀɔblɛm] 프로블램ㅁ *m* 문제

beaucoup [boku] 보꾸 많이, 매우

rien [ʀjɛ̃] 리앵 아무것(사물에 대한 부정 표현)

▶ **Est-ce que je peux sortir ?**

'~할 수 있다'는 〈pouvoir [뿌봐르] 동사 + 동사원형〉으로 쓴다.

Est-ce que je peux sortir ?는 Est-ce que에 아무 의미가 없으므로 Je peux sortir ?

와 같다. 즉 이 문장은 '(제가) 나갈 수 있을까요? = 나가도 될까요?'로 상대방에게 허락을 구하는 문장이다.

pouvoir [뿌봐ㄹ] '~ 할 수 있다' 현재 변화형

1인칭	je	peux [쁘]	nous	pouvons [뿌봉]
2인칭	tu	peux [쁘]	vous	pouvez [뿌베]
3인칭	il/elle	peut [쁘]	ils/elles	peuvent [쁘ㅂ]

Marine peut marcher. [마린ㄴ 쁘 마르셰] 마린은 걸을 수 있다.

Puis-je entrer ? [쀠이 쥬 엉ㅌ레↗] 들어가도 되나요?

*1인칭 현재 단수형에는 je peux, je puis의 두 가지 형태가 있으며, 도치의 경우에는 puis-je만 사용한다.

▶ 허락의 표현

(Oui,) Pas de problème. [(위이) 빠 드 프로블램므] (네,) 문제없어요.(그러세요.)

(Oui,) Bien sûr ! [(위이) 비앵 쓰ㄹ] (네,) 물론이에요!

(Oui,) C'est possible. [(위이) 쌔 뽀씨블르] (네,) 가능해요.

(Oui,) Vous pouvez. [(위이) 위 부 뿌베] (네,) 당신은 할 수 있어요. 가능해요.

(Oui,) D'accord. [(위이) 위 다꼬르] (네,) 좋아요. 괜찮아요.

(Oui,) Pourquoi pas ? [(위이) 뿌르꽈 빠] (네,) 안 될 이유가 뭐가 있겠어요? = 가능해요.

▶ 감사의 표현

Merci. [매르씨] 고마워(요.)

Merci beaucoup. [매르씨 보꾸] 정말 고마워(요.)

Je vous remercie beaucoup. [쥬 부 르매르씨 보꾸] 진심으로 (당신께) 감사드려요.

▶ 감사에 대한 답인사

De rien. [드 리앵] 천만에요.

Ce n'est rien. [쓰 내 리앵] 천만에요. (사과에 대한 답인사로도 사용한다.)

Je vous en prie. [쥬 부 정 프리] 천만에요.

(Il n'y a) Pas de quoi. [(일 니 야) 빠 드 꽈] 천만에요.

2차 학습

응용 회화

A: Pardon. Est-ce que je peux fumer ici ?
빠르동　　　　애 쓰끄 쥬 뾔 휘메 이씨↗
실례합니다. 여기서 담배를 피워도 될까요?

B: Je regrette, mais vous devez fumer dehors.
쥬 르ㄱ랫뜨　　　　매 부 드베 휘메 드오르
죄송하지만, 밖에서 피우셔야 해요.

Désolé, monsieur. 죄송해요.
데졸레　　　　므씨외

A: Ce n'est rien. 괜찮습니다.
쓰 내 리앵

Mais où est la sortie ? 그런데 출구가 어디 있나요?
매 우 애 라 쏘르띠↘

B: C'est là-bas. 저기요.
쌔 라바

A: Merci. 고마워요.
매르씨

B: De rien. 별말씀을요.
드 리앵

새 단어

pardon [paʁdɔ̃] 빠르동 *m* 용서, 실례합니다, 죄송합니다

est-ce que [ɛsk(ə)] 애 쓰끄 의문문 표지

fumer [fyme] 휘메 담배 피우다 (*fumer)

regrette [ʁəgʁɛ[e]t] 르ㄱ랫뜨 후회하다, 유감이다
(*regretter) je, il/elle의 변화형

devez [dəve] 드베 ~해야 한다
(*devoir) vous의 변화형

dehors [dəɔːʁ] 드오르 밖에(서)

sortie [sɔʁti] 쏘르띠 *f* 출구

▶ Est-ce que je peux fumer ici ?

'여기서 담배를 피워도 될까요?'의 뜻으로 Est-ce que가 없어도 된다.

Je peux fumer ici ? [쥬 뻬 휘메 이씨↗]

C'est possible de fumer ici ? [쎄 뽀씨블르 드 휘메 이씨↗]   여기에서 담배를 피워도 될까요?

▶ 금지의 표현

Je regrette는 '죄송하지만', '유감이지만'이라는 뜻이다.

(Non,) Vous ne pouvez pas. [(농) 부 느 뿌베 빠]   (아니요,) 하실 수 없습니다.

(Non,) Ce n'est pas possible. [(농) 쓰 내 빠 뽀씨블르]   (아니요,) 가능하지 않습니다.

(Non,) C'est interdit. [(농) 쌔 앵때르디]   (아니요,) 금지되어 있습니다.

▶ devoir 동사

〈devoir + 동사원형〉과 〈Il faut + 동사원형〉은 모두 '~ 해야 한다'라는 의무를 나타낸다.

devoir [드봐르] 현재 변화형

1인칭	je	dois [두와]	nous	devons [드봉]
2인칭	tu	dois [두와]	vous	devez [드베]
3인칭	il/elle	doit [두와]	ils/elles	doivent [두와브]

Vous devez fumer dehors. [부 드베 휘메 드오르]   담배는 밖에서 피우셔야 합니다.

Tu dois voir ce film. [뛰 두와 봐르 쓰 휠므]   너는 이 영화를 봐야 해.

= Il faut voir ce film. [일 호 봐르 쓰 휠므]   이 영화를 봐야 해.

Les véhicules 교통수단

TGV [teʒeve] 떼졔베 Ⓜ
(Train à Grande Vitesse) **고속열차**

train [tʀɛ̃] 트랭 Ⓜ **기차**

métro [metʀo] 메트로
Ⓜ **지하철**

tram(way) [tʀamwɛ]
트람(왜) Ⓜ **노면전차**

auto(mobile)
[ɔ[o]to(mɔbil)] 오또(모빌ㄹ) Ⓕ

voiture [vwatyːʀ] 봐뛰르
Ⓕ **자동차**

(auto)bus
[(ɔ[o]to)bys]
(오또)뷔스 Ⓜ **버스**

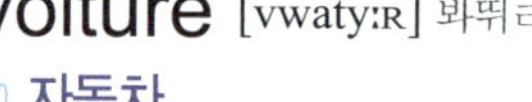

taxi [taksi] 딱씨 Ⓜ **택시**

utilitaire [ytiliteːʀ]
위띨리때르 Ⓜ **소형밴**

camion [kamjɔ̃]
까미용 Ⓜ **트럭**

moto [mɔto]
모또 *f* **오토바이**

scooter [skutœ[ɛ]ːʀ]
ㅅ꾸떼(=떼)ㄹ *m* **스쿠터**

bicyclette [bisiklɛt]
비씨끌랱뜨 *f*

vélo [velo] 벨로 *m* **자전거**

avion [avjɔ̃] 아비용 *m* **비행기**

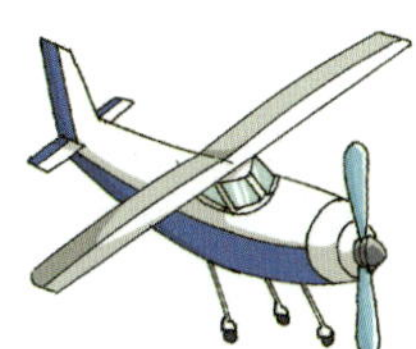

avionnette [avjɔnɛt]
아비오냇뜨 *f* **경비행기**

hélicoptère [elikɔptɛːʀ]
엘리꼽때ㄹ *m* **헬리콥터**

bateau [bato] 바또 *m* **배**
yacht [jɔt, jak(t)] 요뜨/이약(뜨)
m **규모가 큰 호화 요트**

voilier [vwalje]
부왈리에 *m* **(소형) 요트**

bateau à moteur
[bato a mɔtœːʀ] 바또 아 모뙈ㄹ
m **(모터) 보트**

1　(   )에 주어진 동사의 현재형으로 빈칸을 채우세요.

Tu _________ fermer la fenêtre ? (pouvoir)

Elle _________ prendre son fils à la gare ? (devoir)

Vous _________ venir à l'heure ? (pouvoir)

Je _________ beaucoup. (regretter)

2　낱말의 뜻을 써보세요.

fumer _________________________　　dehors _________________________

sortie _________________________　　ici _________________________

rien _________________________

3　두 항목을 연결하여 문장을 완성하세요.

Pas de •　　　　　　　　　• en prie.

Où est •　　　　　　　　　• je peux sortir ?

Ce n'est •　　　　　　　　　• problème.

Je vous •　　　　　　　　　• la sortie ?

Est-ce que •　　　　　　　　　• rien.

4　Est-ce que를 붙여서 의문문으로 바꾸어 보세요.

Je peux fumer ici.　➜　_________________________

Elle doit faire du sport.　➜　_________________________

C'est combien ?

기본 회화

A: Bonjour ! Je peux vous aider, mademoiselle ?
봉주르　　　　　쥬 쁴 부 재데↗　　　　　만무와젤르
안녕하세요. 도와드릴까요, 아가씨?

B: Oui, je voudrais un pantalon. 바지 하나 사려고요.
위이　　쥬 부드래 앵 빵딸롱

C'est combien ? 이건 얼마예요?
쌔 꽁비앵↘

A: C'est 40 euros. 40 유로예요.
쌔 꺄렁뜨 외로

새 단어

aider [ɛ[e]de] 에데 **돕다** (*aider) 원형

mademoiselle [madmwazɛl] 만무와젤르 *f* **아가씨**
(결혼하지 않은 젊은 여자 호칭)

pantalon [pɑ̃talɔ̃] 빵딸롱 *m* **바지**

euro [øʀo] 외로 *m* **유로화** (유럽연합의 공통 화폐)

▶ Je peux vous aider ?

'도와드릴까요?'라는 의미로, 직원이나 점원이 방문한 손님에게 묻는 인사로 많이 쓰인다.

같은 의미의 표현

Qu'est-ce que vous voulez ? [깨쓰끄 부 불레↘]　무엇을 원하세요?

= Que voulez-vous ? [끄 불레 부↘]

Qu'est-ce que vous désirez ? [깨쓰끄 부 데지레↘]　무엇을 원하세요?

= Que désirez-vous ? [끄 데지레 부↘]

Vous désirez ? [부 데지레↗]　원하시는 게 있으세요?

Je peux vous aider ? 내가 당신을 도울 수 있을까요? = 도와 드릴까요?

Je	peux	vous	aider ?
나는	할 수 있다	당신을	돕다
주어	동사	직접목적보어인칭대명사	동사원형

*직접목적보어인칭대명사 vous는 '당신을 돕다'의 의미로 aider 동사와 연관되므로 peux 앞이 아니라, aider 앞에 써야 한다.

▶ 물건 값 묻고 답하기

물건 값은 combien [꽁비앵] '얼마'로 묻는데 Cest ~ [쎄], Ça fait ~ [싸 홰], Ça coûte ~ [싸 꿋뜨]와 함께 쓴다.

C'est Ça fait Ça coûte	+	combien ?	→	C'est Ça fait Ça coûte	+	cher. [쉐르] 비싸요. 3 euros. [트롸 죄로] 3유로예요. 10 euros le kilo. 1킬로에 10유로예요. [디 죄로 르 낄로]

2차 학습

A: Bonjour ! Vous désirez ? 안녕하세요! 뭘 찾으세요?
봉주르　　　　　부 데지레↗

B: Bonjour ! Je voudrais une robe blanche.
봉주르　　　　　쥬 부드래 윈ㄴ 로브 블렁슈

안녕하세요! 흰색 원피스 하나 사려구요.

A: Cette robe, qu'en pensez-vous ? 이 원피스, 어떠세요?
쎗뜨 로브　　　　　껑 뻥세 부↘

B: Pal mal. Je peux l'essayer ? 좋아요. 입어 봐도 될까요?
빠 말르　　　　쥬 쁴 레쌔이예↗

A: Bien sûr. 물론이지요.
비앵 쒸르

B: Ça me plaît beaucoup. Je la prends.
싸 므 쁠래 보꾸　　　　　　　쥬 라 프렁

이거 제 마음에 쏙 들어요. 이거 살게요.

Ça fait combien ? 값이 얼마예요?
싸 홰 꽁비앵↘

A: 50 € madame. 50유로예요, 손님.
쌩껑뜨 외로 마담ㅁ

B: Je peux payer par carte ? 카드로 내도 되나요?
쥬 쁴 빼이예 빠르 꺄르뜨↗

A: Bien sûr, madame. 물론입니다, 손님.
비앵 쒸르 마담ㅁ

새 단어

robe [ʀɔb] 로브 🅵 원피스

blanche [blã:ʃ] 블렁슈 🅵 흰색, 하얀 blanc 🅼

cette [sɛt] 쎗뜨 이, 그, 저 (지시형용사 ce의 여성형)

pensez [pãse] 뻥세 생각하다 (*penser) vous의 변화형

pas mal [pɑ mal] 빠 말르 나쁘지 않아, 좋아

essayer [esɛ[e]je] 에쎄이예 시도해 보다, 노력하다
    (*essayer) 원형

sûr [syːʀ] 쒸르 확실한 sûre 🅵

me [m(ə)] 므 나를, 나에게 (je에 대한 직접, 간접목적
    보어 대명사)

plaît [plɛ] 쁠래 마음에 들다 (*plaire) il의 변화형

carte [kaʀt] 꺄르뜨 🅵 카드

▶ je voudrais une robe blanche.

je voudrais는 '저는 ~를 원해요.'로 공손한 표현이다. 이 경우 의미상 acheter [아슈떼] '사다'나 chercher [셰르셰] '찾다'가 생략된 것으로 볼 수 있다.

Je voudrais acheter une cravate. 넥타이를 하나 사고 싶습니다.
[쥬 부ㄷ래 아슈떼 윈ㄴ 끄라바뜨]

Je voudrais trouver une veste. [쥬 부ㄷ래 트루베 윈ㄴ 배ㅅ뜨] 웃옷을 하나 볼까 합니다.

색깔을 나타내는 형용사(blanche)는 반드시 명사(robe) 뒤에 쓴다.

une blanche robe (×)   une robe blanche (○)

Il y a une rose rouge sur la tombe. 무덤 위에 빨간 장미 한 송이가 있다.
[일 리 야 윈ㄴ 로즈 루쥬 쒸르 라 똥ㅂ]

J'aime le café noir. [쟴ㅁ 르 꺄훼 놔르]   나는 블랙커피가 좋아.

▶ qu'en pensez-vous ?

Qu'en pensez-vous ? [껑 뻥세 부↘]는 '(당신은) 이것에 대해 어떻게 생각하세요?'라는 뜻이다.

= **Que pensez-vous de cette robe ?** 이 원피스에 대해 어떻게 생각하세요?
    [끄 뻥쎄 부 드 쎗뜨 로브↘]

*〈penser [뻥쎄] de ~ 〉는 '~에 대해 생각하다'의 표현이다.

Qu'en penses-tu ? [껑 뻥쓰 뛰↘] (너) 그것에 대해 어떻게 생각해?

penser [뼝쎄] '생각하다'의 현재 변화형

je/ il/ elle	pense [뼝쓰]	vous	pensez [뼝쎄]
tu	penses [뼝쓰]		

Je pense, donc je suis. [쥬 뼝쓰 동끄 쥬 쒸이] 나는 생각한다, 그러므로 나는 존재한다.
(René Descartes)
Je pense comme vous sur cette question. 저는 그 문제에 대해 당신과 같은 생각이에요.
[쥬 뼝쓰 꼼므 부 쒸르 쎗뜨 께스띠옹]

'~를 생각하다'는 〈penser à 사물/사람/동사원형〉으로 쓴다.
Je pense à mon voyage. [쥬 뼝쓰 아 몽 봐야쥬]   나는 여행을 생각하고 있다.
Maxime pense à divorcer. [막씸 뼝쓰 아 디보르쎄]   막심은 이혼할 생각이다.

À qui pensez-vous ? [아 끼 뼝쎄 부↗]   누구를 생각하고 있습니까?
À quoi penses-tu ? [아 꽈 뼝쓰 뛰↗]   무엇을 생각하고 있니?

▶ Pal mal. Je peux l'essayer ?

Pal mal.은 앞부분이 생략된 문장이다.
(Ce n'est) Pas mal. [쓰 내 빠 말르]   나쁘지 않아. = 좋아.

Je peux l'essayer ? 내가 그것을 입어볼 수 있을까요?

Je	peux	l'	essayer ?
나는	할 수 있다	그것을	입어 보다
주어	동사	(la = 원피스) 직접목적보어인칭 대명사 la이다	동사원형

＊원 문장은 Je peux essayer la robe ?이다. 위 문장은 직접목적보어 la robe를 직접목적보어인칭대명사 la로 대신한 문장이다. la robe는 peux와 직접 관련되지 않고, essayer la robe로 essayer 동사와 관련되므로, 그 앞으로 이동하여 Je peux l'essayer ?가 된다.

▶ Ça me plaît beaucoup. 그게 제 마음에 쏙 들어요.

Ça	me	plaît	beaucoup.
이것이	나의 마음에	들다	매우
주어	간접목적보어	동사	부사

〈plaire + à + 사람〉은 '~ 의 마음에 들다' 로 〈à + 사람〉은 간접목적보어이므로 간접목적
보어인칭대명사로 바꿀 수 있다.

Ça plaît beaucoup <u>à moi</u>. → Ça <u>me</u> plaît beaucoup.
　　　　　　　　나 자신　　　　내 마음에

▶ 간접목적보어인칭대명사의 종류

인칭	단수	의미	복수	의미
1인칭	me(m') [므]	나에게	nous [누]	우리에게
2인칭	te(t') [뜨]	너에게	vous [부]	여러분에게 / 당신에게
3인칭 / 남성	lui [뤼이]	그 남자에게	leur [뢔르]	그 남자들에게
3인칭 / 여성	lui [뤼이]	그 여자에게	leur [뢔르]	그 여자들에게

*간접목적보어인칭대명사도 동사 앞에 쓰며, 전치사 à까지 대신하므로 대개 '~에게'로 해석한다. 직
접목적보어인칭대명사와 형태를 비교해 보면, 1, 2인칭에서는 형태가 같고 3인칭에서는 형태가 다르
다. 또한 3인칭 직접목적보어인칭대명사는 사람과 사물을 대신하나, 3인칭 간접목적보어인칭대명사
는 사람만을 대신하는 점이 다르다.

Je parle <u>à Paul</u>. [쥬 빠를르 아 뽈르]　나는 폴에게 말한다.

→ Je <u>lui</u> parle. [쥬 뤼이 빠를르]　나는 그에게 말한다.

▶ Je la prends. 나는 이것을 살게요.

Je	la	prends.
나는	이것을(원피스)	살게요.
주어	직접목적보어인칭대명사	동사

*원 문장 Je prends la robe.에서 직접목적보어 la robe를 대명사 la로 대신하여 동사 앞으로 이동한 문장이다.

1 ( )에 주어진 동사의 현재형으로 빈칸을 채우세요.

Elle vous __________ ? (plaire)

Daniel la __________ ? (prendre)

Que __________ -vous de cette robe ? (penser)

Est-ce qu'elle __________ partir avec nous ? (pouvoir)

2 낱말의 뜻을 써보세요.

essayer __________________________   carte __________________________

robe __________________________   aider __________________________

pantalon __________________________

3 두 항목을 연결하여 문장을 완성하세요.

Qu'en •   • combien ?

Je voudrais •   • penses-tu ?

Je peux •   • aider ?

Je peux vous •   • l'essayer ?

Ça fait •   • un sac.

4 주어진 낱말을 바른 어순으로 배열하여 다시 쓰세요.

beaucoup/ plaît/ vous/ ça ➔ __________________________ ?

payer/ carte/ peux/ par/ je ➔ __________________________ ?

Les professions 직업

fonctionnaire [fɔ̃ksjɔnɛːʀ]
홍씨오내르 *m* 공무원

professeur [pʀɔfɛsœːʀ] 프로훼쒜르 *m*
professeur(e) [pʀɔfɛsœːʀ] 프로훼쒜르 *f* 교사

employé [ɑ̃plwaje] 엉쁠루와이에 *m*
employée [ɑ̃plwaje] 엉쁠루와이에
f 회사원

cuisinier [kɥizinje] 뀌지니예 *m*
cuisinière [kɥizinjɛːʀ] 뀌지니애르
f 요리사

infirmier [ɛ̃fiʀmje] 앵휘르미예 *m*
infirmière [ɛ̃fiʀmjɛːʀ] 앵휘르미애르 *f* 간호사

médecin [medsɛ̃]
매드쌩 *m* 의사

serveur [sɛʀvœːʀ] 쌔르봬르 _m_
serveuse [sɛʀvøz] 쌔르뵈즈 _f_ **웨이터**

acteur [aktœːʀ] 악떄르 _m_
actrice [aktʀis] 악트리쓰 _f_ **배우**

coiffeur [kwafœːʀ] 꽈홰르 _m_
coiffeuse [kwaføz] 꽈회즈 _f_ **미용사**

vendeur [vɑ̃dœːʀ] 벙돼르 _m_
vendeuse [vɑ̃døz] 벙되즈 _f_ **판매원**

chauffeur [ʃofœːʀ]
쇼홰르 _mf_ **운전사**

contrôleur [kɔ̃tʀolœːʀ] 꽁트롤뢔르 _m_
contrôleuse [kɔ̃tʀoløz] 꽁트롤뢰즈 _f_ **기차 승무원**

Allez tout droit.

기본 회화

A: Pardon, monsieur. Où est la gare ?
빠르동 므씨외　　　　　　　우 애 라 갸르↘
실례합니다. 역이 어디에 있나요?

B: Tournez à droite et continuez.
뚜르네 아 드롸뜨 에 꽁띠뉘에
오른쪽으로 돌아서 계속 가세요.

A: Merci beaucoup. 정말 감사합니다.
매르씨 보꾸

B: De rien. 천만에요.
드 리앵

새 단어

pardon [paʀdɔ̃] 빠르동 죄송합니다, 실례합니다

gare [ga:ʀ] 갸르 *f* 역

tournez [tuʀne] 뚜르네 돌리다, 돌다
(*tourner) vous의 변화형

droite [dʀwa[ɑ:]t] 드롸뜨 *f* 오른쪽

continuez [kɔ̃tinɥe] 꽁띠뉘에 계속하다
(*continuer) vous의 변화형

▶ **Pardon**

'실례합니다'의 의미로 잘 모르는 사람에게 말을 걸 때 쓴다.

같은 의미의 표현

Pardon. [빠르동]

Excusez-moi. [엑쓰뀌제 무와]

S'il vous plaît. [씰 부 쁠래]

이 외에도 pardon은 사과할 때는 '죄송해요'로 쓰고,
상대방의 말을 잘 알아듣지 못했을 때는 '뭐라고 하셨어요?'의 의미로 쓴다.

▶ 길 묻고 답하기

길을 묻는 표현

Où est la tour Eiffel, s'il vous plaît ? 에펠탑이 어디 있어요?
[우 애 라 뚜르 애휄 씰 부 쁠래 ↘]

Pour aller à la tour Eiffel, s'il vous plaît ? 에펠탑에 가려고 하는데 어떻게 해야 하나요?
[뿌르 알레 알 라 뚜르 애휄 씰 부 쁠래 ↘]

Je voudrais aller à la tour Eiffel, s'il vous plaît. 에펠탑에 가려고 하는데 부탁드려요.
[쥬 부드래 알레 알 라 뚜르 애휄 씰 부 쁠래]

길을 안내하는 표현

평서문과 주어를 생략한 명령문이 둘 다 가능하다.

(Vous) Allez tout droit. [(부) 알레 뚜 드루와]   곧장 가세요.

(Vous) Tournez à droite[gauche]. [(부) 뚜르네 아 드롸뜨/고슈]   오른쪽[왼쪽]으로 돌아가세요.

(Vous) Continuez (tout droit) jusqu'à la place.
[(부) 꽁띠뉘에 (뚜 드롸) 쥐스꺌 라 쁠라씨]   광장까지 (똑바로) 계속 가세요.

(Vous) Prenez la première rue à droite[gauche].
[(부) 프르네 라 프르미애르 뤼 아 드롸뜨/고슈]   오른쪽[왼쪽] 첫 번째 길로 가세요.

(Vous) Traversez la rue. [(부) 트라배르쎄 라 뤼]   길을 건너세요.

▶ Tournez à droite. Continuez.

문장 앞부분에 주어를 생략하고 동사로 시작한 명령문이다.

(Vous) Continuez. [(부) 꽁띠뉘에]   계속 가세요.

(Vous) Tournez à droite. [(부) 뚜르네 아 드롸뜨]   오른쪽으로 돌아가세요.

tourner [뚜르네] '돌다', '돌아가다', '돌리다' 현재 변화형

je/ il/ elle	tourne [뚜르느]	vous	tournez [뚜르네]
tu	tournes [뚜르느]		

Vous tournez à gauche. [부 뚜르네 아 고슈]   왼쪽으로 돌아가세요.

continuer [꽁띠뉘에] '계속하다' 현재 변화형

je/ il/ elle	continue [꽁띠뉘]	vous	continuez [꽁띠뉘에]
tu	continues [꽁띠뉘]		

La pluie continue. [라 쁠뤼이 꽁띠뉘]   계속해서 비가 오고 있다.

Cette route continue jusqu'à Paris.   이 길은 파리까지 이어진다.
[쎗뜨 루뜨 꽁띠뉘 쥐스꺄 빠리]

Continuez sans moi. [꽁띠뉘에 썽 무와]   내가 없어도 계속하세요.

2차 학습

응용 회화

A: **S'il vous plaît.** 실례합니다.
씰 부 쁠래

Il y a une station de métro près d'ici ?
일 리 야 윈ㄴ ㅅ따씨옹 드 메트로 프래 디씨↗
이 근처에 지하철역이 있나요?

B: **Oui, oui. Nation.** 네, 나시옹 역이 있어요.
위이 위이　　　나씨옹

A: **C'est loin d'ici ?** 여기서 먼가요?
쌔 루왱 디씨↗

B: **Non, c'est tout près.** 아니요, 아주 가까워요.
농　　　쌔 뚜 프래

Vous pouvez y aller à pied. 그곳에 걸어서 갈 수 있어요.
부 뿌베 이 알레 아 삐예

Elle est à 5 minutes. 그것은 5분 거리에 있어요.
앨 래 **따** 쌩 미넛뜨

D'abord, allez tout droit jusqu'au feu.
다보르　　　　　알레 뚜 드롸 쥐ㅅ꼬 회
우선 신호등까지 똑바로 가세요.

Et là, tournez à gauche. 거기에서, 왼쪽으로 돌아가세요.
엘 라　　　뚜르네 아 고슈

C'est là. 거기예요.
쌜 라

새 단어

station [sta[ɑ]sjɔ̃] 스따씨옹 _f_ 정거장, 역	minute [minyt] 미넛뜨 _f_ 분
métro [metʀo] 메트로 _m_ 지하철	d'abord [dabɔːʀ] 다보르 우선, 먼저
près (de) [pʀɛ də] 프레 (드) 가까이에	droit [dʀwa[ɑ]] 드롸 올바른, 똑바로, 권리
loin (de) [lwɛ̃ də] 루왱 (드) 멀리에	jusque (à) [ʒysk(a)] 쥐스끄(까) ~까지
tout [tu] 뚜 모든 것, 모두, 매우	feu [fø] 회 _m_ 불, 신호등
pied [pje] 삐예 _m_ 발	gauche [goːʃ] 고슈 _f_ 왼쪽

▶ S'il vous plaît.

'부탁합니다', '실례합니다'의 의미로 영어의 **Please**와 쓰임이 같다.
상대방을 Tu로 부를 때는 S'il te plaît. [씰 뜨 쁠래] 로 쓴다.

Deux tickets, s'il vous plaît. [되 띠께 씰 부 쁠래] 티켓 두 장 주세요.
Vas-y vite, s'il te plaît. [바 지 빗뜨 씰 뜨 쁠래] 미안하지만, 거기로 빨리 가줘.

▶ c'est tout près.

이 문장에서 tout는 très와 같이 '매우'라는 뜻이다.
Il est tout content. [일 래 뚜 꽁떵] 그는 매우 만족한다.

▶ Vous pouvez y aller à pied.

y는 '저기', '거기'의 의미로 장소를 대신하는 중성대명사이며 동사 앞에 쓴다.

Vous	pouvez	y	aller	à	pied.
당신은	할 수 있어요	그곳에	가다	~로, ~에	발
주어	동사	장소 대명사	동사원형		

*y는 동사 앞에 쓰는데, '그곳에 가다'로 aller 동사와 관련되므로, pouvez가 아닌 aller 앞에 써야 한다.

Tu y vas quand ? [뛰 이 바 껑↗]   너 거기에 언제 가니?

Tu	y	vas	quand ?
너는	그곳에	간다	언제
주어	대명사	동사	의문사

▶ **교통수단과 전치사**

교통 수단 앞에는 en과 à를 쓰는데, 일반적으로 안에 들어가서 타는 경우는 en으로 쓰고
몸의 일부를 접하는 경우에는 à를 쓴다.

	en train [엉 트랭]	기차 타고
	en métro [엉 메트로]	지하철 타고
	en taxi [엉 딱씨]	택시 타고
en + 교통수단	en avion [어 나비옹]	비행기 타고
	en bateau [엉 바또]	배 타고
	en bus [엉 뷔씨]	버스 타고
	à pied [아 삐예]	걸어서
à + 교통수단	à bicyclette [아 비씨끌랫또]	자전거 타고
	à vélo [아 벨로] en vélo [엉 벨로]	자전거 타고

*자전거는 à와 en을 모두 쓴다.

▶ **Elle est à 5 minutes.**

' ∼ 시간/거리에 있다'는 'être à + 시간/거리'로 거리를 표현한다.

Il est à 2 km. [일 래 따 되 낄로 매트르]   그것은 2km 거리에 있다.

Lyon est à 2 heures de Paris en TGV. [리옹 애 따 되 좨르 드 빠리 엉 떼제베]
리옹은 파리에서 테제베로 두 시간 거리에 있다.

▶ allez tout droit jusqu'au feu.

평서문에서 주어를 생략한 명령문이다.

(Vous) Allez tout droit jusqu'au feu. 신호등까지 똑바로 가세요.
[(부) 알레 뚜 드롸 쥐스꼬 회]

⟨jusqu'à + le feu⟩가 ⟨jusqu'au⟩로 수축관사형태로 바뀐다.

Allez	tout	droit	jusque	à	le	feu.
			jusque	au		
			jusqu'au			
Allez	tout	droit	jusqu'au			feu.
가다	아주	똑바로	~ 까지			신호등

➜ 신호등까지 똑바로 가세요.

Paris의 공원에 이런 표지판이 있다면
동물들에게 먹을 것을 주면 안 됩니다.

평가문제

1 ( )에 주어진 동사의 현재형으로 빈칸을 채우세요.

Je _____________ à la boulangerie. (aller)

Tu _____________ la première rue à droite. (prendre)

Paul et Marc _____________ à gauche. (tourner)

Vous _____________ de travailler cette année ? (continuer)

2 낱말의 뜻을 써보세요.

pied _____________________________   feu _______________________________

droite ___________________________   loin ______________________________

près _____________________________

3 두 항목을 연결하여 문장을 완성하세요.

Où est •   • d'ici ?

Tournez •   • une station près d'ici ?

Elle est •   • à cinq minutes.

Il y a •   • à gauche.

C'est loin •   • la Tour Eiffel ?

4 주어진 낱말을 바른 어순으로 배열하여 다시 쓰세요.

à/ y/ pied/ vous/ aller/ pouvez ➜ _____________________________________ .

feu/ tout/ allez/ droit/ jusqu'au ➜ _____________________________________ .

mairie [mɛ[e]ʀi]
매리 *f* **시청**

école [ekɔl]
에꼴르 *f* **학교**

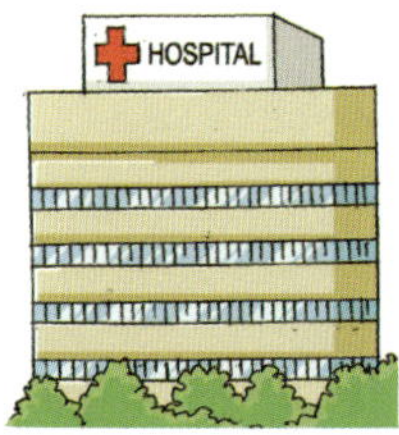

hôpital [ɔ[o]pital]
오삐딸르 *m* **병원**

commissariat de police
[kɔmisaʀja də pɔlis] 꼬미싸리아 드 뽈리쓰
경찰서

église [egliːz]
에글리즈 *f* **교회**

gare [gaːʀ] 갸르 *f* **역**
station [sta[ɑ]sjɔ̃] ㅅ따씨옹
f **(기차나 지하철의) 정거장**

magasin [magazɛ̃]
마가쟁 *m* **상점**

marché [maʀʃe]
마르셰 *m* **시장**

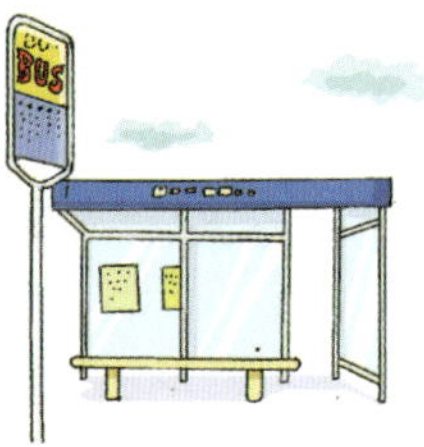

arrêt de bus [aʀɛ də bys]
아래 드 뷔쓰 *m* **버스정류장**

route [ʀut] 루뜨
f 도로, 차도

trottoir [tʀɔtwaːʀ]
트로뚜와르 m 인도, 보도

passage piéton
[pasaːʒ pjetɔ̃] 빠싸쥬 삐에똥 m

passage clouté
[pasaːʒ klute] 빠싸쥬 끌루떼
m 횡단보도

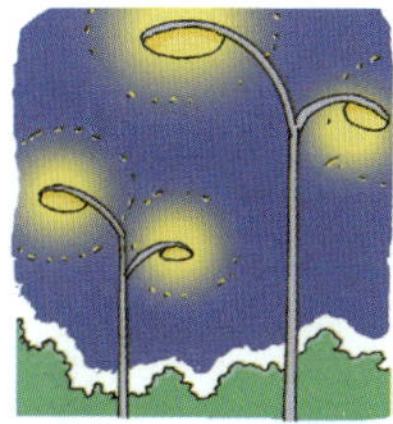

lampadaire [lɑ̃padɛːʀ]
렁빠대르 m 가로등

feu [fø] 회 m 교통신호등

panneau de signalisation
[pano də siɲalizasjɔ̃]
빠노 드 씨냘리자씨옹
m 도로표지판

ruelle [ʀɥɛl] 뤼앨르
f 골목

carrefour [kaʀfuːʀ]
꺄르후르 m 로터리

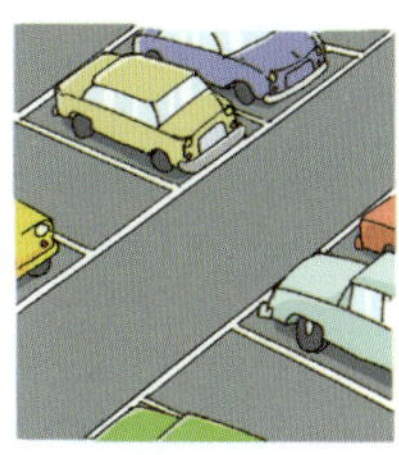

parking [paʀkiŋ]
빠르낑 m 주차장

Allô !

기본 회화

A: **Allô, je voudrais parler à M. Durand, s'il vous plaît.**
알로 쥬 부드래 빠를레 아 므씨외 뒤랑 씰 부 쁠래
여보세요, 뒤랑 씨와 통화 부탁드립니다.

B: **Désolé, mais il n'est pas là. Vous voulez laisser un message ?**
데졸래 매 일 내 빨 라　　부 불레 래쎄 앵 메싸쥬
죄송한데요, 지금 자리에 안 계십니다. 메시지 남기시겠어요?

A: **Non merci. Je vais rappeler. Au revoir.**
농 매르씨　　　쥬 배 라쁠레　　　　오 르봐르
아니요, 됐습니다. 제가 다시 전화하겠습니다. 안녕히 계세요.

B: **Au revoir.** 안녕히 계세요.
오 르봐르

새 단어

allô [alo] 알로 여보세요

laisser [lɛ[e]se] 레쎄 남기다

message [mesaːʒ] 메싸쥬 *m* 메시지

rappeler [ʀaple] 라쁠레 다시 부르다, 다시 전화 걸다

▶ Allô

전화 상대자를 요청하는 표현

Je voudrais parler à M. Durand, s'il vous plaît.
[쥬 부드래 빠를레 아 므씨외 뒤렁 씰 부 쁠래]   뒤랑 씨와 통화하고 싶습니다.

(Est-ce que) Je peux parler à M. Durand ?
[(애쓰끄) 쥬 쀠 빠를레 아 므씨외 뒤렁 ↗]   뒤랑 씨와 통화할 수 있을까요?

(Est-ce que) Jean est là ? [(애쓰끄) 졍 앨 라 ↗]   쟝 있어요?

통화 희망자 부재 시 표현

Il[Elle] n'est pas là. [일/앨 내 빠 라]   그는[그 여자는] 지금 없어요.
Vous voulez laisser un message ? [부 불레 래쎄 앵 메싸쥬 ↗]   메시지 남기시겠어요?
Vous voulez rappeler plus tard ? [부 불레 라쁠레 쁠뤼 따르 ↗]   나중에 다시 전화하시겠어요?

▶ Non merci.

'아니요', '됐습니다' 라는 뜻으로 상대의 제안을 거절하거나 사양할 때 쓰는 표현이다.

▶ Je vais rappeler.

vais rappeler는 근접미래 시제형이다. 근접미래는 비교적 현재와 가까운 미래 시제로 구어체 대화에서 많이 쓰인다. 주로 잠시 뒤의 일이나 조만간 있을 일, 때로는 '올 여름'과 같은 시간대의 표현과 함께 쓴다. 근접미래는 〈aller동사의 현재 변화형 + 동사원형〉으로 쓴다.

Je vais rappeler. 내가 다시 전화할게요.

Je	vais	rappeler.
주어	aller 현재	동사원형
내가	~할 것이다	다시 전화하다

*근접 미래시제로 말하려면 aller 동사의 현재 변화형을 잘 외워두어야 한다. 그 뒤에 자신이 말하려는 동사를 원형으로 말하면 된다.

나 내일 <u>떠날 거야</u>. (partir) → Je vais + partir + demain. [쥬 배 빠르띠르 드맹]

그녀는 정오에 <u>도착할 거야</u>. (arriver) → Elle va + arriver + à midi. [앨 바 아리베 아 미디]

2차 학습

응용 회화

A : **Allô, bonjour ! Est-ce que Manon est là ?**
알로 봉주르　　　　애쓰끄 마농 앨 라↗
여보세요, 안녕하세요. 마농 있어요?

B : **Qui est à l'appareil ?** 누구세요?
끼 애 따 라빠레이으↘

A : **C'est Léa, une amie de Manon.** 저 마농 친구 레아예요.
쌔 레아　　　　윈 아미 드 마농

B : **Ah Léa, c'est toi ! Bonjour ! Mais elle n'est pas là.**
아 레아 쌔 뚜와　　　봉주르　　　매 앨 내 빠 라
아 레아, 너구나! 안녕! 그런데 마농이 지금 집에 없단다.

A : **Ah bon ? Elle rentre quand ?** 그래요? 언제 돌아와요?
아 봉↗　　　앨 렁트르 껑↘

B : **Je ne sais pas.** 모르겠네.
쥬 느 쌔 빠

　Ah, attends, ne quitte pas. 아, 기다려라, 끊지 마라.
아 아떵　　　　느 끼뜨 빠

　Elle arrive. Je te la passe. 마농이 오네. 마농 바꿔줄게.
앨 아리브　　　쥬 뜰 라 빠쓰

A : **Merci, madame.** 고마워요, 아주머니.
매르씨　　　마담ㅁ

appareil [apaʀɛj] 아빠레이으 *m* 기계, 전화기

amie [ami] 아미 *f* 친구 ami *m*

rentre [ʀɑ̃tʀ] 렁트르 돌아오다
   (*rentrer) je, il/elle의 변화형

attends [atɑ̃] 아떵 기다리다
   (*attendre) je, tu의 변화형

quitte [kit] 끼뜨 떠나다, 끊다
   (*quitter) je, il/elle의 변화형

arrive [aʀiv] 아리브 도착하다
   (*arriver) je, il/elle의 변화형

te [t(ə)] 뜨 (간접목적보어대명사) 너에게, 너를

passe [pas] 빠쓰 넘겨주다, 보내다, 들르다
   (*passer) je, il/elle의 변화형

▶ **통화자 신원 확인**

Qui est à l'appareil ? [끼 애 따 라빠레이으↘] 말씀하시는 분은 누구세요?

C'est Léa. [쎄 레아] 저 레아예요.

▶ **통화를 잠시 중단할 때 쓰는 표현**

(Vous) Attendez un moment. [(부) 아떵데 앵 모멍] 잠시만 기다리세요. (명령문)

(Tu) Attends. [(뛰) 아떵] 기다려. (명령문)

attendre [아떵ㄷㄹ] '기다리다' 현재 변화형

je / tu	attends [아떵]	vous	attendez [아떵데]
il / elle	attend [아떵]		

(Vous) Ne quittez pas. [(부) 느 끼떼 빠] 끊지 마세요.

(Tu) Ne quitte pas. [(뛰) 느 끼뜨 빠] 끊지 마.

* '~ 하지 마세요'의 부정명령문은 〈Ne + 동사 + pas〉로 쓴다.
   Ne me quitte pas. [느 므 끼뜨 빠] 나를 떠나지 마.

quitter [끼떼] '떠나다, 끊다' 현재 변화형

je/ il/ elle	quitte [끼뜨]	vous	quittez [끼떼]
tu	quittes [끼뜨]		

Je vous le passe. [쥬 불 르 빠씨] 당신에게 그를 바꿔줄게요.
Je te la passe. [쥬 뜰 라 빠씨] 내가 너에게 그녀를 바꿔줄게.

Je	te	la	passe.
나는	너에게	그녀를	바꿔준다.
주어	간접목적보어인칭대명사	직접목적보어인칭대명사	동사

*te와 la는 둘 다 동사 앞에 쓰며, te la의 순서로 쓴다.

▶ 기타 전화 관련 표현

Quel est votre numéro de téléphone ? 당신의 전화번호가 어떻게 되나요?

[껠 래 보트르 뉘메로 드 뗄레혼ㄴ↘]

C'est bien le 01 35 80 27 59 ? 거기 01 35 80 27 59번인가요?

[쎄 비앵 르 제로앵 트렁뜨쌩끼 꺄트르뱅 뱅(뜨)쎗뜨 쌩껑뜨놰ㅎ↗]

Allô, je suis bien chez M. Dubois ? 여보세요, 뒤부아씨 댁 맞습니까?

[알로 쥬 쒸이 비앵 셰 므씨외 뒤봐↗]

시내 한복판에 이런 표지판이 있습니다. Besançon이란 도시인데, 도시의 미관과 청결을 위해서 씹던 껌을 바닥에 버리지 말고 이 판 위에 붙여달라고 하네요!^^

1 (　)에 주어진 동사의 현재형으로 빈칸을 채우세요.

Tu ___________ Paris demain ? (quitter)

Sylvie ___________ Marie depuis hier. (attendre)

Tu ___________ quelqu'un ? (attendre)

Vous ___________ sa lettre ? (attendre)

2 낱말의 뜻을 써보세요.

quitter ___________________________　　attendre ___________________________

laisser ___________________________　　rappeler ___________________________

passer ___________________________

3 두 항목을 연결하여 문장을 완성하세요.

Qui est •　　　　　　　　　• pas là.

Je te •　　　　　　　　　• moment.

Elle n'est •　　　　　　　　　• la passe.

Ne quitte •　　　　　　　　　• à l'appareil ?

Attendez un •　　　　　　　　　• pas.

4 주어진 낱말을 바른 어순으로 배열하여 다시 쓰세요.

un/ vous/ voulez/ laisser/ message ➜ ___________________________ ?

à/ je/ parler/ voudrais/ Manon ➜ ___________________________ .

Les fruits 과일

pomme [pɔm]

뽐ㅁ ⓕ **사과**

poire [pwaːʀ]

뿌와ㄹ ⓕ **배**

prune [pʀyn]

프뢴ㄴ ⓕ **자두**

pastèque [pastɛk]

빠ㅅ땍끼 ⓕ **수박**

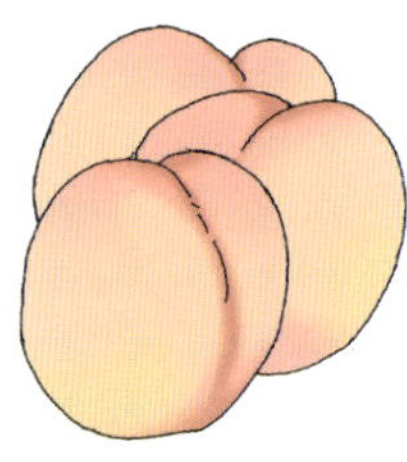

pêche [pɛʃ]

빼슈 ⓕ **복숭아**

fraise [fʀɛːz]

ㅎ래ㅈ ⓕ **딸기**

raisin [ʀɛzɛ̃]

래쟁 ⓜ **포도**

abricot [abʀiko]

아브리꼬 ⓜ **살구**

banane [banan]

바난ㄴ ⓕ **바나나**

mandarine [mɑ̃daʀin]

멍다린ㄴ *f* 귤

citron [sitʀɔ̃]

씨트롱 *m* 레몬

orange [ɔʀɑ̃:ʒ]

오렁쥬 *f* 오렌지

grenade [gʀənad]

ㄱ르나ㄷ *f* 석류

figue [fig] 휘이ㄱ

f 무화과

ananas [anana(s)]

아나나 *m* 파인애플

châtaigne [ʃatɛɲ]

샤때뉴 *f* 밤

cacah(o)uète [kakawɛt]

까꺄왯뜨 *f* 땅콩

noix [nwa[ɑ]]

누와 *f* 호두

Qu'est-ce que tu as ?

기본 회화

A: **Théo, qu'est-ce que tu as ?** 테오야, 너 무슨 일이니?
떼오 깨 쓰끄 뛰 아↗

B: **Je suis trop fatigué.** 너무 피곤해.
쥬 쒸이 트로 화띠게

A: **Tu ne vas pas bien ?** (컨디션이) 좋지 않아?
뛰 느 바 빠 비엥↗

B: **Non, j'ai mal à la tête et j'ai de la fièvre.**
농 졔 말 라 라 땟뜨 에 졔 들 라 휘애브르
응, 머리가 아프고 열이 나.

새 단어

trop [tʀo] 트로 너무

fatigué [fatige] 화띠게 피곤한 fatiguée *f*

mal [mal] 말르 *m* 아픔, 통증, 악, 나쁘게

tête [tɛt] 땟뜨 *f* 머리

fièvre [fjɛːvʀ] 휘애브르 *f* 열

▶ 건강이나 안부 묻고 답하기

Ça va bien ?　[싸 바 비앵↗]　괜찮니?

Tu ne vas pas bien ?　[뛰 느 바 빠 비앵↗]　너 어디 안 좋니?

다음 표현은 안부를 묻는 의미로도 쓰인다.

Qu'est-ce que tu as ?　[깨 쓰 끄 뛰 아↘]　너 무엇을 가지고 있니? / 너 무슨 일이니?

Qu'est-ce qui ne va pas ?　[깨 쓰 끼 느 바 빠↘]　뭐가 잘 안 되니? / 어디 안 좋아?

Qu'est-ce qu'il y a ?　[깨 쓰 낄 리 야↘]　무엇이 있니? / (너) 무슨 일 있니?

*Qu'est-ce que(qu') 무엇을

　Qu'est-ce qui 무엇이

건강 상태 답하기

Je ne vais pas bien.　[쥬 느 배 빠 비앵]　나 잘 지내지 못해.

Je suis malade.　[쥬 쒸이 말라드]　나 아파.

Je suis fatigué.　[쥬 쒸이 화띠게]　나 피곤해.

J'ai de la fièvre.　[제 들 라 휘애브르]　나 열이 있어.(de la는 부분관사)

신체의 병 : avoir + mal + à + 아픈 신체 부위 (머리, 배, 팔, 다리… 등)

J'ai mal à la tête.　[제 말 라 라 뗏띠]　나 머리 아파.

J'ai mal au ventre.　[제 말 로 벙트르]　배 아파.

J'ai mal aux bras.　[제 말 로 브라]　팔 아파.

J'ai mal aux jambes.　[제 말 로 졍브]　다리 아파.

2차 학습

A: **Salut, Marc. Ça va ?** 안녕, 마크. 괜찮니?
쌀뤼 마르끄 　　　　싸 바↗

B: **Hmm… pas très bien.** 음… 좋지 않아.
음 　　　　빠 트래 비앵

A: **Ah bon ? Qu'est-ce qu'il y a ?** 그래? 무슨 일 있어?
아 봉↗ 　　　　깨쓰 낄 리 야↘

B: **J'ai mal à une dent.** 이 하나가 아파.
제 말 라 윈느 덩

A: **Dommage ! Tu es malade depuis quand ?**
도마쥬 　　　　뛰 애 말라드 드쀠이 껑↘
저런 ! 언제부터 아팠는데?

B: **Depuis ce matin.** 오늘 아침부터야.
드쀠이 쓰 마땡

A: **Alors, il faut aller chez le dentiste, non ?**
알로르 일 호 알레 셰 르 덩띠스뜨 농↗
그럼, 치과 병원에 가야겠다, 그치?

B: **Oui, c'est vrai.** 그래, 사실이야(맞아).
위이 쌔 브래

▶ Pas très bien.

다음 문장의 생략문으로 볼 수 있다.

(Je ne vais) Pas très bien. [(쥬 느 배) 빠 ㅌ래 비앵] (나) 잘 지내지 못해.

(Ça ne va) Pas très bien. [(싸 느 바) 빠 ㅌ래 비앵] 좋지 않아.

부정문에서는 이처럼 pas 앞부분을 생략하는 경우가 많다.

Pas mal. [빠 말ㄹ] 나쁘지 않아. = 좋아.

Pas beaucoup. [빠 보꾸] 많이 그러진 않아.

Pas vraiment. [빠 ㅂ래멍] 꼭 그런건 아니야.

Pas du tout. [빠 뒤 뚜] 전혀 그렇지 않아.

Pas de problème. [빠 드 프로블램ㅁ] 문제없어.

Pas de question. [빠 드 깨ㅅ띠옹] 질문 없어.

▶ Tu es malade depuis quand ?

'너 언제부터 아팠어?'라는 문장이다. '언제 ~ ?'로 물으려면 quand만 쓴다. 그러나 '언제부터 ~ ?'로 말하려면 quand 앞에 '~부터'를 의미하는 전치사 depuis를 써야 한다. 의문사와 관련된 전치사는 항상 의문사 앞에 함께 쓴다.

Depuis quand ? [드쀠이 껑↗] 언제부터야?

– Depuis la semaine dernière. [드쀠이 라 쓰맨ㄴ 대르니애르] 지난 주부터야.

Tu pars avec qui ? [뛰 빠르 아벡 끼↗]   너 누구랑 떠나니?

– (Je pars) Avec Théo. [(쥬 빠르) 아벡끼 떼오]   나는 테오랑 떠나.

▶ Il faut

〈Il faut + 명사나 동사원형〉은 '～가 필요하다', '～해야 한다'로 의무나 강한 필요성을 말한다. il은 비인칭 주어로 해석하지 않는다.

Il faut un café. [일 호 앵 까훼]   커피 한 잔이 필요해.

Il faut arriver à une heure. [일 호 아리베 아 윈 왜르]   한 시에 도착해야 해.

▶ chez le dentiste

〈chez + 사람〉은 '그 사람네 집'을 가리킨다. 〈chez + 직업명〉은 그 사람의 일터를 가리킨다. 국적이 서로 다른 경우, 나라를 말할 때도 쓴다.

chez + le boulanger [불렁졔]   제빵사 → 빵집

chez + le médecin [메드쌩]   의사 → 병원

Tu viens chez moi ce week-end ?   이번 주말에 우리 집에 올래?
[뛰 비앵 셰 무와 쓰 위깬드↗]

Je dois aller chez le médecin. [쥬 두와 알레 셰 르 메드쌩]   나는 병원에 가야 해.

Océane va chez le boulanger pour acheter des baguettes.
[오쎄안느 바 셰 르 불렁졔 뿌르 아슈떼 데 바겟뜨]   오세안느는 바게트를 사러 빵집에 간다.

Chez nous, on parle français. [셰 누 옹 빠를르 ㅎ렁쌔]   우리나라에서는 프랑스어를 쓴다.

1 ( )에 주어진 동사 중 알맞은 것을 고르세요.

Il (faut/ fait) de l'argent pour ce projet ?
Sylvie (a / est) trop fatiguée.
Tu (as / es) un problème ?
Vous (avez / êtes) malade ?

2 낱말의 뜻을 써보세요.

fatigué ___________________________   fièvre ___________________________
depuis ___________________________   dentiste ___________________________
vrai ___________________________

3 두 항목을 연결하여 문장을 완성하세요.

C'est •   • à la tête.
Il faut •   • vrai.
J'ai mal •   • qu'il y a ?
Tu es •   • malade ?
Qu'est-ce •   • aller chez le médecin.

4 주어진 낱말을 바른 어순으로 배열하여 다시 쓰세요.

as/ ce/ tu/ qu'/ est/ que ➜ ___________________________ ?
est/ elle/ quand/ depuis/ malade ➜ ___________________________ ?

Les maladies 질병

s'enrhumer [sɑ̃ʀyme]
썽뤼메 **감기에 걸리다**

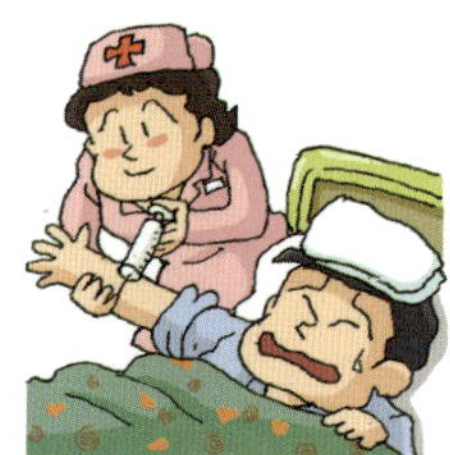

grippe [gʀip]
그리쁘 🅕 **독감**

toux [tu] 뚜 🅕 **기침**

éternuement [etɛʀnymɑ̃]
에때르뉘멍 🅜 **재채기**

être pris de frissons
[ɛtʀ pʀi də fʀisɔ̃] 애트르 프리 드 ㅎ리쏭
오한이 들다

mal de tête [mal də tɛt]
말르 드 땟뜨 🅜 **두통**

avoir de la fièvre
[avwaːʀ də la fjɛːvʀ] 아봐르 들 라 휘애브르
열이 나다

allergie [alɛʀʒi] 알래르지
☐ 알레르기 반응

vomir [vɔ[o]miːʀ]
보미르 **구토하다**

anémie [anemi]
아네미 ☐ 빈혈

saignement de nez
[sɛɲmɑ̃ də ne] 쎄뉴멍 드 네
Ⓜ 코피

se brûler [sə bʀyle]
쓰 브뤼레 **화상을 입다**

ampoule [ɑ̃pul]
엉뿔르 ☐ 물집

blessure [blɛ[e]syːʀ]
블래쒸르 ☐ 상처

hypertension [ipɛʀtɑ̃sjɔ̃]
이빼르떵씨용 ☐ 고혈압

Vous voulez fermer la fenêtre ?

기본 회화

A: **Théo, tu viens chez moi ce soir ?**
떼오 뛰 비앵 셰 무와 쓰 쏴르↗
테오야, 저녁에 우리 집에 올래?

B: **Désolé, mais j'ai un autre rendez-vous.**
데졸레 매 졔 애 노트르 렁데부
미안한데, 다른 약속이 있어.

A: **Vous voulez fermer la fenêtre ?** 창문을 닫아주시겠어요?
부 불레 홰르메 라 흐내트르↗

B: **Oui, avec plaisir.** 네, 기쁜 마음으로 해드릴게요.
위이 아백끄 쁠래지르

새 단어

autre [o:tʀ] 오트르 *m.f.* 다른	**fenêtre** [f(ə)nɛtʀ] 흐내트르 *f.* 창문
fermer [fɛʀme] 홰르메 닫다 (*fermer) 원형	**plaisir** [plɛ[e]zi:ʀ] 쁠래지르 *m.* 기쁨

▼ **거절의 표현**

Désolé(e), (mais) j'ai un autre rendez-vous. 미안하지만 다른 약속이 있어요.

[데졸레 (매) 졔 애 노트르 렁데부]

C'est gentil, mais je suis déjà pris(e). 고마운데, 선약이 있어요.

[쎄 졍띠 매 쥬 쒸이 데쟈 프리(ㅈ)]

*pris는 남성형, prise는 여성형이다.

Je regrette, (mais) je ne peux pas. 유감스럽게도 그럴 수가 없어요.

[쥬 르ㄱ랫뜨 (매) 쥬 느 쁘 빠]

Je veux bien, mais je ne suis pas libre. 그러고 싶지만, 시간이 안 나요.

[쥬 뵈 비앵 매 쥬 느 쒸이 빠 리브르]

(C'est) Dommage, (mais) j'ai du travail. 유감이지만, 일이 있어요.

[(쎄) 도마쥬 (매) 졔 뒤 트라바이ㅇ]

(Ce n'est) Pas possible. [(쓰 내) 빠 뽀씨블르] 불가능해요.

▶ Vous voulez fermer la fenêtre ?

'창문 좀 닫아 주실래요?'의 뜻이다. 이처럼 '〜해 주실래요?'라고 의향을 묻거나 요청할 때는 〈vouloir 동사 + 동사원형〉으로 묻는다.

Voulez-vous passer le sel ? [불레 부 빠쎄 르 쎌↗] 소금을 건네주실래요?

Veux-tu m'apporter la clé ? [뵈 뛰 마뽀르떼 라 끌레↗] 나에게 열쇠를 갖다 줄래?

Tu veux rappeler vers 10 heures ? 10시 경에 다시 전화해 줄래?
[뛰 뵈 라쁠레 배르 디 죄르 ↗]

▼ **수락의 표현**

Avec plaisir. [아벡 쁠래지르] 좋아.(기꺼이 할 거야.)

D'accord ! [다꼬르] 동감이야! 찬성이야! 좋아!

C'est une bonne idée ! [쎄 뛴 본 이데] 좋은 생각이야!

Pourquoi pas ? [뿌르꽈 빠↘] 가능해.(안 될 이유가 없어.)

Oui, je peux. [위이 쥬 쁘] 응, 가능해.

(Oui,) C'est possible. [(위이) 쎄 뽀씨블르] (응,) 가능해.

2차 학습

응용 회화

A: **Théo, Marion va venir de Barcelone.**
떼오 마리옹 바 브니르 드 바르쎌론ㄴ
테오야, 마리옹이 바르셀로나에서 올 거야.

Tu peux la prendre à l'aéroport ?
뛰 쁙 라 프렁드르 아 라에로뽀르↗
공항에서 그녀를 픽업해 줄 수 있니?

B: **Pas de problème. À quelle heure il faut y aller ?**
빠 드 프로블램ㅁ   아 껠 뢔르 일 호 이 알레↘
문제없어. 몇 시에 거기 가야 해?

A: **Elle arrive à 11 heures.** 그 애는 11시에 도착해.
앨 라리브 아 옹 좨르

B: **Elle est comment ?** 그 애는 어떻게 생겼는데?
앨 래 꼬멍↘

A: **Elle est jolie, grande et assez maigre.**
앨 래 졸리   ㄱ렁드 에 아쎄 매ㄱ르
예쁘고 키가 크고 꽤 말랐어.

B: **Elle a les cheveux noirs ?** 머리칼은 검은색이야?
앨 라 레 슈뵈 놔르↗

A: **Oui, et les yeux noirs.** 응, 눈도 검은색이고.
위이 에 레 지외 놔르

B: **Parfait.** 알았어.
빠르홰

새 단어

aéroport [aeʀɔpɔːʀ] 아에로뽀르 *m* 공항

grande [gʀɑ̃d] 그렁드 키가 큰 grand *m*

jolie [ʒɔli] 졸리 예쁜 joli *m*

assez [ase] 아쎄 꽤, 충분히

maigre [mɛgʀ] 매그르 *mf* 마른

cheveux [ʃ(ə)vø] 슈뵈 *m* 머리카락(복수) 단수는 cheveu

noir [nwaːʀ] 누와르 검은, 검은색 noire *f*

yeux [jø] 이외 *m* 눈(복수) 단수는 œil [왜이으]

parfait [paʀfɛ] 빠르페 완벽한 parfaite *f*

y [i] 이 그곳에, 거기에(중성대명사)

venir [vəniʀ] 브니르 오다

▶ Marion va venir de Barcelone.

'마리옹이 바르셀로나에서 올 거야'로, 근접미래 시제 문장이다.

Marion	va	venir	de	Barcelone.
마리옹이	~ 할 거야	오다	~에서, ~로부터	바르셀로나
주어	aller 현재 변화형	동사원형	출발점 전치사	도시

▶ Tu peux la prendre à l'aéroport ?

Tu	peux	la	prendre	à	l'aéroport ?
너는	할 수 있어	그녀를	태우다	~로, ~에(서)	공항
주어	pouvoir 현재 변화형	직접목적보어 인칭대명사	동사원형	전치사	장소

➜ 너 공항에서 그녀를 태워 올 수 있니?

*'Marion을 태워주다'라는 의미이므로 Marion을 대신하는 직접목적보어인칭대명사 la는 '태우다' prendre와 관련되므로 peux가 아니라 prendre 앞에 써야 한다.

235

▶ À quelle heure il faut y aller ?

À	quelle	heure	il	faut	y	aller ?
～에	몇	시	비인칭 주어	～해야 한다	그곳에	가다
시각을 나타내는 전치사	의문사		주어	falloir 현재변화형	중성대명사	동사원형

➡ 몇 시에 그곳에 가야 하니?

*'몇 시에 ～ ?'로 하려면 의문사 quelle 앞에 전치사 à를 함께 써야 한다. y는 장소를 대신하는 중성대명사로 à l'aéroport를 대신하여 '그곳'을 의미한다. '그곳에 가다'의 의미에서 y는 aller와 관련되므로 faut가 아니라 aller 앞에 써야 한다.

▶ Elle est comment ?

사람이나 사물의 특징을 물어볼 때 사용한다.

Il est comment ?　[일 래 꼬멍↘]　그는 어때?

− Il est très gentil.　[일 래 ㅌ래 정띠]　매우 친절해.

▶ Elle est jolie, grande et assez maigre.

형용사의 성과 수의 일치

형용사는 사물이나 사람(명사나 대명사)에 대해 특징을 말할 때 쓴다.
그런데 프랑스어 명사에 성(姓)과 수(數)의 구별이 있으므로 이와 관련되는 형용사도 명사에 맞추어 형태를 맞춘다. 이런 현상을 '성과 수의 일치'라고 한다.

petit [쁘띠] 작은, 귀여운 → 여성형은 petite [쁘떳ㄸ] 이다.
grand [ㄱ렁] 큰 → 여성형 grande [ㄱ렁ㄷ]
joli [졸리] 귀여운 → 여성형 jolie [졸리]
*−e가 발음되지 않으므로 발음이 같다.

maigre [매ㄱ르] 마른, 여윈 → 여성형 maigre [매ㄱ르]
*남성형이 −e로 끝나므로 여성형과 형태가 동일하다.

C'est mon petit ami. [쎄 몽 쁘띠 따미] 이 사람은 내 애인(남자)이야.

C'est ma petite amie. [쎄 마 쁘띠 따미] 이 사람은 내 애인(여자)이야.

Ils sont grands. [일 쏭 ㄱ렁] 그사람들은 키가 크다.

Elles sont grandes. [엘 쏭 ㄱ렁드] 그 여자들은 키가 크다.

형용사의 복수형

남성복수형은 원칙적으로 단수형에 −s를 붙인다.

예외적인 남성 복수형

남성 단수형		남성 복수형	여성 복수형
일반 원칙	−s	méchant [메셩] → méchants [메셩] gentil [졍띠] → gentils [졍띠]	méchantes [메셩뜨] gentilles [졍띠으]
−s −x	그대로	heureux [왜뢰] 행복한 → heureux [왜뢰] gris [ㄱ리] 회색의 → gris [ㄱ리]	heureuses [왜뢰즈] grises [ㄱ리즈]
−eau	−x로	beau [보] 아름다운, 멋진 → beaux [보] nouveau [누보] 새로운 → nouveaux [누보]	*belles [벨르] *nouvelles [누벨르]
−al	−s로	final [휘날르] → finals [휘날르] natal [나딸르] → natals [나딸르]	finales [휘날르] natales [나딸르]
	−aux로	amical [아미꺌르] → amicaux [아미꼬] social [쏘씨알르] → sociaux [쏘씨오]	amicales [아미꺌르] sociales [쏘씨알르]

*복수형에서 −s, −x는 모두 발음되지 않는다. 여성형은 모두 −e로 끝나므로 여성 복수형은 모두 −es로 끝나며 es는 항상 발음되지 않는다.

형용사 beau

'아름다운'을 의미하는 형용사 beau [보]는 성과 수의 변화가 예외적이다.

여성형은 belle [밸르]이고,

남성 2형 bel [밸르]은 명사가 모음이나 무음 h로 시작되는 경우에 쓴다.

	남성		여성
단수	beau [보]	bel [밸르]	belle [밸르]
복수	beaux [보]		belles [밸르]

Paul est beau. Et sa femme est aussi belle. 폴은 멋지다. 그리고 그의 아내도 역시 아름답다.
[뽈 애 보 에 싸 홤ㅁ 애 오씨 밸르]

Ils sont tous beaux. [일 쏭 뚜씨 보] 그들은 모두 멋지다.

Il y a un bel hôtel dans mon quartier. 우리 동네에는 멋진 호텔이 하나 있다.
[일 리 야 앵 밸 로땔 덩 몽 꺄르띠에]

▶ Elle a les cheveux noirs ?

색깔을 나타내는 형용사는 영어와는 달리 반드시 명사 뒤에 쓴다.

Tu aimes le vin blanc ? [뛰 앰ㅁ 르 뱅 블렁ノ] 너 백포도주를 좋아하니?

Moi, j'aime le vin rouge. [무와 잼ㅁ 르 뱅 루쥬] 나는 적포도주를 좋아해.

1 ( )에 주어진 낱말을 알맞은 형태로 바꾸어 빈칸을 채우세요.

Ta mère est ___________ ? (grand)

Sa sœur est très __________. (joli)

La chanteuse est __________. (beau)

Elles sont aussi __________. (jeune)

2 낱말의 뜻을 써보세요.

noir ________________________   aéroport ____________________

yeux ________________________   cheveux ____________________

joli ________________________

3 두 항목을 연결하여 문장을 완성하세요.

Elle arrive •   • à 12 heures.

Il faut •   • comment ?

J'ai un •   • autre rendez-vous.

Il est •   • grande et jolie.

Elle est •   • aller la prendre.

4 주어진 낱말을 바른 어순으로 배열하여 다시 쓰세요.

a/ les/ elle/ noirs/ cheveux ➜ ____________________________ .

de/ il/ va/ venir/ Paris ➜ ____________________________ ?

Les légumes 채소

navet [navɛ]
나배 Ⓜ 무

pomme de terre
[pɔm də tɛːʀ] 뽐ㅁ 드 때르 Ⓕ 감자

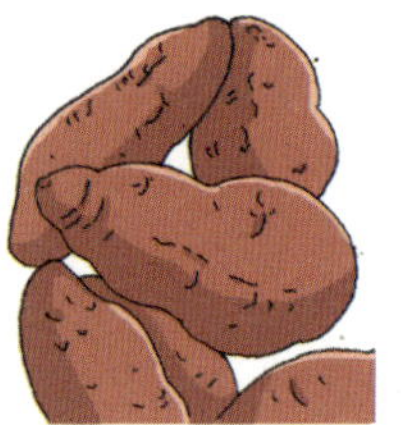

patate douce [patat dus]
빠땃뜨 두쓰 Ⓕ 고구마

ail [aj] 아이으 Ⓜ 마늘

oignon [ɔɲɔ̃]
오뇽 Ⓜ 양파

piment [pimɑ̃]
삐멍 Ⓜ 고추

poivron [pwavʀɔ̃]
뿌와브롱 Ⓜ 피망

champignon de Paris
[ʃɑ̃piɲɔ̃ də paʀi] 셩삐뇽 드 빠리 Ⓜ 양송이

tomate [tɔmat]
또마뜨 **토마토**

aubergine [obɛʀʒin]
오배르진ㄴ *f* **가지**

citrouille [sitʀuj]
씨트루이으 *f* **호박**

courgette [kuʀʒɛt]
꾸르쟀뜨 *f* **애호박**

concombre [kɔ̃kɔ̃:bʀ]
꽁꽁브르 *m* **오이**

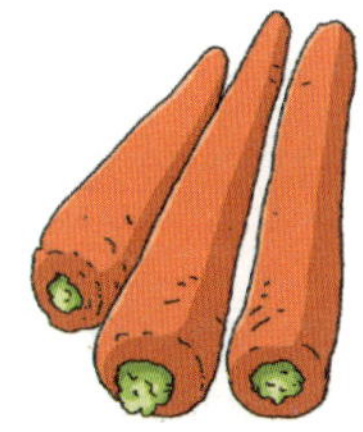

carotte [kaʀɔt]
꺄롯뜨 *f* **당근**

épinard [epina:ʀ]
에삐나르 *m* **시금치**

laitue [lety] 레뛰 *f* **상추**

haricot [aʀiko] 아리꼬 *m* **강낭콩**

On mange des crêpes.

기본 회화

A : **On mange des crêpes. Ça te va ?**
옹 멍쥬 데 크랩쁘　　　　　　　　싸 뜨 바↗
크레이프 먹자. 괜찮아?

B : **Bonne idée !** 좋은 생각이야.
본 이데

A : **On se voit où ?** 어디서 만날까?
옹 쓰 봐 우↘

B : **Devant le guichet.** 매표소 앞에서 (보자).
드벙 르 기새

새 단어

mange [mãʒ] 멍쥬 **먹다** (*manger) je, il/elle의 변화형

crêpe [kʀɛp] 크랩쁘 *f* **크레이프**

se voit [sə vwa] 쓰 봐 **만나다** (*se voir) il/elle의 변화형

devant [dəvã] 드벙 **~ 앞에(서)**

guichet [giʃɛ] 기새 *m* **창구, 매표소**

▶ On

On [옹]은 주어를 일부러 말하지 않아도 되는 경우에 쓰는 주어로, 보통 '우리들', '나'를 의미한다. 누구인지 모르는 경우에는 '누군가가'로 쓰고, 일반적인 '사람(들)'로도 쓰이므로, 해석하지 않는 게 더 자연스럽다. On은 3인칭 단수로 취급하여 il / elle과 같은 동사형으로 쓰며, 뒤에 모음으로 시작하는 말이 오면 연음한다.

On va au café ? [옹 바 오 꺄훼↗] (우리) 카페에 갈래?

On est content. [오 내 꽁떵] (우리는/나는) 만족해.

On est cinq. [오 내 쌩끄] (우리) 5명이야.

On y va. [오 니 바] (우리) 그곳으로 가자.

Demain, on a un examen. [드맹 오 나 애 내ㄱ자맹] 우리 내일 시험이 하나 있어.

On sonne. [옹 쏜느] 누군가가 초인종을 누르네. 초인종이 울리네.
　　　　　　　　(집안에서 초인종 소리만 들리고 밖에 누가 있는지 모르는 상황)

▶ Ça te va ?

Ça te va ? [싸 뜨 바↗]는 '(너에게) 괜찮겠어?'의 의미이다.
상대방을 vous로 부를 때는 Ça vous va ? [싸 부 바↗] '(당신께) 괜찮겠어요?'이다.

▶ On se voit où ?

se voir 동사는 '서로 보다', '만나다'의 의미로 만남이나 약속 등을 잡을 때 많이 쓴다.

On se voit où ? [옹 쓰 봐 우↘] (우리) 어디에서 볼까?

On se voit quand ? [옹 쓰 봐 껑↘] (우리) 언제 볼까?

On se voit à quelle heure ? [옹 쓰 봐 아 깰 뢔르↘] (우리) 몇 시에 볼까?

응용 회화

A: **Emma, Inès va arriver ce samedi.**
엠마,　　　　　이내쓰 바 아리베 쓰 쌈디
엠마야, 이번 주 토요일에 이네스가 도착할 거야.

B: **On mange tous les trois ensemble ?**
옹 멍쥬 뚜 레 트롸 엉썽블르↗
우리 셋이서 함께 식사할까?

A: **Pourquoi pas !** 좋지!
뿌르꽈 빠

B: **Mais on mange quoi ?** 그런데 뭘 먹을까?
매 옹 멍쥬 꽈↘

A: **Je connais un bon restaurant coréen dans le quartier.**
쥬 꼬내 앵 봉 래스또렁 꼬레앵 덩 르 까르띠에
내가 이 동네에서 좋은 한국 식당 하나 알거든.

Inès aime aussi y manger. Ça te va ?
이내쓰 앰므 오씨 이 멍졔　　　　　　　싸 뜨 바↗
이네스도 거기에서 먹는 걸 좋아해. 너도 괜찮아?

B: **Super ! Moi aussi, j'aime les plats coréens.**
쉬빼르　　　　무와 오씨 쟴므 레 쁠라 꼬레앵
좋지! 나도 역시 한국 음식이 좋아.

A: **On se voit là. Mais à quelle heure ?**
옹 쓰 봘 라　　　　　　　매 아 깰 뢔르↘
거기서 보기로 하자. 그런데 몇 시가 좋을까?

B: **À 7 h, ça va ?** 7시 괜찮아?
아 쎗 뙈르 싸 바↘

A: **Ok. C'est noté.** 좋아, 메모했어.
오께　　　쌔 노떼

새 단어

tous [tu(s)] 뚜(씨) 모든, 모두 복수형	**restaurant** [ʀɛstɔʀɑ̃] 래스또렁 _m_ 식당
ensemble [ɑ̃sɑ̃:bl] 엉썽블르 함께	**quartier** [kaʀtje] 꺄르띠에 _m_ 동네, 구역
pourquoi [puʀkwa] 뿌르꽈 왜, 어째서 이유를 묻는 의문사	**super** [sypɛ:ʀ] 쉬뻬르 _mf_ 멋진, 훌륭한, 우수한
	arriver [aʀive] 아리베 도착하다
connais [kɔnɛ] 꼬내 알다 (*connaître) je, tu의 변화형	**plat** [pla] 쁠라 _m_ 접시, 요리

▶ Inès va arriver de Bordeaux.

va arriver는 〈aller 동사의 현재 변화형 + 동사 원형〉으로 근접 미래 시제이며, '도착할 거야'의 뜻이다. ce samedi [쓰 쌈디]는 '이번 토요일'의 뜻이다.

▶ On mange tous les trois

tous les trois [뚤 레 트롸]는 '셋이 모두'라는 표현이다. Tous 뒤에 복수 명사가 오면 '~ 모두'의 의미가 된다. tous les jours [뚤 레 주르]는 '모든 날들', 즉 '날마다'의 의미이다.

Tous les deux sont gentils. [뚤 레 되 쏭 정띠] 두 사람 다 친절하다.
Mme Dupont va au marché tous les jours. 뒤퐁 부인은 날마다 시장에 간다.
[마담 뒤뽕 바 오 마르셰 뚤 레 주르]

▶ Mais on mange quoi ?

quoi는 사물을 묻는 의문사 que [끄]의 강조 형태이며 의미는 '무엇을?'로 동일하다.
문장 끝부분에는 que를 사용할 수 없고 이 강조 형태를 사용해야 한다.

Mais on mange que ? (×) 뭘 먹을까?
Mais on mange quoi ? (○) [매 옹 멍쥬 꽈↘]
= Qu'est-ce qu'on mange ? [깨 쓰 꽁 멍쥬↘]

▶ Je connais un bon restaurant coréen dans le quartier.

형용사의 위치

bon, beau, joli, petit, grand, vieux, jeune 처럼 간단하고 자주 쓰는 형용사는 대체로 명사 앞에 사용한다. 그러나 국적의 형용사는 반드시 명사 뒤에 쓴다.

Un bon restaurant coréen [앵 봉 래스또렁 꼬레앵] 좋은 한국 식당 하나

Il achète un parfum français. [일 아샛뜨 앵 빠르팽 ㅎ렁쌔] 그는 프랑스 향수를 하나 산다.

connaître [꼬내트르] '알다' 현재 변화형

je / tu	connais [꼬내]	vous	connaissez [꼬내쎄]
il / elle	connaît [꼬내]		

Je ne connais pas cet auteur. [쥬 느 꼬내 빠 쎗 또뙈르] 나는 그 작가를 모른다.

Tu connais cet homme-là ? [뛰 꼬내 쎗 똠ㅁ라↗] 너 저 남자 아니?

Vous connaissez bien ce quartier ? [부 꼬내쎄 비앵 쓰 꺄르띠에↗] 이 동네를 잘 아세요?

▶ Inès aime aussi y manger.

'이네스도 역시 거기에서 먹는 것을 좋아해'라는 문장으로 장소를 대신하는 중성대명사 y와 함께 쓰였다.

Inès	aime	aussi	y	manger.
[이내씨]	[앰므]	[오씨]	[이]	[멍졔]
이네스가	좋아해	역시	거기에서	먹는 것을
주어	동사	부사	중성대명사	동사원형

→ 이네스도 역시 거기에서 먹는 것을 좋아해.

*중성대명사 y는 의미상으로 관련되는 동사 앞에 써야 한다. '거기에서 먹는 것을 ~'의 뜻이므로 y는 manger와 관련되며, aime 앞이 아니라 manger 앞에 써야 한다.

1 ( )에 주어진 동사의 현재형으로 빈칸을 채우세요.

Tu __________ de la salade au poulet ? (manger)

On __________ devant le guichet ? (se voir)

Paul __________ venir à Bordeaux ? (aller)

Vous __________ bien la Nouvelle-Calédonie ? (connaître)

2 낱말의 뜻을 써보세요.

ensemble __________________________   devant __________________________

super __________________________   guichet __________________________

quartier __________________________

3 두 항목을 연결하여 문장을 완성하세요.

On mange •　　　　　• va ?

C'est •　　　　　• voit quand ?

Ça vous •　　　　　• quoi ?

Il va •　　　　　• noté.

On se •　　　　　• arriver de Lyon.

4 주어진 낱말을 바른 어순으로 배열하여 다시 쓰세요.

je/ un/ bon/ coréen/ connais/ restaurant ➜ __________________________ .

de/ va/ elle/ venir/ Lyon ➜ __________________________ .

정답

1. manges / se voit / va / connaissez　　　　2. 함께 / 앞에 / 멋진 / 창구, 매표소 / 동네, 구역

3. On mange quoi ? / C'est noté. / Ça vous va ? / Il va arriver de Lyon. / On se voit quand ?

4. Je connais un bon restaurant coréen. / Elle va venir de Lyon.

lion(ne) [ljɔ̃]
리옹(온ㄴ) **사자**

tigre [tigʀ]
띠ㄱㄹ **호랑이**

éléphant [elefɑ̃]
엘레횡 Ⓜ **코끼리**

ours [uʀs]
우르쓰 Ⓜ **곰**

girafe [ʒiʀaf]
지라ㅎ Ⓕ **기린**

renard(e) [ʀənaːʀ]
르나르(ㄷ) **여우**

serpent [sɛʀpɑ̃]
쎄르뺑 Ⓜ **뱀**

crocodile [kʀɔkɔdil]
ㅋ로꼬딜ㄹ Ⓜ **악어**

cerf [sɛːʀ] 쎄르 Ⓜ **사슴**
biche [biʃ] 비슈 Ⓕ **암사슴**

singe [sɛ̃:ʒ]
쌩쥬 Ⓜ **원숭이**

écureuil [ekyʀœj]
에뀌래이ㅇ Ⓜ **다람쥐**

tortue [tɔʀty]
또르뛰 Ⓕ **거북**

cheval [ʃ(ə)val] 슈발 Ⓜ **말**
jument [ʒymã] 쥐멍 Ⓕ **암말**

mouton [mutɔ̃] 무똥 Ⓜ **양**
brebis [bʀəbi] 브르비 Ⓕ **암양**

loup [lu] 루 Ⓜ **늑대**
louve [lu:v] 루브 **암늑대**

cochon [kɔʃɔ̃]
꼬숑 Ⓜ **돼지**

lapin(e) [lapɛ̃]
라뺑 (라삔) **토끼**

Tu es occupé ?

기본 회화

A: **Tu es occupée ?** 바쁘니?
뛰 애 오뀌뻬↗

B: **Non, je suis libre.** 아니, 여유 있어.
농 쥬 쒸이 리브르

──────────

A: **On y va comment ?** 거기에 어떻게 갈까?
오 니 바 꼬멍↗

B: **On prend le métro.** 지하철 타자.
옹 프렁 르 메트로

C'est plus rapide. 그게 더 빨라.
쌔 쁠뤼 라피드

새 단어

occupée [ɔkype] 오뀌뻬 *f* 바쁜 occupé *m*

libre [libʀ] 리브르 *mf* 자유로운, 한가한

métro [metʀo] 메트로 *m* 지하철

rapide [ʀapid] 라삐드 *mf* 빠른, 신속한

▶ On y va comment ?

On	y	va	comment ?
우리	거기에	갈까	어떻게
주어	중성대명사	동사	의문사

➡ 우리 거기에 어떻게 갈까?

*y는 장소를 나타내는 중성대명사로 동사 앞에 쓴다. 여기에서는 au Centre Pompidou 를 가리킨다.

▶ On prend le métro.

prendre 동사는 '입다', '쓰다', '잡다', '타다', '먹다', '마시다' 등 매우 다양한 의미로 사용되는데, 여기서는 '타다'로 쓰였다.

On va en métro. [옹 바 엉 메트로] 지하철로(을 타고) 간다.
On prend le métro. [옹 프렁 르 메트로] 지하철을 탄다.
Je prends du café et de la baguette le matin.
[쥬 프렁 뒤 까풰 에 들 라 바갯뜨 르 마땡] 나는 아침에 커피와 바게트를 먹는다.

▶ C'est plus rapide. : 우등비교급

형용사와 부사의 비교급

우등 비교급 (~보다 더)	plus [쁠뤼]			
동등 비교급 (~과 같은)	aussi [오씨]	형용사 / 부사	que [끄]	비교 대상
열등 비교급 (~보다 덜)	moins [무웽]			

Hélène est plus belle que Léa. [엘랜ㄴ 애 쁠뤼 밸르 끄 레아] 헬렌이 레아보다 더 예쁘다.
Marine est aussi belle que Léa. [마린ㄴ 애 오씨 밸르 끄 레아] 마린은 레아만큼 예쁘다.
Léo est moins beau qu'André. [레오 애 무웽 보 [illegible]껑드레] 레오가 앙드레보다 못생겼다.

Yves court plus vite que toi. [이브 꾸르 쁠뤼 비뜨 끄 뚜와] 이브가 너보다 더 빨리 달린다.
Alex court aussi vite que moi. [알랙쓰 꾸르 오씨 비뜨 끄 무와] 알랙스가 나만큼 빨리 달린다.
Tu cours moins vite que lui. [뛰 꾸르 무웽 비뜨 끄 뤼이] 너는 그보다 덜 빨리(더 늦게) 달린다.

응용 회화

A: Ce dimanche, il y a une exposition spéciale de Chagall au Centre Pompidou.
쓰 디멍슈 일 리 야 윈 액쓰뽀지씨용 ㅅ뻬씨알 드 샤갈 오 썽트르 뽕삐두
이번 일요일에 퐁피두센터에서 샤갈의 특별 전시회가 있어.

Tu veux y aller ? 너 거기 가고 싶니?
뛰 뵈 이 알레↗

B: Génial ! Mais le lundi, l'entrée est gratuite.
제니알르　　　매 르 랭디　　　　　　렁트레 애 ㄱ라뛧뜨
좋지! 그런데 월요일은 입장이 무료야.

Tu es occupée lundi ? 너 월요일에 바쁘니?
뛰 애 오뀌뻬 랭디↗

A: Non, je suis libre. Alors, on y va lundi.
농 쥬 쒸이 리브르　　　　　알로르 오 니 바 랭디
아니, 여유 있어. 그러면 월요일에 가자.

B: D'accord. Mais on y va comment ?
다꼬르　　　　　매 오 니 바 꼬멍↘
좋아. 그런데 어떻게 갈까?

A: On prend le métro. C'est plus pratique.
옹 프렁 르 메트로　　　　　　쌔 쁠뤼 프라띡끄
지하철 타자. 그게 더 실용적이야.

B: Compris. 그렇네.
꽁프리

새 단어

dimanche [dimãːʃ] 디멍슈 *m* 일요일

lundi [lœ̃di] 랭디 *m* 월요일

exposition [ɛkspozisjɔ̃] 액쓰뽀지씨옹 *f* 전시회

entrée [ãtʀe] 엉트레 *f* 입장, 입구

spéciale [spesjal] 스뻬씨알르 *f* 특별한 spécial *m*

gratuite [gʀatɥit] ㄱ라뛧뜨 *f* 무료의 gratuit *m*

centre [sãːtʀ] 썽트르 *m* 센터

pratique [pʀatik] 프라띠끄 *mf* 실용적인

génial [ʒenjal] 제니알르 *m* 천재적인, 뛰어난, 훌륭한
 géniale *f*

compris [kɔ̃pʀi] 꽁프리 이해된

▶ Je suis occupé.

Je suis occupé(e). [쥬 쒸이 오뀌뻬] 나는 바쁘다.

↔ Je suis libre. [쥬 쒸이 리브르] 나는 한가하다.

▶ L'entrée est gratuite.

L'entrée est gratuite. [렁트레 애 ㄱ라뛧뜨] 입장은 무료이다.

↔ L'entrée est payante. [렁트레 애 뻬이영뜨] 입장은 유료이다.

▶ 동사의 비교급

우등 비교급 (~보다 더)		plus [쁠뤼]		
동등 비교급 (~와 같이)	동사	autant [오떵]	que [끄]	비교 대상
열등 비교급 (~보다 덜)		moins [무왱]		

Elle travaille plus que moi. [앨 트라바이으 쁠뤼 끄 무와] 그 여자는 나보다 일을 더 많이 한다.

Elle gagne autant que son mari. 그녀는 남편만큼 돈을 번다.

[앨 갸뉴 오떵 끄 쏭 마리]

Il voyage moins que ses amis. 그는 자기 친구들보다 여행을 덜 한다.

[일 봐야쥬 무왱 끄 쎄 자미]

▶ 명사의 비교급

우등 비교급 (~보다 더 많은)	plus de [쁠뤼 드]			
동등 비교급 (~ 만큼)	autant de [오떵 드]	명사	que [끄]	비교 대상
열등 비교급 (~보다 덜 많은)	moins de [무웽 드]			

À Montréal, il y a plus de neige qu'à Paris.
[아 몽레알르 일 리 야 쁠뤼 드 내쥬 까 빠리]
몬트리올에는 파리보다 눈이 더 많(이 온)다. 〈우등 비교급〉

Il a autant d'amis que sa sœur. 그도 여동생만큼 친구가 많다. 〈동등 비교급〉
[일 라 오떵 다미 끄 싸 쐐르]

Cette année, il y a moins de voyageurs chinois en Corée que l'année dernière.
[쎗 따네 일 리 야 무웽 드 봐야줴르 쉬놔 엉 꼬레 끄 라네 대르니애르]
올해 한국에 온 중국 여행객은 작년보다 더 적다. 〈열등 비교급〉

1 빈칸에 알맞은 낱말을 넣으세요.

La Chine est __________ grande que le Japon.

La Corée est __________ grande que les États-Unis.

La France est __________ petite que le Canada.

L'Inde est __________ petite que la Chine.

2 낱말의 뜻을 써보세요.

libre ____________________   occupé ____________________

génial ____________________   gratuit ____________________

entrée ____________________

3 두 항목을 연결하여 문장을 완성하세요.

On y va •   • le métro.

On prend •   • pratique.

Il y a •   • libre ?

Tu es •   • une exposition.

C'est plus •   • comment ?

4 다음 문장을 프랑스어로 작문하세요.

Julie가 Marie보다 더 총명하다. (intelligent)

→ ____________________________________ .

Incheon의 인구가 Séoul보다 더 적다. (habitant)

→ ____________________________________ .

정답

1. plus / moins / plus / plus   2. 한가한, 여유 있는 / 바쁜 / 천재적인, 뛰어난 / 무료의 / 입장, 출입구

3. On y va comment ? / On prend le métro. / Il y a une exposition. / Tu es libre ? / C'est plus pratique.

4. Julie est plus intelligente que Marie. / Il y a moins d'habitants à Incheon qu'à Séoul.

Les fleurs 꽃

rose [Roːz]

로즈 *f* **장미**

tulipe [tylip]

뛸립쁘 *f* **튤립**

orchidée [ɔrkide]

오르끼데 *f* **난초**

marguerite [maʀɡəʀit]

마르그리뜨 *f* **데이지**

violette [vjɔlɛt]

비올랫뜨 *f* **제비꽃**

dahila [dalja]

달리아 *m* **달리아**

tournesol [tuʀnəsɔl]

뚜르느쏠르 *m* **해바라기**

iris [iʀis]

이리쓰 *m* **붓꽃**

œillet [œjɛ]

왜이애 *m* **카네이션**

camélia [kamelja]

까멜리아 *f* **동백꽃**

geranium [ʒeʀanjɔm]

제라니욤ㅁ *m* **제라늄**

lis, lys [lis]

리쓰 *m* **백합**

chrysanthème

[kʀizɑ̃tɛm] ㅋ리정땜ㅁ *m* **국화**

glaïeul [glajœl]

글라이웰르 *m* **글라디올러스**

azalée [azale]

아잘레 *f* **진달래**

giroflée [ʒiʀɔfle]

지로흘레 *f* **비단향꽃무**

calla [kala]

깔라 *f* **칼라**

cosmos [kɔsmoː[ɔ]s]

꼬쓰모쓰 *m* **코스모스**

Qu'est-ce que tu vas faire ce week-end ?

기본 회화

A: Qu'est-ce que tu as la semaine prochaine ?
깨씨끄 뛰 아 라 쓰맨 프로샌ㄴ↘
너 다음 주에 뭐가 있니?

B: J'ai un examen de maths.
제 애 내ㄱ자맹 드 마뜨
수학 시험이 있어.

－－－－－－－－－－

A: Qu'est-ce que tu vas faire ce week-end ?
깨씨끄 뛰 바 홰르 쓰 위깬드↘
이번 주말에 뭐 할 거니?

B: Je vais préparer l'examen.
쥬 배 프레빠레 래ㄱ자맹
시험 준비할 거야.

새 단어

prochaine [pʀɔʃɛːn] 프로샌ㄴ *f* 다음의, 돌아오는
prochain *m*

examen [ɛgzamɛ̃] 애ㄱ자맹 *m* 시험

maths [mat] 마뜨 *m* (복수) 수학 mathématiques

préparer [pʀepaʀe] 프레빠레 준비하다
(*préparer 원형)

▶ Qu'est-ce que tu as ?

이 문장은 '너 무엇을 가지고 있니?'로 Qu'est-ce que '무엇을' + tu as '너는 가지고 있다'로 되어 있다. 여기에서는 '너 무슨 일이 있니?'로 보다 넓은 의미로 쓰였다.

Qu'est-ce qu'elle a ? [깨 쓰 껠 라ﹾ] 그녀가 무엇을 갖고 있니? 그녀가 무슨 일이 있니?
Qu'est-ce qu'il y a ? [깨 쓰 낄 리 야ﹾ] 무엇이 있니? 무슨 일이 있니?

▶ prochain / prochaine [프로쌩/ 프로쌘ㄴ]

prochain은 공간적으로는 '다음의'를 뜻하고, 시간적으로는 '다음의', '가까워 오는', '임박한' (↔ dernier 지난)의 의미로 쓴다.

le prochain arrêt [르 프로쌔 나래] 다음 정류장
le prochain train [르 프로쌩 트랭] 다음 기차
la prochaine rencontre [라 프로쌘ㄴ 렁꽁트르] 다음번 만남
la prochaine fois [라 프로쌘ㄴ 후와] 다음번에

la semaine prochaine [라 쓰맨 프로쌘ㄴ] 다음(돌아오는) 주
l'été prochain [레떼 프로쌩] 다음(돌아오는) 여름
l'année prochaine [라네 프로쌘ㄴ] 다음(돌아오는) 해
lundi prochain [랭디 프로쌩] 다음(돌아오는) 월요일

Vous descendez à la prochaine (station) ?
[부 데썽데 알 라 프로쌘ㄴ (ㅅ따씨용)ﹾ] 다음 역에서 내리세요?
On se revoit à la prochaine (fois).
[옹 쓰 르봐 알 라 프로쌘ㄴ (후와)] 우리 다음번에 보자.

▶ Qu'est-ce que tu vas faire ?

'너 뭐 할 거니?'로 계획을 묻는 근접미래 시제 문장이다.

Qu'est-ce que 무엇을 + tu vas faire? '너는 할 거니?'로 Qu'est-ce que 대신 Que나 Quoi를 쓸 수도 있다.

Qu'est-ce que tu vas faire ? [깨씨끄 뛰 바 홰르↘]

= Que vas-tu faire ? [끄 바 뛰 홰르↘]

= Tu vas faire quoi ? [뛰 바 홰르 꽈↘]

Qu'est-ce que vous allez faire ? [깨씨끄 부 잘레 홰르↘]

(당신은) 무엇을 하실 거예요?

Il va faire quoi ? [일 바 홰르 꽈↘] 그 남자는 뭐 할 거니?

▶ Je vais préparer l'examen.

시험을 치다 : passer l'examen [빠쎄 래ㄱ자맹]

시험에 합격하다(성공하다) : réussir (à) l'examen [레위씨르 (아) 래ㄱ자맹]

시험을 준비하다 : préparer l'examen [프레빠레 래ㄱ자맹]

길에서 이런 물건을 만난다면? 뭣에 쓰이는 것일까요? 네, 재활용 분리 수거함입니다. 거리에 실례하지 마시고… 꼭 활용하세요!

2차 학습

응용 회화

A: Pendant les vacances, qu'est-ce que tu vas faire ?
뺑덩 레 바껑쓰　　　　　　　깨쓰끄 뛰 바 홰르↘
방학 동안에 뭐 할 거니?

B: Cette année, je ne pars pas. 올해는, 나는 휴가를 가지 않을 거야.
쎄 따네　　　　　쥬 느 빠르 빠

Je dois travailler chez mon oncle. 우리 삼촌댁에서 일해야 해.
쥬 두와 트라바이에 셰 모 농끌르

A: Pourquoi ? 왜?
뿌르꽈↘

B: Parce qu'il a une ferme à la campagne.
빠르쓰 낄 라 윈 홰르므 알 라 껑빠뉴
삼촌이 시골에 농장을 갖고 있기 때문이야.

Et il a besoin de mon aide. 그리고 내 도움을 필요로 하셔.
에 일 라 브주왱 드 모 내드

A: C'est vrai ? La vie à la campagne,
ça doit être très amusant, non ?
쎄 브래↗　　라 비 알 라 껑빠뉴　　싸 두와 때트르 트래 자뮈정 농↗
정말이니? 시골 생활이 아주 재미있을 것 같아, 그렇지?

B: Oui, tout à fait ! 응, 물론이지!
위이 뚜 따 해

새 단어

pendant [pɑ̃dɑ̃] 뻥덩 ~동안(에)	**parce que** [paʀskə] 빠르 쓰끄 ~이기 때문에
vacances 바껑쓰 *f* (복수) 휴가, (단수) 빈자리	**campagne** [kɑ̃paɲ] 껑빠뉴 *f* 시골, 전원, 들
année [ane] 아네 *f* 해, 년도	**besoin** [bəzwɛ̃] 브주왱 *m* 필요
travailler [tʀavaje] 트라바이에 일하다 원형	**aide** [ɛd] 애드 *f* 도움
oncle [ɔ̃ːkl] 옹끌르 *m* 삼촌, 숙부	**vie** [vi] 비 *f* 삶, 인생
ferme [fɛʀm] 훼르므 *f* 농장	**amusant** [amyzɑ̃] 아뮈졍 *m* 재미있는
	amusant**e** *f*

▶ 지시형용사

지시형용사 ce, cet, cette, ces는 '이, 그, 저'로 명사 앞에서 명사를 가리키며, 명사의 성과 수에 맞추어 쓴다.

	남성	여성	의미
단수	ce [쓰] cet [쎗 뜨]	cette [쎗뜨]	이, 그, 저
복수	ces [쎄]		

ce garçon [쓰 갸르쏭] 이/그/저 소년 (소년에 맞추어 남성단수 ce를 사용)

cette fille [쎗뜨 휘이으] 이/그/저 소녀 (소녀에 맞추어 여성단수 cette를 사용)

ces enfants [쎄 졍훵] 이/그/저 어린이들 (어린이들에 맞추어 복수형 ces를 사용)

Je connais ces dames. [쥬 꼬내 쎄 담므] 나는 이 부인들을 안다.

Regardez bien ce monsieur. [르갸르데 비앵 쓰 므씨외] 저 남자 분을 잘 보세요.

cet

모음이나 무음 h로 시작하는 남성명사(단수)에는 모음충돌을 피하기 위해
ce 대신 cet를 쓴다.

이(그, 저) 남자 : ce homme (×) → cet homme [쎗 똠ㅁ] (○)
이(그, 저) 호텔 : cet hôtel [쎗 또뗄ㄹ]
이(그, 저) (종합) 병원 : cet hôpital [쎗 또삐딸ㄹ]
Cet enfant est doux. [쎗 떵훵 애 두] 이 아이는 유순하다.

지시형용사(ce, cet, cette, ces) + 명사 + −ci/−là
시·공간적으로 원근을 나타내거나 강조할 때 −ci(이) 또는 −là (저/그)를 쓴다.
ce livre-ci [쓰 리브ㄹ 씨] 이 책
cet homme-là [쎗 똠ㅁ 라] 저 사람
ces jours-ci [쎄 주ㄹ 씨] 요즈음, 근간
en ce temps-là [엉 쓰 떵 라] 그 당시

Il ne pleut pas ces jours−ci [일 느 쁠뢰 빠 쎄 주ㄹ 씨] 요즘은 비가 오지 않는다.
Je suis libre ces jours-ci [쥬 쒸이 리브ㄹ 쎄 주ㄹ 씨] 나는 요즈음 한가하다.

시간을 나타내는 명사 앞에 지시 형용사를 쓰면 가까운 때를 나타낸다.

남성	ce matin [쓰 마땅] 오늘 아침 ce soir [쓰 쏴르] 오늘 저녁 ce mois [쓰 무와] 이번 달 cet après−midi [쎗 따프래미디] 오늘 오후
여성	cette nuit [쎗뜨 뉘] 오늘 밤 cette semaine [쎗뜨 쓰맨ㄴ] 이번 주 cette annèe [쎗 따네] 올해

*après-midi 는 남성 명사도 되고, 여성 명사도 되므로 cet 과 cette를 모두 쓸 수 있다.

Tu as quelque chose cet après-midi ?

[뛰 아 껠끄 쇼즈 쎗 **따**프래미디 ↗] (너)오늘 오후에 무슨 일이 있니?

Elle ne va pas à l'école ce matin ?

[엘 느 바 빠 알 레꼴 쓰 마땡 ↗] 그녀는 오늘 아침에 학교에 안 가니?

▶ Devoir 동사

devoir + 동사원형 : ～해야 한다(의무) = Il faut + 동사원형

Je dois travailler chez mon oncle. [쥬 두와 ㅌ라바이예 세 모 **농**끌리]

= Il faut travailler chez mon oncle. [일 호 ㅌ라바이예 세 모 **농**끌리]

*devoir 동사가 강한 추측을 나타낼 수도 있다

Ça doit être très amusant. 아주 재미있을 거야. = 재미있을 게 틀림없어.
[싸 두와 애ㅌㄹ ㅌ래 **자**뮈정]

Il doit être grand maintenant et aller à l'école.
[일 두와 애ㅌㄹ ㄱ렁 맹뜨넝 에 알레 아 레꼴리] 그는 지금쯤 커서 학교에 다닐 거야.

▶ il a besoin de mon aide.

avoir + besoin + de + 명사 / 동사원형 : ～가 필요하다, ～할 필요가 있다.

J'ai besoin de ce livre. [제 ㅂ주쾡 ㄷ 쓰 리ㅂㄹ] 나는 이 책이 필요해.

▶ Tout à fait !

'완전히', '정말 그렇지.'라고 상대방의 말에 전적으로 동감하는 경우에 사용한다.

= Bien sûr. [비앵 쒸ㄹ] 물론이야.

= Oui, c'est vrai. [위이 쎄 ㅂ래] 맞아, 사실이야.

= Tu as [Vous avez] raison. [뛰 아/부 **자**베 래종] 네 [당신] 말이 맞아(요).

1 빈칸에 알맞은 지시형용사를 쓰세요.

J'ai rendez-vous _____________ matin.

Il est bien _____________ jours-ci.

À _____________ soir.

Il est très pris _____________ semaine.

On se voit _____________ hiver.

2 낱말의 뜻을 써보세요.

prochain _____________________   maths _____________________________

examen _____________________   oncle _____________________________

ferme _____________________

3 두 항목을 연결하여 문장을 완성하세요.

Elle a besoin •   • tu vas faire ?

Tu as•   • de ton aide.

Je vais •   • préparer l'examen.

Elle a une ferme •   • un examen ?

Qu'est-ce que •   • à la campagne.

4 다음 문장을 프랑스어로 작문하세요.

나는 이번 토요일에 할머니 댁에 가야 해.

→ ____ .

너 이번 주말에 뭐할 거니?

→ ____ .

Les oiseaux 조류

corbeau [kɔʀbo]
꼬르보 ⓜ 까마귀

cygne [siɲ]
씨뉴 ⓜ 백조

pigeon [piʒɔ̃]
삐죵 ⓜ 비둘기

moineau [mwano]
무와노 ⓜ 참새

perroquet
[pɛʀɔkɛ] 뻬로깨 ⓜ 앵무새

hirondelle [iʀɔ̃dɛl]
이롱댈르 ⓕ 제비

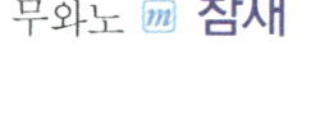

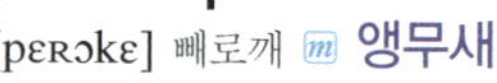

aigle [ɛgl]
애글르 ⓜ 독수리

goéland [gɔelɑ̃] 고엘렁
mouette [mwɛt] 무왜트
ⓕ 갈매기

canard [kanaːʀ]
꺄나르 ⓜ 오리

coq [kɔk] 꼭끄
수탉

poule [pul] 뿔르
암탉

autruche [otʀyʃ]
오트뤼슈 *f* 타조

cigogne [sigɔɲ]
씨고뉴 황새

alouette [alwɛt]
알루왜트 *f* 종달새

pingouin [pɛ̃gwɛ̃]
뺑ㄱ왱 *m* 펭귄

hibou [ibu]
이부 *m* 부엉이

Je voudrais réserver un billet.

기본 회화

A: Je voudrais réserver un billet pour Marseille.
쥬 부드래 레재르베 앵 비이예 뿌르 마르쌔이으
마르세이유행 티켓 한 장 예약하고 싶어요.

B: C'est pour quand ? 언제 가실 건가요?
쌔 뿌르 껑↘

A: Après-demain matin. 모레 아침이요.
아프래드맹 마땡

B: Désolé madame. 손님, 죄송합니다.
데졸레 마담ㅁ

Mais il n'y a pas de place le matin.
매 질 니 야 빠 드 쁠라쓰 르 마땡
아침에는 좌석이 없습니다.

réserver [ʀeze̞ʀve] 레재르베 예약하다
(*reserver) 동사원형

billet [bijɛ] 비이예 🇲 지폐, 티켓

pour [pu(ː)ʀ] 뿌르 ~를 위하여

après-demain [apʀɛdmɛ̃] 아프래드맹 🇲 모레

▶ Je voudrais ~

〈Je voudrais + 명사 / 동사원형〉은 '저는 ~ 원해요', '~하고 싶어요'로 원하는 바를 정중하게 말할 때 사용한다.

Je voudrais un thé au citron, s'il vous plaît.
[쥬 부드래 앵 떼 오 씨트롱 씰 부 쁠래] 레몬차 한잔 주세요.

Je voudrais un pantalon. [쥬 부드래 앵 빵딸롱] 바지 하나 사려고 하는데요.

je voudrais + 동사원형 = j'aimerais + 동사원형
Je voudrais devenir médecin. [쥬 부드래 드브니르 매드쌩] (저는) 의사가 되고 싶어요.
= J'aimerais devenir médecin. [재므래 드브니르 매드쌩]

▶ C'est pour quand ?

'그것이 언제를 위한 것인가요? 즉, '언제 필요하신 건가요?'의 의미로 의문사 앞에 전치사를 함께 쓴 문장이다.

C'est	pour	quand ? [껑]	그게 언제 필요하신 건가요?
		qui ? [끼]	그게 누구를 위한 건가요?
		quoi ? [꽈]	그게 무엇을 위한 건가요?

▶ il n'y a pas de place

'~(사람/사물)가 있어요?'는 '(Est-ce qu') il y a ~ ?'로 묻는다.

응답은 Oui, il y a ~ 또는 Non, il n'y a pas de ~ 로 한다.

(Est-ce qu') il y a des tickets ? [(애쓰끼) 일 리 야 데 띠께↗] 표가 있나요?
– Oui, il y a encore des tickets. [위이 일 리 야 엉꼬르 데 띠께] 네, 아직 표가 있어요.
– Non, il n'y a pas de tickets. [일 니 야 빠 드 띠께] 아니요, 표가 없어요.

*부정응답에서 des는 명사를 완전히 부정하는 의미의 '부정의 de'로 바뀐다.

il y a 의 부정 → il n'y a pas

il		y	a		des	places.	긍정문
	ne			pas			부정
il	n'	y	a	pas	de	places.	부정문

*y a 앞뒤에 ne ~ pas를 붙이는 것에 주의한다.

부정의 de

직접목적보어 속에 있는 부정관사나 부분관사는 부정문이 되면 '부정의 de'로 바뀐다.
그러나 정관사는 부정문에서도 de로 바뀌지 않는다.

Tu bois du café ? [뛰 봐 뒤 꺄풰 ↗] 너 커피 마시니?

– **Non, je ne bois pas de café.** [농 쥬 느 봐 빠 드 꺄풰] 아니, 난 커피 안 마셔.

Tu aimes le café ? [뛰 앰ㅁ 르 꺄풰 ↗] 너 커피 좋아하니?

– **Non, je n'aime pas le café.** [농 쥬 냄ㅁ 빠 르 꺄풰] 아니, 난 커피 좋아하지 않아.

▶ le matin

'아침마다'라는 뜻으로 〈정관사 + 시간〉은 '~마다'로 해석된다.

Je fais du jogging le matin. [쥬 쾌 뒤 조깅 르 마땡] 나는 아침마다 조깅해.

le matin [르 마땡] = **tous les matins** [뚜 레 마땡] = **chaque matin** [샤끄 마땡]

2차 학습

응용 회화

A: Bonjour, je voudrais réserver un billet pour Nice.
봉주르　　　쥬 부드래 레재르베 앵 비이예 뿌르 니쓰
안녕하세요, 니스행 표 한 장 예약하고 싶어요.

B: Vous voulez partir quand ? 언제 떠나실 거예요?
부 불레 빠르띠르 껑↘

A: Le 15 août, après-midi. 8월 15일 오후예요.
르 깽즈 우뜨　　　　　아프래미디

B: Un aller simple ou aller-retour ? 편도 왕복 중 뭐로 하실래요?
애 날레 쌩쁠르 우 알레 르뚜르↘

A: Aller simple. 편도로요.
알레 쌩쁠르

B: Il y a une place à 13 h 10 en deuxième classe.
일 리 야 윈 쁠라쓰 아 트래 줴르 디쓰 엉 되지앰므 끌라쓰
13시 10분에 2등석 자리가 하나 있어요.

Ça vous va ? 괜찮으세요?
싸 부 바↗

A: Oui, mais j'aimerais partir un peu plus tard.
위이　　매 잼므래 빠르띠르 앵 쁴 쁠뤼 따르
네, 그런데 저는 조금 더 늦게 출발하면 좋겠어요.

B: À15 h, en première classe, c'est bien ?
아 깽 줴르 엉 프르미애르 끌라쓰　　　　　　쎄 비앵↗
15시에, 1등석, 괜찮으세요?

A: Oui, parfait. Je le prends. 네, 아주 좋아요. 그걸 탈게요.
위이　　빠르홰　　　쥬 르 프렁

aoùt [u(t)] 우(뜨) *m* 8월

après-midi [apʀɛmidi] 아프래미디 *mf* 오후

simple [sɛ̃:pl] 쌩쁠르 *mf* 곧은, 솔직한, 단순한

aller-retour [ale ʀətu:ʀ] 알레르뚜르 *m* 왕복권
　aller simple [알레 쌩쁠르] (기차 동의) 편도표

deuxième [døzjɛm] 되지앰ㅁ 두 번째의　deux의 서수

classe [klɑ:s] 끌라쓰 *f* 수업, 교실, 등급, 좌석 등급(기차 등)

tard [ta:ʀ] 따르 늦게

première [pʀəmjɛːʀ] 프르미애르 *f* 첫 번째의
premier *m*

▶ Vous voulez partir quand ?

= Quand voulez–vous partir ? [껑 불레 부 빠르띠르↘]　언제 떠나길 원하세요?
vouloir '원하다' 동사 뒤에는 동사원형을 쓴다.

▶ Ça vous va ?

vous는 '당신(들)에게'로 간접목적보어이다. 즉 '당신(들) 상황에 맞습니까? = 괜찮으세요?'
의 뜻이다.

		bon ? [봉]	좋아요?	
C'est		bien ? [비앵]	좋아요?	
Ça	vous	va ? [바]	당신(들) 괜찮겠어요?	aller 동사
	te	convient ? [꽁비앵]	너 괜찮겠어?	convenir 동사

▶ un peu plus tard

un peu는 '조금', plus tard는 '더 늦게', '좀 더 뒤에'의 의미이다.
un peu [앵 쀠] 조금　＜　beaucoup [보꾸] 많이　＜　trop [트로] 너무 많이

Reculez un peu. [르뀔레 앵 뾔] 조금만 뒤로 물러서세요.

Elle part un peu plus tôt. [앨 빠르 앵 뾔 쁠뤼 또] 그녀는 좀 더 일찍 떠난다.

Il n'y a pas beaucoup de monde. [일 니 야 빠 보꾸 드 몽드] 사람이 많지 않다.

L'amour est trop dur. [라무르 애 트로 뒤르] 사랑은 너무 괴롭다.

Il se lève trop tard. [일 쓰 래브 트로 따르] 그는 너무 늦게 일어난다.

▶ première classe

1등석을 의미한다. 2등석은 deuxième classe(=seconde classe)이다.

서수

개수를 셀 때 쓰는 수를 기수라 하고 차례를 나타내는 수를 서수(첫 번째, 두 번째…)라고 부른다.

1er 1ère	premier [프르미에] première [프르미애르]	마지막	dernier [대르니에] dernière [대르니애르]
2e 2d(e)	deuxième [되지앰므] second(e) [쓰공(드)]		
3e	troisième [트롸지앰므]	13e	treizième [트래지앰므]
4e	quatrième [꺄트리앰므]	14e	quatorzième [꺄또르지앰므]
5e	cinquième [쌩끼앰므]	15e	quinzième [깽지앰므]
6e	sixième [씨지앰므]	16e	seizième [쌔지앰므]
7e	septième [쎗띠앰므]	17e	dix-septième [디쎗띠앰므]
8e	huitième [위띠앰므]	18e	dix-huitième [디쥐띠앰므]
9e	neuvième [놰비앰므]	19e	dix-neuvième [디즈놰비앰므]
10e	dixième [디지앰므]	20e	vingtième [뱅띠앰므]
11e	onzième [옹지앰므]	21e	vingt et unième [뱅떼위니앰므]
12e	douzième [두지앰므]	22e	vingt-deuxième [뱅(뜨)되지앰므]

30ᵉ	trentième [트렁띠앰므]	70ᵉ	soixante-dixième [쏴썽뜨디지앰므]
40ᵉ	quarantième [꺄렁띠앰므]	80ᵉ	quatre-vingtième [꺄트르뱅띠앰므]
50ᵉ	cinquantième [쌩껑띠앰므]	90ᵉ	quatre-vingt-dixième [꺄트르뱅디지앰므]
60ᵉ	soixantième [쏴썽띠앰므]	100ᵉ	centième [썽띠앰므]

서수 만들기 : 기수 + ième [이앰므]

(1) 서수는 기수에 −ième를 붙여서 만든다. 약자로 쓸 때는 숫자 위에 e 나 ème를 붙인다.

deux (2) → deuxième (2ᵉ)   trois (3) → troisième (3ᵉᵐᵉ)

(2) −e로 끝나는 경우는 e를 빼고 −ième를 붙인다.

quatre (4) → quatrième   onze (11) → onzième

* 예외적인 서수: cinq→cinquième   neuf→neuvième   quatre-vingts→quatre-vingtième

(3) 복합형은 마지막 수만 서수로 만든다. 그리고 마지막 수가 1인 경우에는 unième 가 된다.

Aujourd'hui, c'est mon dix-huitième anniversaire.
[오주르뒤이 쌔 몽 디쥐띠앰므 아니배르쌔르] 오늘은 내 18번째 생일이다.

Demain, c'est notre vingt et unième anniversaire.
[드맹 쌔 노트르 뱅떼 위니앰므 아니배르쌔르] 내일은 우리의 21번째 (결혼)기념일이다.

(4) '첫 번째'는 premier(여성형 première, 줄여 쓸 때는 1ᵉʳ/1ᵉʳᵉ)를 사용한다.

Le premier mars, c'est la rentrée en Corée.
[르 프르미에 마르쓰 쌔 라 렁트레 엉 꼬레] 한국에서는 3월 1일에 새 학년이 시작된다.

(5) '두 번째'는 second(여성형 seconde)을 사용하기도 한다.

La Seconde Guerre mondiale a fini en 1945.
[라 쓰공드 개르 몽디알르 아 휘니 엉 밀 눼흐 썽 꺄렁뜨 쌩끄] 2차 세계대전은 1945년에 끝났다.

(6) '마지막'으로는 dernier(여성형 dernière)를 사용한다.

Je lis la Dernière Classe d'Alphonse Daudet.
[쥬 리 라 대르니애르 끌라쓰 달홍쓰 도데] 나는 알퐁스 도데의 마지막 수업을 읽고 있다.

1 ( )에 주어진 숫자 중 알맞은 것을 고르세요.

J'habite au (trois/ troisième) étage.

Mon anniversaire est le (neuf/ neuvième) avril.

Tu es en (quatre/ quatrième) cette année ?

Vous avez (deux/ deuxième) enfants ?

2 낱말의 뜻을 써보세요.

billet ___________________________   parfait ___________________________

première ___________________________   après-demain ___________________________

3 두 항목을 연결하여 문장을 완성하세요.

Vous voulez •   • quand ?

Un aller simple ou •   • réserver une place.

Je voudrais •   • partir quand ?

C'est pour •   • un peu plus tôt.

J'aimerais partir •   • aller-retour ?

4 주어진 문장을 부정문으로 바꾸어 다시 쓰세요.

Vous aimez les films ? ➜ ___________________________

Il y a un train. ➜ ___________________________

Les poissons et les fruits de mer
생선과 해산물

thon [tɔ̃] 뚱 ⓜ **참치**

saumon [somɔ̃] 쏘몽 ⓜ **연어**

morue [mɔʀy]
모뤼 ⓕ **대구**

sole [sɔl]
쏠르 ⓕ **혀가자미**

anguille [ɑ̃gij]
엉기이으 ⓕ **뱀장어**

sardine [saʀdin] 싸르딘느 ⓕ **정어리**

requin [ʀəkɛ̃] 르깽 ⓜ **상어**

crabe [kʀɑːb] 크라브 *m* 게

homard [ɔmaːʀ] 오마르 *m* 바닷가재

crevette [kʀəvɛt] 크르배뜨 *f* 새우

moule [mul] 물르 *f* 홍합

palourde [paluʀd] 빠루르드 *f* 바지락

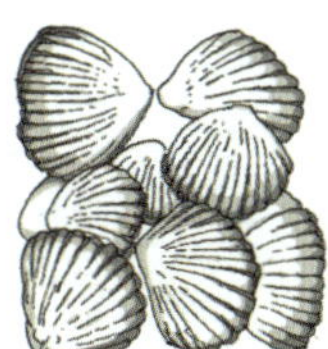

coque [kɔk] 꼭끄 *f* 꼬막

poulpe [pulp] 뿔쁘 *m* 문어

cal(a)mar [kal(a)maːʀ] 꺌(라)마르 *m* 오징어

Vous avez des chambres ?

기본 회화

A: **Je voudrais une chambre calme et claire.**
쥬 부드래 윈 셩브르 깔므 에 끌래르
조용하고 환한 방 하나를 원합니다.

B: **Très bien. C'est pour combien de personnes ?**
트래 비앙　　　쎄 뿌르 꽁비앙 드 빼르쏜ㄴ↘
잘 알겠습니다. 몇 분이 쓰실 거예요?

A: **Nous sommes deux.** 둘이에요.
누 쏨므 되

B: **C'est pour combien de nuits ?** 며칠 주무세요?
쎄 뿌르 꽁비앙 드 뉘↘

A: **Une nuit, s'il vous plaît.** 하룻밤이요.
윈 뉘 씰 부 쁠래

chambre [ʃɑ̃:bʀ] 셩브르 *f* 방, 침실　　　　claire [klɛ:ʀ] 끌래르 *f* 환한, 깨끗한 clair *m*
calme [kalm] 깔므 *m/f* 고요한, 조용한

▶ 형용사의 위치

Je voudrais une chambre calme et claire.

형용사 calme와 claire는 명사 뒤에 쓴다.

1. 명사 뒤

대부분의 형용사는 명사 뒤에 쓰는데, 특히 긴 단어나 색깔, 국적, 형태, 맛 등은 반드시 뒤에 쓴다.

J'aime la rose rouge. [잼ㅁ 라 로즈 루쥬] 나는 빨간 장미를 좋아해.

Il aime chanter les chansons coréennes. [일 앰ㅁ 셩떼 레 셩쏭 꼬레앤ㄴ]
그는 한국 노래 부르기를 좋아한다.

2. 명사 앞

bon, beau, joli, petit, grand, jeune, vieux 처럼 자주 사용되는 짧은 음절의 형용사들은 앞에 쓴다.

C'est une très belle maison. [쌔 뜀ㄴ 트래 밸ㄹ 매종] 이것은 매우 아름다운 집이다.

Tu as un joli prénom. [뛰 아 앵 졸리 프레농] 너는 예쁜 이름을 가지고 있네.

3. 위치에 따라 의미가 다른 경우 : neuf, grand, cher 등

les neuf mois [레 놰ㅎ 무와] 9개월

mon quartier neuf [몽 꺄르띠에 놰ㅎ] 나의 새 동네

un grand chanteur [앵 ㄱ렁 셩뙈ㄹ] 위대한 가수

un chanteur grand [앵 셩뙈ㄹ ㄱ렁] 키 큰 가수

mon cher ami [몽 섀ㄹ 아미] 내가 사랑하는 친구

une voiture chère [윈ㄴ 봐뛰ㄹ 섀ㄹ] 비싼 자동차

▶ 개수 묻고 답하기

개수를 물을 때는 〈combien de + 복수명사 ?〉를 사용한다.

Vous avez combien de sœurs ? [부 자베 꽁비앙 드 쐐르↗] 당신은 여자 형제가 몇 명이에요?
– J'ai deux sœurs. [제 되 쐐르] 여자 형제가 둘이에요.

Il y a combien de billets ? [일 리 야 꽁비앙 드 비이예↗] 표가 몇 장 있어요?
– Il y a trois billets. [일 리 야 트롸 비이예] 표가 세 장 있어요.

▶ 중성 대명사 en

프랑스에서는 앞에 쓴 말을 그대로 반복하는 것을 싫어하여 대부분 대명사로 바꾸어 말한다.
〈수량 표현 + 명사〉의 표현은 명사를 중성대명사 en 으로 바꾸어 동사 앞에 쓰고, 수량 표현
은 원래의 자리에 남겨 둘 수 있다.

주어 + 동사 + 수량 표현 + 명사 ⇒ 주어 + en (중성대명사) + 동사 + 수량 표현

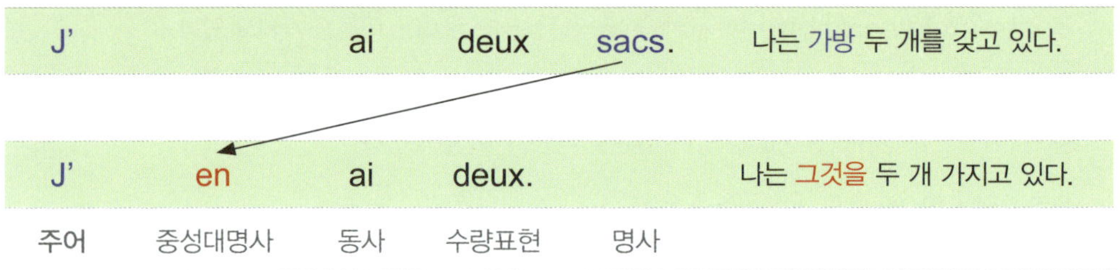

J'		ai	deux	sacs.	나는 가방 두 개를 갖고 있다.
J'	en	ai	deux.		나는 그것을 두 개 가지고 있다.
주어	중성대명사	동사	수량표현	명사	

J'ai deux sœurs. [제 되 쐐르] 여자 형제가 둘이에요.
= J'en ai deux. [져 내 되] (여자 형제가) 둘이에요.

Il y a beaucoup de billets. [일 리 야 보꾸 드 비이예↗] 표가 많이 있어요.
= Il y en a beaucoup. [일 리 어 나 보꾸] (표가) 많이 있어요.

중성대명사 En

형태	쓰임	위치	해석
En	〈부정(부분)관사 + 명사〉를 대신함 〈전치사 de + 명사〉를 대신함 〈수량 표현 + 명사〉에서 명사를 대신함	동사 앞	그것(을)

〈부분관사(du, de l', de la) / 부정관사(des) + 명사〉를 대신한다.

Tu veux du café ? [뛰 뵈 뒤 꺄풰 ↗] 너 커피 원하니(줄까)?

– Oui, j'en veux(= je veux du café). [위이 정 뵈] 응, 난 그것을 원해.

〈전치사 de + 명사(사물)〉를 대신한다.

Tu as besoin d'aide ? [뛰 아 브주왱 대ㄷ ↗] 너 도움이 필요하니?

– Oui, j'en ai besoin.(= j'ai besoin d'aide) [위이 져 내 브주왱] 그래, 나는 그게 필요해.

* 중성대명사 en은 전치사 en과 형태는 같지만 위치에 따라 구별된다.
　동사 앞에 있으면 중성대명사이고 명사 앞에 있으면 전치사이다.
　중성대명사는 이미 언급된 명사를 대신하므로, '그 사람(들)'이나 '그것(들)'로 해석된다.
　전치사는 대부분 '~에'나 '~로'를 의미한다.

Vous en avez combien ? [부 저 나베 꽁비앵 ↘]
당신은 그것(그 사람)을 얼마나 가지고 있습니까? (중성대명사)

Vous allez en France cet été ? [부 잘레 엉 흐렁쓰 쎗 떼떼 ↗]
당신은 올 여름에 프랑스에 가세요? (전치사)

아무리 봐도 이해되지 않는 나무의 모습입니다. 프랑스인들은 왜 이런 모습을 좋아할까요? 시내를 걷다 보면 이처럼 우람한 나무를 칼로 잘라 놓은 듯이 똑같은 모양의 나무가 줄지어 서 있는데... 여러분은 마음에 드세요?

응용 회화

A: **Bienvenue chez nous ! Je peux vous aider ?**
비앙브뉘 셰 누　　　　　　　　　쥬 뾔 부 재데↗
어서 오세요. (무엇을) 도와드릴까요?

B: **Bonjour, vous avez une chambre pour cette nuit ?**
봉주르　　　　부 자베 윈 성브르 뿌르 샛뜨 뉘↗
안녕하세요, 오늘 밤에 묵을 방이 있나요?

A: **Bien sûr, madame. Vous êtes seule ?**
비앙 쒸르　　　마담ㅁ　　　　부 잿뜨 쐴르↗
물론이에요, 손님. 혼자세요?

B: **Oui, et j'en voudrais une calme et claire.**
위이　　에 졍 부드래 윈ㄴ 깔ㅁ 에 끌래르
네, 저는 조용하고 밝은 것을 원해요.

A: **Nous en avons une au 4ᵉ étage, 405. Voilà la clé.**
누 저 나봉 윈ㄴ 오 꺄트리앰ㅁ 에따쥬 꺄트르 썽 쌩끄　　　볼라 라 끌레
5층에 405호가 있어요. 자, 열쇠예요.

B: **Parfait. Ça fait combien pour une nuit ?**
빠르홰　　　싸 홰 꽁비앙 뿌르 윈ㄴ 뉘이↘
좋아요. 하룻밤 숙박 요금이 얼마예요?

A: **80 euros, madame.** 80 유로예요, 손님.
꺄트르뱅 외로　　마담ㅁ

새 단어

bienvenue [bjɛ̃vny] 비앵ㅂ뉘 *f* 환영, 환대

seule [sœl] 쐴르 *f* 혼자, 홀로 seul *m*

étage [eta:ʒ] 에따쥬 *m* (건물의) 층, 단계

clé [kle] 끌레 *f* 열쇠, 중요한 것 clef

parfait [paʀfɛ] 빠르페 *m* 완벽한, 충분한
parfaite *f*

▶ Bienvenue chez nous

'이곳(우리 집)에 오신 것을 환영합니다'로 Bienvenue는 환영 인사에 쓰며 영어의 welcome에 해당된다.

Bienvenue à nos hôtes ! [비앵ㅂ뉘 아 노 조뜨] 여러분을 환영합니다!
Bienvenue à Paris ! [비앵ㅂ뉘 아 빠리] 파리에 오신 것을 환영합니다!

캐나다에서는 영어 welcome의 영향으로 감사 인사에 대한 대답으로 사용하기도 한다.

Merci ! [매르씨] 감사합니다!
– Bienvenue. [비앵ㅂ뉘] 천만에요.

▶ Vous êtes seule ?

seul이 형용사이므로 성과 수에 맞추어 쓴다.
남성에게 질문할 때는 Vous êtes seul ? [부 젯뜨 쐴르], 발음은 여성의 경우와 같다.

▶ j'en voudrais une calme et claire.

'저는 (그것을) 조용하고 깨끗한 것으로 하나 원해요'의 의미이다.
방을 찾고 있으므로 en이 chambre를 의미함을 알 수 있다.
즉 원문 Je voudrais une chambre calme et claire.에서 une chambre를 〈수량 표현 + 명사〉로 보아, 명사 chambre를 en으로 대신하고 une는 뒤에 남긴 문장이다.

Je voudrais une chambre calme et claire.
→ J'en voudrais une calme et claire. (en = chambre)

▶ Nous en avons une au 4ᵉ étage

원문 : Nous avons une chambre au 4ᵉ étage.

→ Nous en avons une au 4ᵉ étage.

즉 une chambre를 〈수량 표현 + 명사〉로 보아, chambre를 en으로 바꾸어
동사 avons 앞에 쓰고 뒤에 une를 남긴 문장이다.

프랑스에서는 건물의 1층을 rez-de-chaussée로 부르고, 2층부터 étage로 부른다.

4층	3ᵉ étage	troisième étage [트롸지앰ㅁ 에따쥬]
3층	2ᵉ étage	deuxième étage [되지앰ㅁ 에따쥬]
2층	1ᵉʳ étage	premier étage [프르미예 에따쥬]
1층	0 / R	rez-de-chaussée [레드쇼쎼]

▶ voici / voilà

Voilà la clé. [봘라 라 끌레] 열쇠 받으세요. 자, 열쇠 여기 있어요.

Voici [봐씨] : '여기에 ～(이)가 있다'

Voilà [봘라] : '저기에 ～(이)가 있다'

voici와 voilà 뒤에는 사람과 사물, 단수와 복수를 모두 쓸 수 있다.

Voici un CD. [봐씨 앵 쎄데] 여기 CD 한 장이 있어요.

Voilà les Vincent. [봘라 레 뱅썽] 저기에 뱅상씨 부부가 있어요.

voici와 voilà는 사람을 소개할 때도 많이 사용한다.

Paul, voici Marie. [뽈르 봐씨 마리] 폴, 얘는 마리야.

Voilà mon ami Luc. [봘라 모 나미 뤼크끼] 쟤는 내 친구 뤼크야.

voilà는 물건을 주면서 '자 받아'라는 의미로도 사용한다.

Voilà la lettre. [봘라 라 래트르] 자, 편지야.

– Merci. [매르씨] 고마워.

1 낱말의 뜻을 써보세요.

calme ___________________________   combien ___________________________

seul ___________________________   étage ___________________________

clé ___________________________

2 두 항목을 연결하여 문장을 완성하세요.

Bienvenue •   • seul ?

Vous êtes •   • chez nous !

Nous sommes •   • combien pour une nuit ?

Ça fait •   • combien de nuits ?

C'est pour •   • trois.

3 직접목적보어인칭대명사를 사용하여 문장을 바꾸어 써보세요.

Tu veux le livre ? ➜ ___________________________

Elle porte la jupe ? ➜ ___________________________

4 중성대명사를 사용하여 문장을 바꾸어 써보세요.

J'ai trois frères. ➜ ___________________________

Vous avez deux enfants ? ➜ ___________________________

faire du sport
[fɛːʀ dy spɔːʀ] 홰르 뒤 스뽀르
운동하다

faire du foot
[fɛːʀ dy fut] 홰르 뒤 훗뜨
축구하다

nager dans la piscine
[naʒe dɑ̃ la pisin] 나제 덩 라 삐씬ㄴ
수영장에서 수영하다

se reposer à la maison
[s(ə) ʀəpoze a la mɛzɔ̃] 쓰 르뽀제 알 라 매종
집에서 쉬다

lire le journal
[liːʀ lə ʒuʀnal] 리르 르 주르날
신문을 읽다

téléphoner
[telefɔne] 뗄레호네
전화를 걸다

faire du shopping [fɛːʀ dy ʃɔpiŋ]
홰르 뒤 쇼삥 쇼핑하다

faire les courses [fɛːʀ le kuʀs]
홰르 레 꾸르쓰 장보다

faire le ménage [fɛːʀ lə menaːʒ]
홰르 르 메나쥬 집을 청소하다

passer l'aspirateur [pɑse laspiʀatœːʀ]
빠쎄 라ㅅ삐라뙈르 청소기를 돌리다

faire la lessive /
faire une machine à laver

[fɛːʀ la lesiːv / fɛːʀ yn maʃin (a lave)]

홰ㄹ 라 레씨ㅂ/홰ㄹ 원 마쉰 (아 라베) 세탁기를 돌리다

boire / prendre du café

[bwaːʀ/pʀɑ̃ːdʀ dy kafe] 봐ㄹ/프렁ㄷㄹ 뒤 까훼

커피를 마시다

faire la vaisselle

[fɛːʀ la vɛsel] 홰ㄹ 라 배쎌ㄹ

설거지하다

laver des vêtements

[lave de vɛtmɑ̃] 라베 데 뱃ㄸ멍

빨래하다

mettre la table

[mɛtʀ la tabl] 매ㅌㄹ 라 따블ㄹ

식탁을 차리다

attendre le bus [atɑ̃ːdʀ lə bys]

아떵ㄷㄹ ㄹ 뷔ㅆ 버스를 기다리다

prendre le taxi [pʀɑ̃ːdʀ lə taksi]

프렁ㄷㄹ ㄹ 딱씨 택시를 타다

Que c'est beau !

기본 회화

A: **Que c'est beau !** 너무 아름다워!
끄 쎄 보

B: **Oui, c'est vraiment magnifique !** 그래, 정말 멋져!
위이 쎄 ㅂ래멍 마니휘ㄲ

- - - - - - - - -

A: **Tu es encore dans le train ?** 너 아직 기차 안이니?
뛰 애 엉꼬르 덩 르 트랭↗

B: **Non, je viens d'arriver à Lille.** 아니, 나 방금 릴에 도착했어.
농 쥬 비앵 다리베 아 릴르

새 단어

encore [ɑ̃kɔ:ʀ] 엉꼬르 아직, 여전히
viens [vjɛ] 비앵 온다 (*venir) je, tu의 현재 변화형
vraiment [vʀɛmɑ̃] ㅂ래멍 정말로, 진실로

magnifique [maɲifik] 마니휘ㄲ *mf* 웅장한, 장엄한, 매우 아름다운

▶ Que c'est beau !

감탄문 Ⅰ

평서문을 감탄문으로 만들 때는 평서문 앞에 Comme 등을 붙인다.

Comme [꼼므]	+ 주어 + 동사 ～ !
Que [끄]	+ 주어 + 동사 ～ !
Qu'est-ce que [깨 쓰 끄]	+ 주어 + 동사 ～ !
Que de [끄 드]	+ 명사 + 주어 + 동사 ～ !

Comme il est joli ! [꼼므 일 래 졸리] 그 남자 정말 귀여워!

Qu'elle est gentille ! [깰 래 정띠이으] 그 여자 정말 친절해!

Qu'est-ce qu'il marche vite ! [깨쓰 낄 마르슈 비뜨] 그는 참 빨리도 걷네요!

Que de monde ! [끄 드 몽드] 웬 사람이 이렇게 많아!

Que de voitures il y a dans Paris ! [끄 드 봐뛰르 일 리 야 덩 빠리] 파리에는 차가 너무 많아!

감탄문에서는 rès, bien, trop, beaucoup 등은 쓰지 않는다.

Il est très grand. (○)

Qu'il est grand ! (○)   Qu'il est très grand ! (×)

▶ Je viens d'arriver à Lille.

'방금 릴에 도착했어.'의 의미로 근접과거 시제이다. 근접 과거는 현재와 가까워 일어난지 얼마 안 된 일을 말할 때 쓰며 〈venir 동사의 현재 변화형 + de(d') + 동사원형〉으로 쓰고 '방금(이제 막/조금 전에) ～했다'로 해석한다.

Je	viens	d'	arriver.
주어	venir 현재형	de	동사원형
나는	～했다		도착하다

venir의 현재 변화형

인칭	단수	변화형	복수	변화형
1인칭	je	viens [비앵]	nous	venons [브농]
2인칭	tu	viens [비앵]	vous	venez [브네]
3인칭	il/elle	vient [비앵]	ils/elles	viennent [비앤느]

근접 과거시제를 쓰려면 venir 동사의 현재 변화형을 잘 외워두어야 한다.
그 뒤에 de와 동사원형을 쓴다.

나 방금 저녁을 먹었어. (dîner) → Je viens + de + dîner. [쥬 비앵 드 디네]
그는 조금 전에 숙제를 끝냈어. (finir) → Il vient + de + finir + ses devoirs.
[일 비앵 드 휘니르 쎄 드봐르]

근접미래와 근접과거

Je	vais	partir.	나 출발할 거야.
	viens de		나 출발했어.

근접 미래와 근접 과거는 둘 다 현재와 가까운 시제이다. 근접 미래는 멀지 않은 장래나
조만간에 할 일을 나타내며 근접 과거는 일어난 지 얼마 안 되는 일 등을 나타낸다.
근접 미래는 동사 원형 앞에 조동사 aller의 현재형을 쓰고,
근접 과거는 동사 원형 앞에 venir de의 현재 변화형을 써서 만든다.

Vous allez partir demain ? [부 잘레 빠르띠르 드맹↗] 내일 떠나실 거예요?
Elle vient d'arriver à l'aéroport. [엘 비앵 다리베 아 라에로뽀르] 그녀가 방금 공항에 도착했어.

2차 학습

응용 회화

Chère Alice, 새르 알리쓰

Ça va ? Moi, je vais très bien. 싸 바↗ 무와 쥬 배 트래 비앵

Je viens d'arriver à Nice. 쥬 비앵 다리베 아 니쓰

Quelle belle ville ! 껠 밸 빌

Le ciel est vraiment bleu, sans un nuage !
르 씨앨 애 브래멍 블뢰 썽 쟁 뉘아쥬

Et la mer aussi ! 에 라 매르 오씨

Tout d'abord, je vais rendre visite à ma tante.
뚜 다보르 쥬 배 렁드르 비지뜨 아 마 떵뜨

Et après, j'aimerais passer quelques jours à la plage et je vais visiter les musées de Matisse et de Chagall.
에 아프래 잼므래 빠쎄 껠끄 주르 알 라 쁠라쥬 에 쥬 배 비지떼 레 뮈제 드 마띠쓰 에드 샤갈르

Je vais t'écrire plus souvent. 쥬 배 떼크리르 블뤼 쑤벙

Bonne nuit ! 본 뉘이

Bise, Mathilde 비즈 마띨드

사랑하는 알리스,

잘 지내니? 난, 아주 잘 지내. 나 좀 전에 니스에 도착했어.

도시가 정말 아름다워! 하늘이 구름 한 점 없이 파래!

그리고 바다도 그래! 우선 나는 숙모님을 방문할 거야.

그리고 바닷가에서 며칠 보내고 싶고, Matisse와 Chagall 박물관도 가볼 거야.

너한테 더 자주 편지할게. 잘 자!

볼 키스를 보내며, 마틸드가

새 단어

chère [ʃɛːʀ] 새르 *f* 친애하는, 사랑하는, 값비싼 cher *m*	**visite** [vizit] 비지뜨 *f* 방문
ciel [sjɛl] 씨앨르 *m* 하늘	**tante** [tãːt] 떵뜨 *f* 숙모
vraiment [vʀɛmã] 브래멍 정말로, 진실로	**quelque** [kɛlk(ə)] 깰끄 어느, 어떤, 약간의, 다소의
bleu [blø] 블뢰 *m* 파란, 파란색 bleu**e** *f*	**plage** [plaːʒ] 쁠라쥬 *f* 해변
sans [sã] 썽 ∼ 없이, ∼가 없는	**visiter** [vizite] 비지떼 방문하다 (*visiter) 원형
nuage [nɥaːʒ] 뉘아쥬 *m* 구름	**musée** [myze] 뮈제 *m* 박물관
mer [mɛːʀ] 매르 *f* 바다	**écrire** [ekʀiːʀ] 에크리르 쓰다 (*écrire) 원형
rendre [ʀãːdʀ] 렁드르 ∼하게 하다, 돌려주다 (*rendre) 원형	**souvent** [suvã] 쑤벙 자주
	bise [biːz] 비즈 *f* 볼 키스

▶ **Chère Alice**

편지쓰기

편지나 이메일의 서두는 보통 'Cher(Chère) + 이름/ 호칭'으로 시작하는데 Cher(Chère)를 생략하기도 한다. 이어서 내용을 쓰는데, 편지의 경우에는 오른쪽 맨 위에 Paris, le 3 mai 2017 형식으로 장소와 날짜를 적는다. 편지 끝에는 헤어지는 인사나 '키스를 보내요' 등의 마침 인사를 쓰고 작성자 이름과 서명을 작성한다.

편지 예시

Paris, le 3 mai 2017

Cher Marc,

À très bientôt
Bises

Juliette

편지 서두 표현

(Cher) Paul,	(사랑하는) 폴에게	(Chère) Marie,	(사랑하는) 마리에게
(Cher) Papa,	(사랑하는) 아빠에게	(Chère) Maman,	(사랑하는) 엄마에게
(Cher) Monsieur (Dupont),	(친애하는) (뒤퐁) 선생님께	(Chère) Madame (Lepetit),	(친애하는) (르프티) 부인께

편지 말미 표현

Bises [비즈] 볼 키스를 보내.   /   Bisou [비주] 볼 키스를 보내.

Je t'embrasse [쥬 떵브라쎄] 키스를 보내.

Je vous embrasse [쥬 부 정브라쎄] 키스를 보내요.

▶ Quelle belle ville !

감탄문 II

명사에 대해 감탄할 때는 감탄형용사 Quel을 사용한다. Quel은 명사의 성과 수에 맞추어 쓴다.

Quel	Quelle	(품질형용사) + 명사 + (품질형용사) + (주어 + 동사) ~ !
Quels	Quelles	

감탄형용사 Quel(le)(s) + 명사

Quel temps ! [깰 떵] 굉장한 날씨네!

감탄형용사 Quel(le)(s) + (형용사) + 명사 + (형용사)

의미를 분명하게 하기 위해 명사 앞이나 뒤에 형용사를 사용할 수 있다.

Quel beau temps ! [깰 보 떵] 정말 좋은 날씨네!

Quel mauvais temps ! [깰 모배 떵] 정말 궂은 날씨네!

Quel monde magnifique ! [깰 몽ㄷ 마니휘끄] 기막히게 멋진 세상이야!

감탄형용사 Quel(le)(s) + (형용사) + 명사 + (형용사) + 주어 + 동사

Quels jolis bébés vous avez ! [깰 졸리 베베 부 자베] 당신(들)의 아이들이 정말 귀엽네요!

▶ visiter

사람을 방문하는 경우 : rendre visite + à + 사람

장소를 방문하는 경우 : visiter + 방문 장소

Je vais rendre visite à ma tante. [쥬 배 렁드르 비지뜨 아 마 떵뜨] 나의 숙모님을 방문할 거야.

Je vais visiter le Mont Saint-Michel. 나는 몽쌩미셸(수도원)을 방문할 거야.

[쥬 배 비지떼 르 몽쌩미셸르]

▶ plus souvent

souvent의 비교급 표현으로 '더 자주'라는 뜻이다.

Je t'appelle plus souvent. [쥬 따뻴 쁠뤼 쑤벙] 더 자주 너에게 전화할게.

▶ le texto

휴대폰 메시지를 texto [땍쓰또] 또는 SMS 라고 하는데, 여기에서는 약어를 만들어 쓰는 경우가 많다.

〈원문〉

〈약어〉

texto에서 약어 만드는 방법

① 철자를 줄이는 경우

원어	약어	원어	약어
bonjour	bjr	salut	slt
beaucoup	bcp	parce que	pcq
pour	pr	rendez-vous	rdv
aujourd'hui	auj	je vais	jv

(je) ne sais pas	nsp	réponse/réponds	rep
désolé(e)	DSL	week-end	WE
je t'aime	JTM		

② 같은 발음의 다른 철자로 바꾸는 경우

원어	약어	원어	약어
est-ce que	eske	qu'est-ce que	keske
qui	ki	quoi	koi
quel	kl	pourquoi	pk
quand	kan/qd	ça va	sava

③ 알파벳의 발음을 이용하는 경우

원어	약어
c'est	C
j'ai	G
acheter	HT

④ 같은 발음의 숫자를 사용하는 경우

원어	약어	원어	약어
merci	mr6	bien	bi1
bien sûr	b1sur	cinéma	6né
demain	2m1	à demain	a2m1

La nature 자연

rivière [Rivjɛːʁ]

리비애르 *f* **강**

ruisseau [ʁɥiso]

뤼쏘 *m* **개울**

vallée [vale]

발레 *f* **계곡**

plateau [plato]

쁠라또 *m* **고원**

grotte [gʁɔt]

그로뜨 *f* **동굴**

rocher [ʁɔʃe]

로셰 *m* **돌, 바위**

pente [pɑ̃ːt]

뺑뜨 *f* **비탈**

désert [dezɛːʁ]

데재르 *m* **사막**

montagne [mɔ̃taɲ]

몽따뉴 *f* **산**

forêt [fɔʀɛ]

호래 🖪 **숲**

plaine [plɛn]

쁠랜ㄴ 🖪 **평야/평원**

prairie [pʀɛ[e]ʀi]

프래리 🖪 **초원**

colline [kɔlin]

꼴린ㄴ 🖪 **언덕/구릉**

falaise [falɛːz]

활래즈 🖪 **절벽**

lac [lak]

락끄 🖫 **호수**

cascade [kaskad]

꺄ㅅ꺄ㄷ 🖪 **폭포**

volcan [vɔlkɑ̃]

볼껑 🖫 **화산**

île [il] 일르 🖪 **섬**

1 낱말의 뜻을 써보세요.

plage ___________________________   souvent ___________________________

tante ___________________________   ville ___________________________

vraiment ___________________________

2 두 항목을 연결하여 문장을 완성하세요.

Le ciel est •   • dans la maison ?

Tu es encore •   • bleu.

Je vais rendre •   • visiter le Louvre.

J'aimerais •   • de descendre de l'avion.

Je viens •   • visite à mon oncle.

3 다음 문장을 (   )에 주어진 시제로 바꾸어 보세요.

J'écris à Paul. (근접 과거)

→ ___________________________

Mes parents arrivent à Cannes aujourd'hui. (근접 과거)

→ ___________________________

Maxime quitte l'Allemagne demain. (근접 미래)

→ ___________________________

4 다음 문장을 감탄문으로 바꾸어 보세요.

Tu as une très belle maison. → ___________________________

Marc est très intelligent. → ___________________________

Je suis restée chez moi.

기본 회화

A: **Emma, qu'est-ce que tu as fait le week-end ?**
엠마 깨ㅆ끄뛰아 훼르위깬ㄷ↘ 엠마야, 너 주말에 뭐했니?

B: **Je suis restée chez moi.** 집에 있었어.
쥬 쒸이 래ㅅ떼 셰 무와

- - - - - - - - - -

A: **Elle était comment ?** 그 여자 어땠니?
앨 에때 꼬멍↘

B: **Elle était belle et très sympa.** 예쁘고 아주 좋은 사람이었어.
앨 에때 밸 에 ㅌ래 쌩빠

새 단어

restée [Rɛste] 래ㅅ떼 rester 동사의 과거분사형 resté의 여성일치형

belle [bɛl] 밸르 *f* 아름다운, 예쁜 beau, bel *m*

sympa [sɛ̃pa] 쌩빠 *m,f* 호감이 가는 sympathique의 약어

▶ Qu'est-ce que tu as fait le week-end ?

tu as fait는 '너는 했다'로 faire 동사의 복합과거 형태이다. 복합 과거는 일상에서 가장 많이 사용되는 과거 시제로 과거에 완료되거나, 비교적 짧은 기간에 이루어진 일, 순간적인 일 등을 말할 때 쓴다. 복합과거에서는 동사를 과거분사로 바꾸고, 그 앞에 avoir나 être의 현재형을 조동사로 쓴다. faire 동사는 avoir를 조동사로 사용한다.

Qu'est-ce que	tu	as	fait	le week-end ?
		avoir 현재형	faire 과거분사	
무엇을	너는	했다. / 했니 ?		주말에
		복합과거		

▶ Je suis restée chez moi.

Je suis restée는 '나는 머물렀다'로 rester 동사의 복합과거 형태이다. rester 동사는 복합과거에서 être를 조동사로 사용하며 과거분사를 주어의 성과 수에 일치시켜 쓴다.

Je	suis	restée	chez moi.
(여자인 경우)	être 현재형	resté 과거분사 + e (여성 일치)	
나는		머물렀다	나의 집에
		복합과거	

▶ Elle était comment ?

사람이나 사물의 특징이나 성격을 물을 때는 〈Comment + être 동사 + 주어?〉를 사용하고 이에 답할 때는 〈être + 형용사〉로 한다. était는 être의 반과거 형태이다.

Elle était comment ? [앨 에떼 꼬멍↘] 그 여자 어땠니?
– Elle était gentille. [앨 에떼 졍띠이ㅇ] 그녀는 친절했어.

▶ 반과거

- 용법 : 과거에 반복되거나 습관적인 사실, 또는 완료되지 않은 계속적인 행위나 상태를 말할 때 사용하는 과거 시제이다.
- 형태 : 1인칭 복수(nous) 현재형에서 -ons를 제거한 부분을 어간으로 하고, 여기에 반과거 어미를 붙여 만든다.

반과거의 형태	1인칭 복수(nous) 현재형의 어간	+	반과거 어미

반과거 어미		nous의 현재형	반과거 어간	반과거형
je	-ais [애]			
tu	-ais [애]	nous aim**ons** (aimer)	aim	j'aimais [재매]
il/elle	-ait [애]	nous finiss**ons** (finir)	finiss	je finissais [쥬 휘니쌔]
nous	-ions [이옹]	nous av**ons** (avoir)	av	j'avais [쟈배]
vous	-iez [이예]	nous sommes (être)	* ét	j'étais [제때]
ils/elles	-aient [애]			

* être 동사의 반과거 어간은 예외적으로 ét-로 쓴다.

Hier, il faisait froid. [이애르 일 흐재 흐롸] 어제는 날씨가 추웠다.

Quand j'étais petit, j'aimais jouer dans le parc.
[껑 제때 쁘띠 재매 주에 덩 르 빠르끄] 어렸을 때 나는 공원에서 놀기를 좋아했다.

Si와 반과거를 함께 쓰면 제안을 나타낸다.

Si on marchait un peu ? [씨 옹 마르섀 앵 뾔↗] 우리 좀 걸을까?

▶ 형용사 **beau** 의 성과 수 변화

'아름다운'을 의미하는 형용사 beau 는 성과 수의 변화가 예외적이다. 여성형은 belle 이고, 남성 2형 bel은 명사가 모음이나 무음 h 로 시작되는 경우에 연음하기 위해 쓴다.

	남성	여성	의미
단수	beau [보] bel [벨르]	belle [벨르]	아름다운
복수	beaux [보]	belles [벨르]	

Quel beau garçon !　[깰 보 갸르쏭]　정말 잘 생긴 애야!

Quel bel homme !　[깰 벨롬므]　정말 멋진 남자야!

Quelle belle femme !　[깰 벨르 홤므]　정말 멋진 여자야!

*형용사 nouveau [누보], vieux [비외], fou [후] 등도 같은 방법으로 쓰인다.

nouveau

	남성	여성	의미
단수	nouveau [누보] nouvel [누벨르]	nouvelle [누벨르]	새로운
복수	nouveaux [누보]	nouvelles [누벨르]	

Le beaujolais nouveau est arrivé.　올해의 보졸레산 포도주가 나왔다.
[르 보졸래 누보 애 따리베]

Il y a un nouvel hôtel près d'ici.　이 근처에 새 호텔이 하나 있다.
[일 리 야 앵 누벨 로뗄르 프래 디씨]

Elle achète une nouvelle voiture.　[앨 아샛뜨 윈 누벨 봐뛰르]　그녀는 새 자동차를 구입한다.

vieux

	남성	여성	의미
단수	vieux [비외] vieil [비애이으]	vieille [비애이으]	새로운
복수	vieux [비외]	vieilles [비애이으]	

Il est plus vieux que moi. [일 래 쁠뤼 비외 끄 무와] 그는 나보다 나이가 더 많다.

Il y a un vieil homme au parc. 공원에 늙은 남자가 하나 있다.
[일 리 야 앵 비애이으 옴ㅁ 오 빠르끄]

fou

	남성	여성	의미
단수	fou [후] fol [홀]	folle [홀ㄹ]	미친, 열중한
복수	foux [후]	folles [홀ㄹ]	

Tu es fou ? [뛰 애 후↗] 너 미쳤어? (남자에게)

Tu es folle ? [뛰 애 홀ㄹ↗] 너 미쳤어? (여자에게)

C'est un fol espoir. [쎄 땅 홀 래ㅅ빠르] 그것은 헛된 희망이야.

Elle est folle de musique. [앨 래 홀ㄹ 드 뮈지끄] 그녀는 음악에 열중해 있다.

2차 학습

응용 회화

A: Écoute ! J'ai rencontré un homme il y a un mois.
에꾸뜨　　　쎄 렁꽁트레 애 놈ㅁ 일 리 야 앵 무와
(내 말 좀) 들어 봐! 나 한달 전에 한 남자를 만났어.

B: Quoi ? C'est vrai ? Qu'est-ce qu'il fait ?
꽈♩　　　　쎄 ㅂ래♩　　　　깨ㅆ 낄 홰↘
뭐라구? 정말이야? 뭐 하는 사람이니?

A: Ingénieur. Il travaille dans une entreprise française.
앵졔니왜르　　　　일 트라바이으 덩 쥔ㄴ 엉트르프리즈 ㅎ렁쌔즈
엔지니어야. 그는 프랑스 회사에서 일해.

B: Il est comment ? 그 남자 어때?
일 래 꼬멍↘

A: Il n'est pas très beau, mais très sympa.
Il est tout à fait mon style.
일 내 빠 트래 보 매 트래 쌩빠　　　일 래 뚜 따 홰 몽 스띨르
아주 잘생긴 건 아니지만 호감이 가는 사람이야. 그는 완전 내 타입이야.

Maintenant il est en Italie. Il me manque beaucoup.
맹뜨넝 일 래 어 니딸리　　　　　　일 므 멍끄 보꾸
그 남자 지금 이탈리아에 있어. 나 그 남자가 많이 보고 싶어.

B: Oh oh, toi, tu es amoureuse…? 오 오, 너, 사랑하는 거니?
오 오 뚜와 뛰 애 아무뢰ㅈ…♩

A: Oui... peut-être. 그래, 아마도 그런 거 같아.
위이 뾔때트르

새 단어

écoute [ekut] 에꾸뜨 듣다, (*écouter) tu에 대한 명령형	**style** [stil] 스띨르 ⓜ 스타일, 유형
rencontré [Rãkɔ̃tRe] 렁꽁트레 만나다 (*rencontrer), 과거분사	**manque** [mã:k] 멍끄 부족하다, 그립다 (*manquer) je, il의 변화형
homme [ɔm] 옴므 ⓜ 남자, 인간, 인류	**amoureuse** [amuRø:z] 아무뢰즈 Ⓕ 연인, 사랑에 빠진 amoureux ⓜ
ingénieur [ɛ̃ʒenjœ:R] 앵제니왜르 ⓜⒻ 엔지니어	
entreprise [ãtRəpRi:z] 엉트르프리즈 Ⓕ 기업, 회사	**peut-être** [pøtɛtR] 푀때트르 아마도

▶ J'ai rencontré un homme il y a un mois.

ai rencontré는 rencontrer 동사의 복합과거 시제형이다.

il y a는 '~가 있다'이지만, 시간을 나타내는 말 앞에서는 '~ 전에'로 쓰인다.

Il est parti il y a une semaine. 그 남자는 일주일 전에 떠났어.

[일 래 빠르띠 일 리 야 윈느 쓰맨느]

▶ Qu'est-ce qu'il fait ?

'그는 뭐 하고 있니?'로 지금 하는 행동을 묻는다. 현재 하고 있는 생업, 즉 직업을 물을 때도 쓰는데, 이때는 dans la vie를 붙이기도 한다.

Qu'est-ce qu'il fait (dans la vie) ? [깨쓰 낄 홰 (덩 라 비)↘] 그는 어떤 일을 하니?

= Quelle est sa profession ? [껠 래 싸 프로홰씨용↘] 그 사람 직업이 뭐니?

Qu'est-ce que tu fais ? [깨쓰 끄 뛰 홰↘] 너 뭐하니?

– Je fais mes devoirs. [쥬 홰 데 드봐르] 숙제해요.

– Je travaille dans une banque. [쥬 트라바이으 덩 쥔느 벙끄] 나는 은행에서 일해.

▶ **Il travaille dans une entreprise française.**

국적 형용사(française)는 반드시 명사(entreprise) 뒤에 쓴다.

une entreprise française [윈 엉트르프리즈 ㅎ렁쎄즈] 프랑스 회사
la Révolution française [라 레볼뤼씨옹 ㅎ렁쎄즈] 프랑스 혁명
C'est le drapeau coréen. [쎄 르 ㄷ라뽀 꼬레엥] 이것은 한국의 국기야.

▶ **Il me manque beaucoup.**

manquer [멍께] 동사는 '없다', '부족하다'의 의미도 있지만 '그리워하다', '보고 싶어 하다'의 의미로도 쓰인다.

Il me manque beaucoup. [일 므 멍끄 보꾸] 나는 그 남자가 무척 보고 싶다.
Ses enfants lui manquent. [쎄 정횡 뤼이 멍끄] 그 남자는/그 여자는 자식들을 그리워한다.

▶ **복합과거**

복합과거는 말하는 시점 이전에 완료된 일을 말할 때 쓰는 과거시제이다.
복합과거는 〈조동사(avoir / être)의 현재형 + 과거분사〉로 쓴다.

Je	suis	allé	à la maison.
	être 현재형	aller 의 과거분사	

나는 집으로 갔다.

J'	ai	mangé	à la maison.
	avoir 현재형	manger 의 과거분사	

나는 집에서 먹었다.

*복합과거로 쓸 때는 동사를 과거분사로 바꾸고, 그 동사의 성격에 따라 조동사를 avoir나 être 중에서 선택해서 쓴다.

조동사의 선택

être 동사를 사용하는 경우는 정해져 있다. 장소의 이동, 상태의 변화에 관한 (자)동사나 대명동사에는 être를 사용하고 나머지 모든 동사는 avoir를 사용한다.

<table>
<tr><td rowspan="3" align="center">être 를
쓰는 경우</td><td align="center">장소 이동</td><td>aller 가다   ↔   venir 오다
entrer 들어가다   ↔   sortir 나가다
partir 출발하다   ↔   arriver 도착하다
monter 올라가다   ↔   descendre 내려오다
passer 지나가다, 들르다 등</td></tr>
<tr><td align="center">상태 변화</td><td>naître 태어나다   ↔   mourir 죽다
rester 남아 있다
devenir ～가 되다</td></tr>
<tr><td align="center">대명 동사</td><td>se lever, se coucher 등 모든 대명동사</td></tr>
</table>

* 단 entrer, sortir, monter, descendre, passer와 같은 동사는 뒤에 목적어와 함께 타동사로 쓰이는 경우에는 avoir를 조동사로 사용한다.

Je suis passé chez mon copain. [쥬 쒸이 빠쎄 세 몽 꼬뺑] 나는 친구네 집에 들렀다.

J'ai passé deux mois à Paris. [제 빠쎄 되 무와 아 빠리] 나는 파리에서 두 달을 보냈다.

과거분사의 성과 수의 일치

조동사를 être로 쓰는 경우에는 과거분사를 주어의 성과 수에 맞추어 일치시킨다. avoir를 사용하는 경우에는 일치시키지 않는다.

Il est venu. → Elle est venue.

Ils sont venus. → Elles sont venues.

	avoir 현재형	과거분사		être 현재형	과거분사
J'	ai	fait	Je	suis	resté(e)
Tu	as	fait	Tu	es	resté(e)
Il	a	fait	Il	est	restée
Elle	a	fait	Elle	est	resté(e)
Nous	avons	fait	Nous	sommes	resté(e)s
Vous	avez	fait	Vous	êtes	resté(e)(s)
Ils	ont	fait	Ils	sont	restés
Elles	ont	fait	Elles	sont	restées

(1) 1군 동사

1군 동사의 과거분사는 동사원형과 발음이 같다.

parler 동사의 과거분사는 [빠를레], écouter 동사는 [에꾸떼], entrer 동사는 [엉트레]이다.
원형 –er에서 e를 é로 바꾸고 r를 떼면 과거분사가 되기 때문이다.

1군 동사	–é로 끝남	aimer → aimé	모든 1군 동사에 규칙적으로 적용

(2) 2군 동사

2군 동사의 과거 분사는 동사원형의 어미 –ir에서 r를 삭제하므로 발음에서 –r를 제외한다.
즉 finir 동사의 과거분사는 [휘니], choisir는 [슈와지], réussir는 [레위씨]이다.

2군 동사	–i로 끝남	finir → fini	모든 2군 동사에 규칙적으로 적용

(3) 3군 동사

3군 동사의 과거분사는 동사마다 다르지만 –é, –i, s, –t, –u 중 하나로 끝난다.

–é	aller → allé [알레]	être → été [에떼] naître → né [네]	1군 동사처럼 생긴 aller는 과거분사도 allé이다.
–i	sortir → sorti [쏘르띠]	partir → parti [빠르띠] dormir → dormi [도르미] servir → servi [쌔르비]	2군 동사처럼 –ir로 끝나는 3군 동사 중에는 –i로 바뀌는 경우가 많다.
–s	prendre → pris [프리]	mettre → mis [미]	
–t	faire → fait [홰]	dire → dit [디] écrire → écrit [에크리] ouvrir → ouvert [우배르] mourir → mort [모르]	–t로 끝나는 경우는 3인칭 단수 현재형과 같은 경우가 많다.

-u	voir → vu [뷔]	lire→lu [뤼] boire→bu [뷔] devoir→dû [뒤] savoir→su [쒸] pouvoir→pu [쀠]	-u로 끝나는 경우가 대부분인데, 앞 첫 글자만 쓰고 u를 붙이는 경우가 많다. - dû 는 수축관사나 부분관사 du와 구분하기 위해 accent을 붙인다.
	venir → venu [브뉘]	avoir→eu [위] vouloir→voulu [불뤼]	avoir의 경우는 철자와 발음이 예외적이다.
	attendre → attendu [아떵뒤]	descendre→descendu [데썽뒤] entendre→entendu [엉떵뒤]	-dre로 끝나는 동사들은 모두 이렇게 변화한다.(단 prendre 예외)

접두사가 붙은 동사는 과거분사에 접두사만 붙여서 만든다.

partir → parti [빠르띠]	repartir → reparti [르빠르띠]	(섰다가) 다시 출발하다
prendre → pris [프리]	comprendre → compris [꽁프리]	이해하다
mettre → mis [미]	permettre → permis [뻬르미]	허락하다

Les antonymes 반의어

être propre
애트르 프로프르 **깨끗하다**

être sale
애트르 쌀르 **더럽다**

être maigre
애트르 매그르
여위다, 마르다

être gros(se)
애트르 그로(씨)
뚱뚱하다

  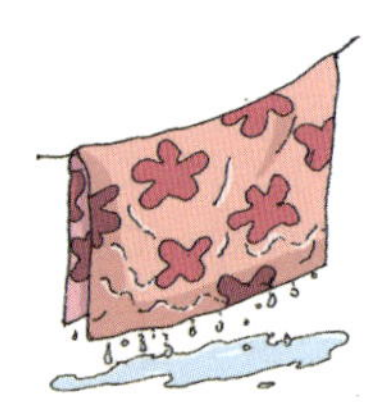 

être léger(ère)
애트르 레제(레재르) **가볍다**

être lourd(e)
애트르 루르(드) **무겁다**

être humide
애트르 위미드
젖다, 습하다

être sec(èche)
애트르 쌕끄(쌔슈)
마르다, 건조하다

être sombre
애트르 쏭브르 **어둡다**

être clair(e)
애트르 끌래르 **밝다**

ouvrir
우브리르 **열다**

fermer
훼르메 **닫다**

aller 알레
가다

venir 브니르
오다

sortir 쏘르띠르
나가다

entrer 엉트레
들어가다

partir 빠르띠르
출발하다

arriver 아리베
도착하다

monter 몽떼
올라가다

descendre 데썽드르
내려가다

naître 내트르
태어나다

mourir 무리르
죽다

rire 리르 **웃다**

pleurer 쁠뢰레 **울다**

commencer
꼬멍쎄 **시작하다**

finir
휘니르 **끝내다**

respecter
래스빽떼 **존중하다**

mépriser
메프리제 **멸시하다**

1 (   )에 주어진 동사 중 알맞은 것을 고르세요.

Je(J') (ai / suis) habité en Italie.

Mon copain, Lucas (a / est) venu hier soir.

Tu (as / es) mangé quelque chose ?

Vous (avez / êtes) sorti ce week-end ?

2 두 항목을 연결하여 문장을 완성하세요.

J'ai •	• mon style.
Il est •	• tu as fait ?
Elle travaille •	• arriver à Paris.
Je viens d' •	• à l'hôpital.
Qu'est-ce que •	• visité le Louvre.

3 주어진 문장을 복합과거 시제로 바꾸세요.

Je vais en France. ➜ ______________________________

Tu rencontres Paul ce matin ? ➜ ______________________________

Elle vient à Séoul ? ➜ ______________________________

4 주어진 문장을 반과거 시제로 바꾸세요.

Tu joues du football ? ➜ ______________________________

Vous regardez des films français ? ➜ ______________________________

Il sort avec Marine le soir. ➜ ______________________________

정답

1. ai / est / as / êtes

2. J'ai visité le Louvre. / Il est mon style. / Elle travaille à l'hôpital. / Je viens d'arriver à Paris. / Qu'est-ce que tu as fait ?

3. Je suis allé(e) en France. / Tu as rencontré Paul ce matin ? / Elle est venue à Séoul ?

4. Tu jouais du football ? / Vous regardiez des films français ? / Il sortait avec Marine le soir.

프랑스어 발음부터 단어·기본 문법·회화까지
이것이 독학 프랑스어 첫걸음이다!

초판 8쇄 발행 | 2026년 3월 10일

지은이 | 최영미
편 집 | 이말숙
디자인 | 유형숙, 박민희
일러스트 | 황종익

제 작 | 선경프린테크
펴낸곳 | Vitamin Book
펴낸이 | 박영진

등 록 | 제318-2004-00072호
주 소 | 07301 서울특별시 영등포구 영신로 34길 19, 2층
전 화 | 02) 2677-1064
팩 스 | 02) 2677-1026
이메일 | vitaminbooks@naver.com
웹하드 | ID vitaminbook / PW vitamin

©2017 Vitamin Book
ISBN 978-89-92683-81-4 (13760)

잘못 만들어진 책은 바꿔드립니다.

웹하드에서
mp3 파일 다운 받는 방법

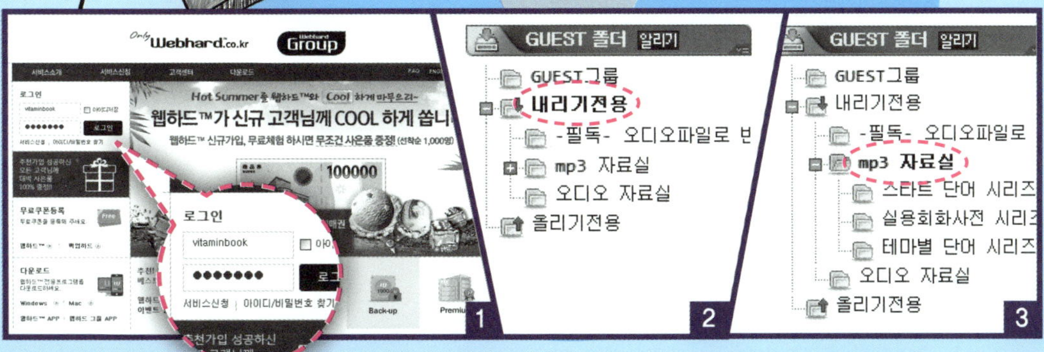

🗨 다운 방법

STEP 01
웹하드 (www.webhard.co.kr) 에 접속
아이디 (vitaminbook) 비밀번호 (vitamin) 로그인 클릭

STEP 02
내리기전용 클릭

STEP 03
Mp3 자료실 클릭

STEP 04
이것이 독학 프랑스어 첫걸음이다! 클릭하여 다운